U0853315

21世纪高职高专会计类专业课程改革规划教材

Excel 在财务中的应用

主　编　屈武江　文继权
副主编　霍艳飞　秦佳梅

中国人民大学出版社
·北京·

前　言

Excel是微软Office办公自动化软件的重要组件之一。Excel除了具有强大的表格制作、图表绘制等功能之外，还内置了数学、财务、统计和工程等多种函数，同时提供了数据管理与分析等多种方法和工具。Excel广泛应用于办公自动化、财务管理以及金融等多个领域，可以进行各种数据统计分析和辅助决策操作。

本教材是编者根据多年的教学工作和实践经验编写而成，结合一个完整的企业案例和操作步骤介绍了Excel在财务中的应用。本书以习近平新时代中国特色社会主义思想为指导，全面融入党的二十大精神，始终把提高学生的思想道德素质与专业素养融为一体，培养学生诚实守信、爱岗敬业等优秀品质，为中国式现代化建设提供高技能人才支撑。本教材具有如下鲜明的特色：

1. 采取任务驱动一体化模式，将连续完整的企业会计业务案例引入教学内容，贯穿整个教学过程。

2. 选取目前广泛使用的Excel 2016作为应用软件，体现了先进性、实用性。

3. 遵循高职高专学生的认知和学习规律，结合会计业务工作流程，按“任务概述”“任务要求”“任务资料”“任务实施”“任务总结”“任务实训”等环节组织教学内容，由浅入深、由易到难，同时对容易犯错的操作给予“小提示”，针对性强。

4. 满足高职高专实践能力突出的人才培养目标，以实践操作为主，培养学生独立应用Excel进行财务处理的能力，强化学生实践能力的培养。

5. 与大连正合顺会计师事务所有限公司、大连永通会计师事务所有限公司合作编写，公司提供了会计业务案例和技术支持，使学生与企业会计业务近距离接触，突出校企协同育人机制。

本教材分为8个任务，任务1介绍Excel基本操作、任务2介绍应用Excel建立会计凭证表、任务3介绍应用Excel登记会计账簿、任务4介绍应用Excel编制会计报表、任务5介绍应用Excel核算和管理工资、任务6介绍应用Excel管理固定资产、任务7介绍应用Excel管理应收账款、任务8介绍应用Excel进行财务分析。

本教材可作为高职高专院校信息管理、会计电算化以及其他相关专业的教材，也可作为Excel会计应用的培训教材，还可作为企业会计人员应用Excel进行会计业务处理的参考书。

本教材由大连海洋大学应用技术学院屈武江、文继权任主编，霍艳飞、秦佳梅任副主编。具体编写分工如下：霍艳飞编写任务 1；秦佳梅编写任务 2；屈武江编写任务 3、任务 4、任务 5；文继权编写任务 6、任务 7、任务 8。全书由屈武江统稿并定稿。

在编写本教材的过程中，编者参考、借鉴了许多专家、学者的相关著作，谨向各位专家、学者一并表示感谢。同时，本教材得到了大连正合顺会计师事务所有限公司和大连永通会计师事务所有限公司相关领导的大力支持，在此表示衷心的感谢。

限于编者水平，书中难免有疏漏和不妥之处，敬请专家和读者批评指正，以使教材日臻完善。

编者

目 录

任务 1

学习 Excel 基本操作

● 重点和难点

1. 工作表的编辑；
2. 工作表的修饰；
3. 工作表数据的计算；
4. 工作表数据的管理与分析；
5. 工作表图表操作。

学习目标

【知识目标】

1. 掌握 Excel 工作表的编辑与修饰操作；
2. 掌握 Excel 工作表数据的计算；
3. 掌握 Excel 工作表数据的管理与分析；
4. 掌握 Excel 工作表图表的操作。

【技能目标】

1. 能够应用 Excel 制作数据表；
2. 能够应用 Excel 各种函数与公式进行数据计算；
3. 能够应用 Excel 进行数据管理与分析；
4. 能够应用 Excel 操作数据图表。

任务概述

传统手工会计核算存在工作效率低下、出错率高、不便于存储以及账簿查询不便等突出问题。随着计算机技术的发展以及现代信息技术的广泛应用，会计电算化应运而生，出现了功能强大的 ERP 财务会计一体化软件，但由于财务会计一体化软件购置费用昂贵、操作复杂，中小型企业望而生畏。

Excel 是 Office 办公自动化系统软件中专门用于创建和管理电子表格的软件，不仅具有强大的表格制作和图表绘制功能，而且内置了大量的数学、财务、统计和工程等函数，同时提供了多种数据管理和分析方法、工具。Excel 不仅被用于日常生活、工作中表格的制作和计算，也被广泛运用于财务会计管理工作等多个方面，同时 Excel 作为 Office 办公自动化系统软件内置套件之一，无须额外支付费用，因而得到了中小型企业的青睐。

通过本任务的学习，学生在初步掌握 Excel 基本操作的基础上，进一步提高 Excel 的高级应用能力；掌握应用 Excel 2016 制作日常工作数据表的操作，具备应用 Excel 2016 提供的各种函数实现常用的数据计算能力、数据管理和统计分析能力，以及根据数据表绘制各种类型图表的能力，为后续应用 Excel 进行会计业务处理打下良好的基础。

子任务 1.1 制作和修饰 Excel 工作表

任务要求

1. 能够进行工作簿和工作表的基本操作；
2. 能够输入和编辑工作表单元格数据；
3. 能够修饰工作表；
4. 能够设置工作表页面。

知识积累

1.1.1 Excel 2016 功能简介

1. Excel 的主要功能

随着计算机对人类社会的全方位渗透，面向各行各业的计算机应用软件应运而生。Excel 是微软公司 Office 办公自动化系列软件中的电子表格处理软件。它不仅具有强大的数据组织、计算、分析和统计功能，而且具有将数据以图表、图形的处理结果形象地显示出来的功能，同时还能够方便地与 Office 其他软件相互调用数据，实现资源共享。

2. Excel 2016 的新功能

（1）迷你图功能。

迷你图是 Excel 2016 的一个新增功能，借助迷你图功能，用户可以在同一单元格中创建小图表，从而快速查看数据模型。迷你图可以显示一系列数值的趋势，也可以突出显示最大值和最小值。

（2）智能粘贴功能。

Excel 2016 的粘贴功能有较大改进，菜单格式的改变使粘贴更加易于使用，粘贴菜单上的图表会根据复制的源对象自动调整各自的功能。

（3）快速分析工具。

快速分析工具是 Excel 2016 的新增功能，可以在两步或更少步骤内将数据转换为图表或表格，预览使用条件格式的数据、迷你图或图表，并且仅需一次单击即可完成选择。

（4）快速填充功能。

快速填充像数据助手一样帮助用户完成工作，当检测到用户需要进行的工作时，快速填充功能会根据从用户的数据中识别的模式，一次性输入剩余数据。该功能能让一些不太复杂的字符串处理工作变得更简单。除了可以进行复制、按一定的序列规律自动扩展外，利用该功能还能实现日期拆分、字符串分列和合并等。

【小提示】

快速填充功能只有在数据区域的相邻列内才能使用，在横向填充中不起作用。

除了上述新增功能之外，Excel 2016 还新增了实时预览功能、增强数据透视表功能以及更加智能的推荐数据透视表和推荐图表等功能。

1.1.2　Excel 相关术语

1. 工作簿

在 Excel 中，工作簿是计算机储存数据的文件，每一个工作簿可以包含多张工作表。Excel 2016 工作簿文件的扩展名为“. xlsx”。

2. 工作表

在 Excel 中，使用工作表对数据进行组织和分析，可以同时在多个工作表中输入并编辑数据，并且可以对不同工作表的数据进行汇总计算。一个工作表由若干行与列组成，纵向为列，分别以字母命名（A，B，C，D……）；横向为行，分别以数字命名（1，2，3……），每个工作表最多可以有 65 536 行、256 列的数据。每个工作表都有一个唯一的名字显示在工作表的下方，系统默认名称为 Sheet1、Sheet2……

3. 单元格

单元格是 Excel 工作簿的最小工作单元。在工作表中行与列的交叉处就是单元格。单元格中可以存放数字、文本、日期、公式以及图表等数据。

每个单元格都有一个唯一的名称，由组成单元格的列标与行号组成，如 A1、B5 等。

4. 工作范围

Excel 中的工作范围是指选定的单元格，可以是连续的，也可以是离散的（不连续的）。如果选定一个范围后进行操作，则这些操作将作用于该范围内的所有单元格。工作范围可以是一个单元格，也可以是许多单元格，还可以是整个工作表或整个工作簿。

1.1.3　Excel 工作簿的操作（创建）

创建工作簿就是新建一个 Excel 文档，可使用以下两种常用方法：

（1）启动 Excel 自动创建工作簿。

启动 Excel，显示如图 1-1 所示的选择界面，可以根据需要选择创建“空白工作簿”或者其他类型的模板工作簿。选择“空白工作簿”后，系统会自动创建一个名称为“工作簿 1”的空白工作簿。

（2）使用“文件”选项卡创建工作簿。

启动 Excel，如果已经打开 Excel 工作簿，执行“文件”选项卡下的“新建”命令，再选择“空白工作簿”选项即可创建一个空白工作簿。

1.1.4　Excel 工作表的操作

创建工作簿后，系统会自动创建一个名为“Sheet1”的工作表，用户可以根据实际需求，对工作表中的数据进行修改和调整。一个工作簿最多可以包含 255 个工作表。

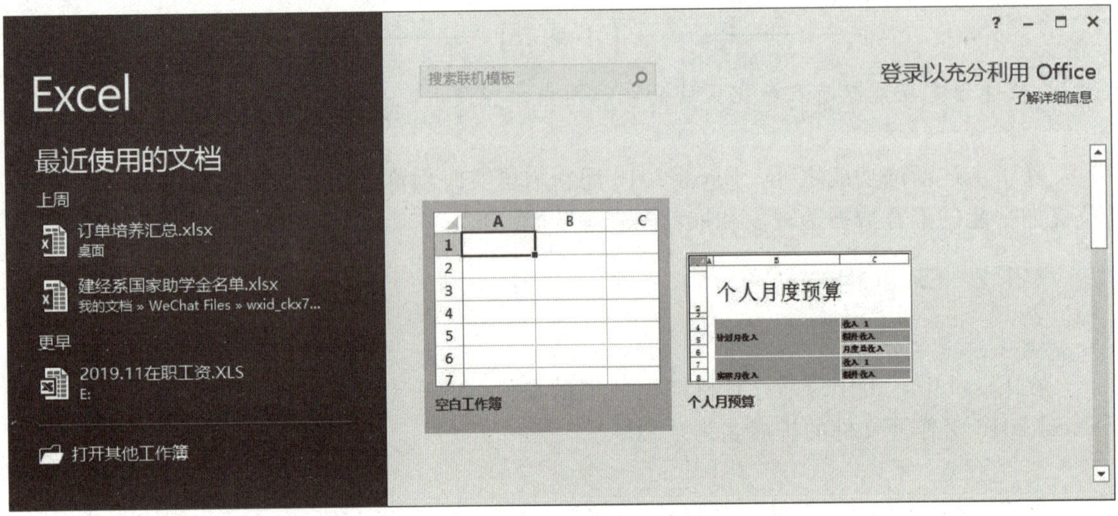

图 1-1　启动 Excel 2016 时的选择界面

1. 激活工作表

对工作表进行编辑操作，必须激活工作表并使其成为当前工作表，可以使用以下方法之一：

(1) 单击工作簿底部的工作表标签。

(2) 使用键盘，按"Ctrl+PageUp"快捷键激活当前页的前一页工作表，按"Ctrl+PageDown"快捷键激活当前页的后一页工作表。

2. 插入工作表

在编辑工作表的过程中，经常要在一个已有的工作表中插入一个新的工作表，可以使用以下操作方法之一：

(1) 执行"开始—单元格—插入—插入工作表"命令，如图 1-2 所示。

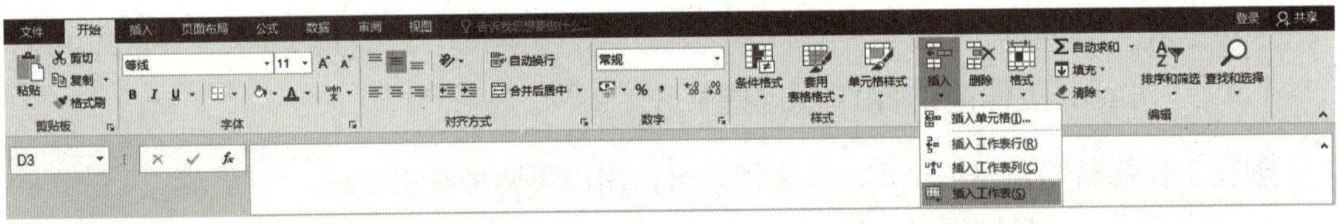

图 1-2　"开始—单元格—插入—插入工作表"命令

(2) 在 Excel 工作簿中，单击工作簿下方工作表标签右侧的新工作表按钮⊕，系统会自动创建一个新的工作表。

(3) 在 Excel 工作簿中，在工作簿下方工作表标签上右击鼠标，在弹出的快捷菜单中执行"插入"命令，弹出"插入"对话框，如图 1-3 所示。在对话框中选择"工作表"，单击"确定"按钮，则系统会自动在当前工作表的前面创建一个新的工作表。

3. 删除工作表

删除某个工作表，可以使用以下操作方法之一：

(1) 在要删除的工作表标签上右击鼠标，在弹出的快捷菜单中选择"删除"命令。

(2) 执行"开始—单元格—删除—工作表"命令。

4. 移动和复制工作表

Excel 工作表可以在一个或者多个工作簿中移动。如果要将一个工作表移动或者复制到不同的工作簿，则两个工作簿必须处于打开状态。

（1）快捷方式。用鼠标右击要移动或者复制的工作表，在弹出的快捷菜单中选择“移动或复制”命令，弹出如图 1-4 所示的对话框，在对话框中选择“将选定工作表移至”的工作簿以及位置。如果选择“建立副本”，则表示复制；否则就是移动。最后单击“确定”按钮即可。

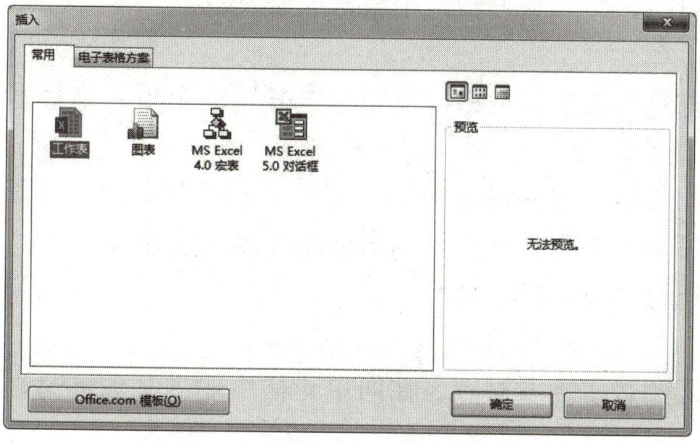

图 1-3　插入工作表对话框

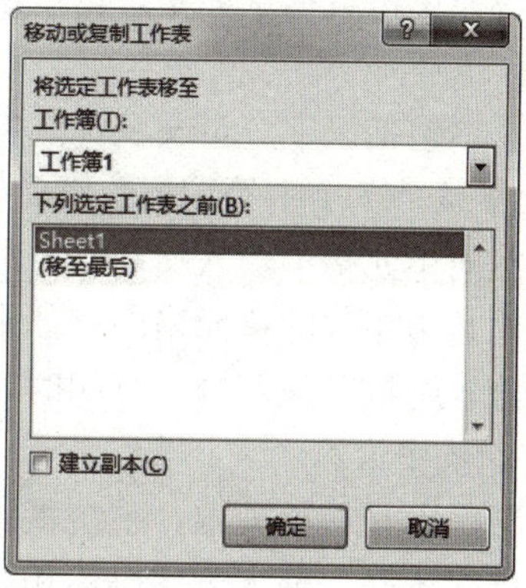

图 1-4　移动或复制工作表对话框

（2）使用鼠标拖动。单击要移动的工作表标签，按下鼠标左键将它拖动到指定位置，然后释放鼠标。如果是复制操作，则需要在拖动鼠标时按住 Ctrl 键。

5. 重命名工作表

为了区别不同的工作表，可以为工作表起一个有意义的名称，以便查找和使用工作表，重命名工作表可以使用以下方法之一：

（1）执行“开始—单元格—格式—重命名工作表”命令，输入新的工作表名称即可。

（2）在工作表标签上右击鼠标，在弹出的快捷菜单中选择“重命名”，输入新的工作表名称即可。

（3）双击工作表标签，输入新的工作表名称即可。

6. 冻结工作表窗口

对于一个比较大的工作表，屏幕无法在一页里同时显示标题和数据，这时可使用冻结工作表窗口功能，可将当前工作表活动窗口拆分成窗格。在冻结工作表窗口时，活动工作表的上方和左边空格将被冻结，即当垂直滚动和水平滚动时，在冻结点上方和左边的全部单元格不参与滚动。使用冻结工作表窗口功能不影响打印。冻结及其撤销的操作如下：

（1）冻结。选择一个单元格作为冻结点，将冻结点上方和左边的所有单元格都冻结，并保留在屏幕上。执行“视图—冻结窗格—冻结拆分窗格”命令，也可以选择“冻结首行”或“冻结首列”，如图 1-5 所示。

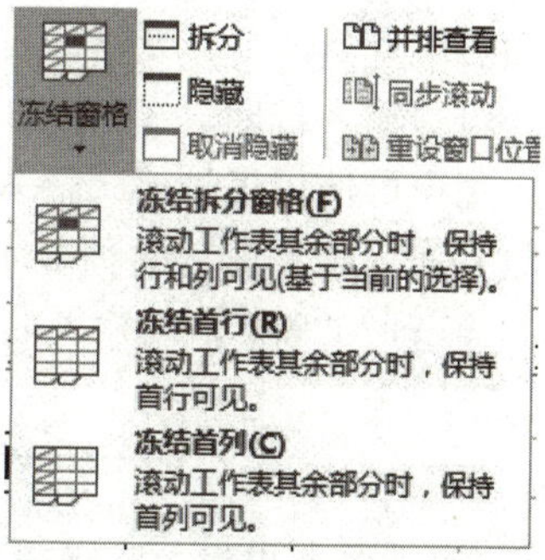

图 1-5　“视图—冻结窗格—冻结拆分窗格”命令

（2）撤销冻结。执行“视图—窗口—冻结窗格—取消冻结窗格”命令，即可撤销被冻结的窗口。

1.1.5 工作表数据的输入

在向单元格中输入数据时，有以下三种基本输入方法：

（1）单击目标单元格，然后直接输入数据。此种方法适用于覆盖输入。

（2）双击目标单元格，然后可以修改单元格数据。此种方法适用于修改单元格数据。

（3）单击目标单元格，再单击编辑栏，然后在编辑栏中编辑或修改数据。

1. 文本输入

文本包括汉字、英文字母、特殊符号、数字、空格以及其他符号，一个单元格最多可以容纳 32 767 个字符，系统默认输入的文本为左对齐。

在向单元格中输入文本时，如果相邻单元格中没有数据，那么 Excel 允许长文本覆盖到其他右边相邻的单元格中；如果相邻单元格中有数据，则当前单元格只显示该文本的开头部分，隐藏其他部分。打印时，系统也只打印显示部分。

2. 数字输入

数字也是一种文本，系统默认输入的数字为右对齐。在向单元格中输入某数字时，单元格格式不同，输入方法也不相同。

（1）输入分数。

在工作表中，系统默认“/”为日期分隔符，而在分数中该符号用于分界分子和分母，为了避免混淆，Excel 规定：在输入分数时，须在分数前输入“0”，并且在 0 与分子之间用一个空格隔开。

（2）输入负数。

输入负数时，可以直接输入，也可以将数字放在括号中，如输入“(－10)”。

（3）输入数值大的数字。

输入数字时，如果数值过大，则系统以科学计数法显示。当输入 18 位或 15 位身份证号码时，如果直接输入，则显示数值错误，需要在输入身份证号码前先输入英文状态下的符号“ ' ”，再输入身份证号即可。

3. 日期和时间输入

日期和时间实际上也是一种数字，只不过有其特定的格式。系统默认输入的日期和时间为右对齐。

（1）输入日期。

用户可使用多种格式输入日期，用“/”或“-”分隔年、月、日。系统对输入的以两位数字表示的年份有两种显示方式：当输入 00～29 之间的两位数年份时，Excel 默认为 2000 年至 2029 年，当输入的年份为 30～99 时，Excel 默认为 1930 年至 1999 年。

【小提示】

为了避免出错，建议用户在输入日期时不要输入以两位数字表示的年份，而应输入以四位数字表示的年份。

(2) 输入时间。

在单元格中输入时间，有按 12 小时制和 24 小时制两种输入方式。如果按 12 小时制输入时间，要在时间数字后加一个空格，然后输入“a”或“p”表示上午或下午；如果按 24 小时制输入时间，则直接输入即可，时、分、秒之间用冒号分隔。

4. 多行数据输入

(1) 自动换行。

选择单元格，执行“开始—对齐方式—自动换行”命令，Excel 会自动将超出单元格宽度的内容转到第二行显示。

(2) 强制换行。

选择单元格，在要换行的位置按“Alt+Enter”键就可以在第二行显示或输入后续文本。

5. 数据快速填充

如果要在表格中输入一些有规律的数据，则可以使用数据快速填充功能快速输入数据。

(1) 在多个单元格中输入相同的数据。

选定需要输入相同数据的多个单元格，然后在活动单元格（最先选取的单元格）中输入内容，同时按“Ctrl+Enter”键，则在所有选中的单元格中都将出现相同的输入数据。

(2) 自动填充。

如果需要输入的数字或文字数据并不是完全相同的，而是遵循某种规律，例如输入连续的学号，就可以使用自动填充功能。

输入数据，然后单击填充控制点（在选定单元格右下角的方框），向下拖动到合适的位置后释放鼠标，系统就会按照已输入数据的规律填充选中的单元格。也可以用鼠标右键拖动填充控制点，单击出现的下拉箭头会弹出快捷菜单，在快捷菜单中显示“复制单元格”“填充序列”“仅填充格式”“不带格式填充”“快速填充”命令，可以根据需要进行数据填充。

(3) 用户自定义填充序列。

Excel 提供了多种预定义的序列，除此之外，还允许用户根据实际需要自定义序列。执行“文件—选项—高级”命令，弹出“Excel 选项”高级对话框，如图 1-6 所示。单击对话框中“高级”界面中的“编辑自定义列表”按钮，在输入序列下方的列表框中输入序列，如图 1-7 所示，再单击“确定”按钮。用户就可以使用自定义的序列进行快速填充了。

1.1.6 工作表的修饰

1. 设置单元格格式

用户可以对 Excel 中的单元格设置各种格式，包括设置单元格中数字的类型、数据的对齐方式、字体以及单元格边框和单元格保护等。

(1) 设置数据的对齐方式。

执行“开始—单元格—格式—设置单元格”命令或者选择单元格后右击鼠标，在快捷菜单中选择“设置单元格格式”选项，弹出“设置单元格格式”对话框，在对话框中选择“对齐”选项卡，如图 1-8 所示，用户可根据需要在对话框中设置文本对齐方式、文本控制以及从右到左的文字方向等。

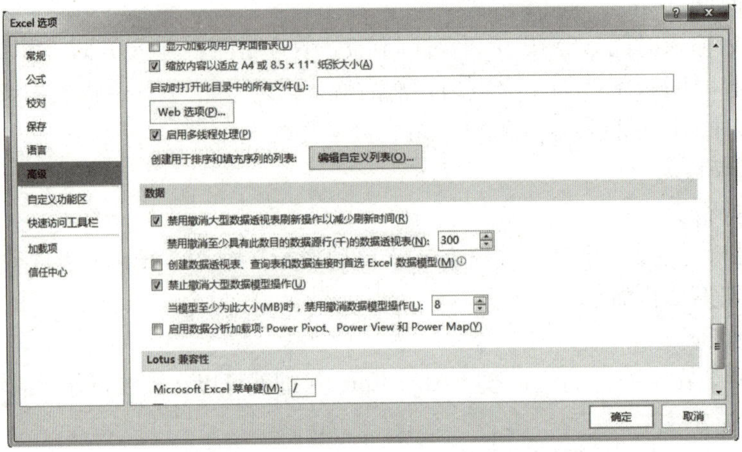

图 1-6　“Excel 选项”对话框

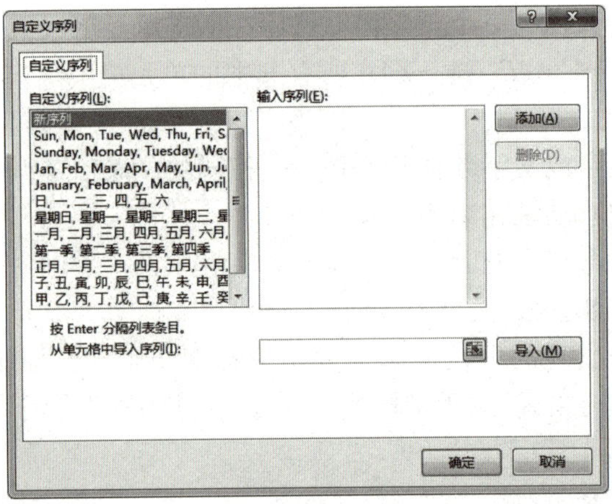

图 1-7　“自定义序列”对话框

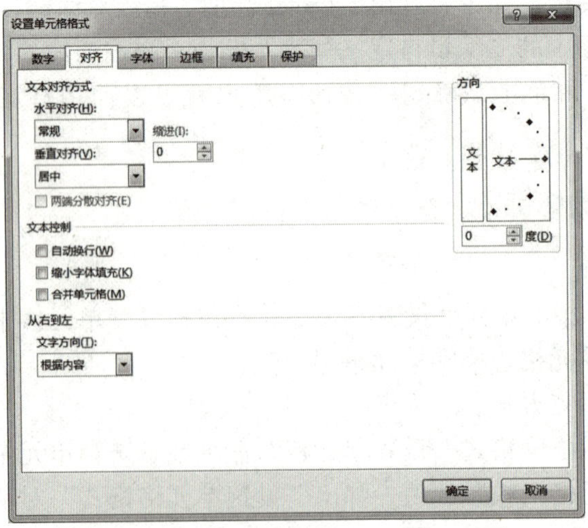

图 1-8　“设置单元格格式—对齐”选项卡对话框

（2）设置单元格字体。

选择单元格，打开“设置单元格格式”对话框，单击“字体”选项卡，如图 1－9 所示，用户可根据需要设置字体、字形、字号、下划线、颜色以及特殊效果。

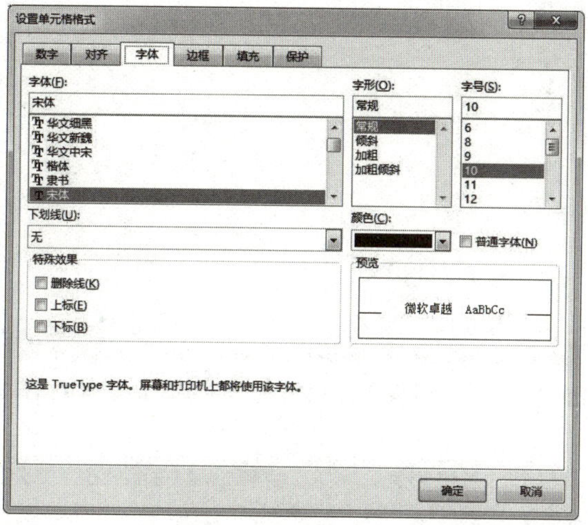

图 1－9　“设置单元格格式—字体”选项卡对话框

（3）设置单元格边框。

选择单元格，打开“设置单元格格式”对话框，单击“边框”选项卡，如图 1－10 所示，用户可根据需要设置单元格的边框线条样式以及边框颜色等。

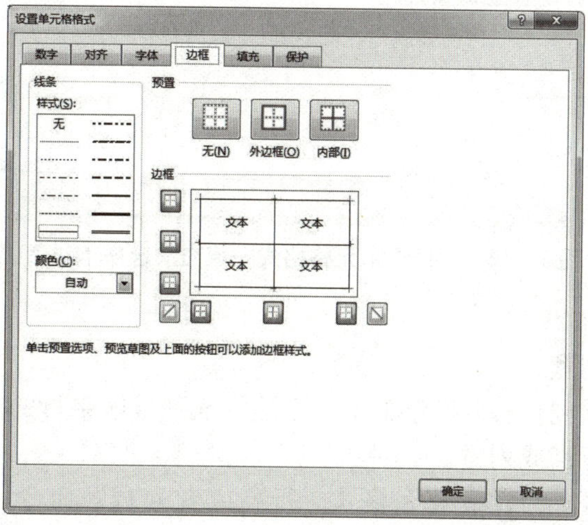

图 1－10　“设置单元格格式—边框”选项卡对话框

（4）设置单元格数据格式。

选择单元格，打开“设置单元格格式”对话框，单击“数字”选项卡，如图 1－11 所示，用户可根据需要设置单元格的数字格式，如文本、数值、货币、日期和时间等。

（5）设置单元格图案。

选择单元格，打开“设置单元格格式”对话框，单击“填充”选项卡，如图 1－12 所示，用户可根据需要设置单元格的背景色、图案颜色，还可以设置填充效果以及其他颜色等。

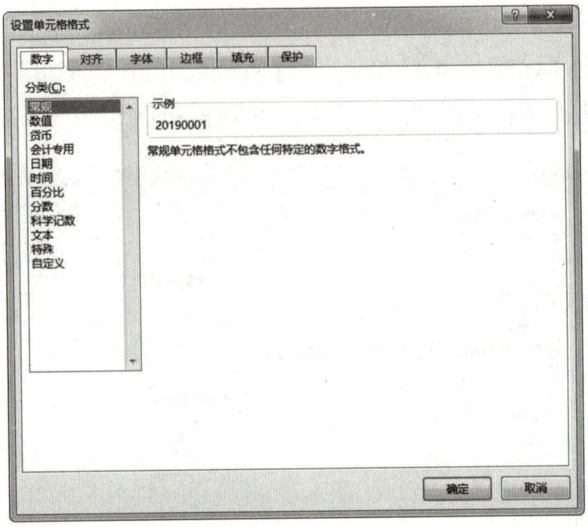

图 1-11　“设置单元格格式—数字”选项卡对话框

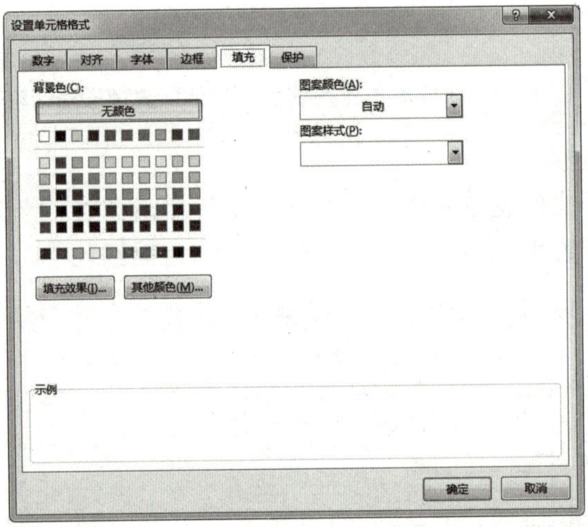

图 1-12　“设置单元格格式—填充”选项卡对话框

2. 格式化行与列

(1) 调整行高和列宽。

方法一：将鼠标移到行号区数字的上、下边框或列号区字母的左、右边框上，按住鼠标左键拖动即可调整行高或列宽。

方法二：执行“开始—单元格—格式—行高或者列宽”命令，打开“行高”和“列宽”对话框，如图 1-13、图 1-14 所示。

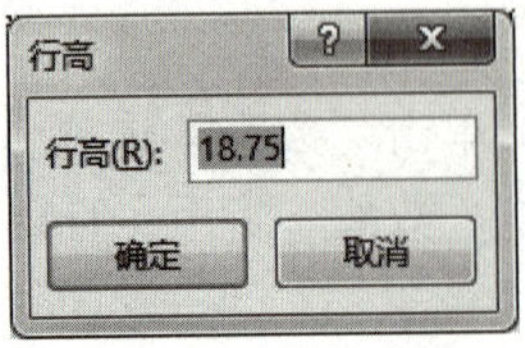

图 1-13　“行高”对话框

图 1-14　“列宽”对话框

（2）隐藏与取消隐藏。

如果要将某些行或列隐藏起来，则首先选中需要隐藏的行或列，然后执行“开始—单元格—格式—隐藏和取消隐藏”命令，最后在子菜单中选择需要隐藏的命令即可。

如果要取消隐藏，则先选择包含隐藏行或列的区域，然后执行“开始—单元格—格式—隐藏和取消隐藏”命令，最后在子菜单中选择需要取消隐藏的命令即可。

3. 自动套用格式

Excel为用户提供了多种工作表格式，用户可以使用“自动套用格式功能”中系统提供的样式快速设置工作表格式。打开需要套用格式的工作表，选择“开始—样式—套用表格格式”命令，如图1-15所示，单击需要选择套用的格式即可。

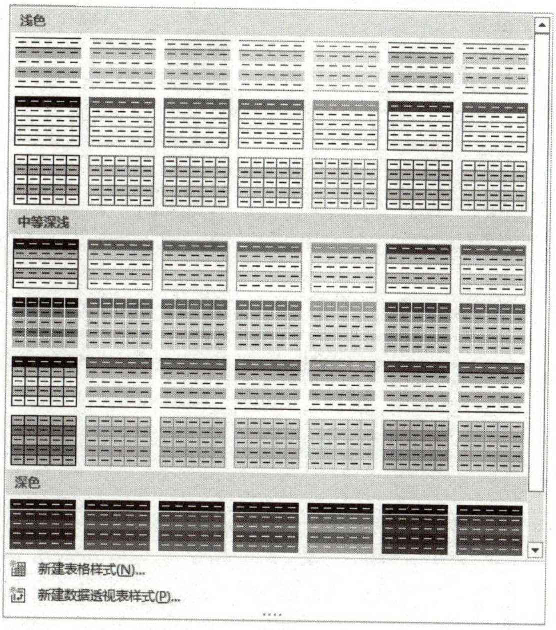

图1-15　套用表格格式

1.1.7　打印设置

1. 设置纸张方向

可以按纵向和横向两个方向来设置文件的打印方向。纵向是以纸的短边为水平位置打印，横向是以纸的长边为水平位置打印。选择“页面布局—页面设置—纸张方向”命令，如图1-16所示，执行“纵向”或者“横向”命令即可。

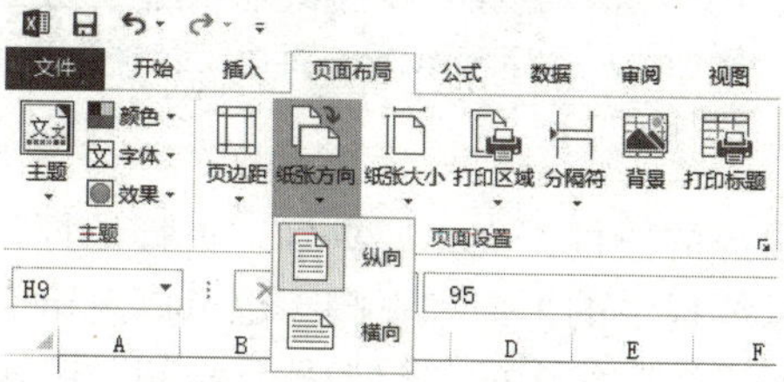

图1-16　纸张方向下拉列表

2. 设置纸张大小

选择“页面布局—页面设置—纸张大小”命令，用户可以在该命令的下拉列表中选择需要的纸张大小，单击选择的纸张大小即可，如图1-17所示。

3. 设置页边距

页边距是指工作表中打印内容与页面上、下、左、右页边的距离。选择“页面布局—页面设置—页边距”命令，在下拉列表中选择合适的页边距，完成页边距的设置，如图1-18所示。如果没有所需要的尺寸，则选择“自定义边距”选项，进入“页面设置—页边距”选项卡，进行页边距设置，如图1-19所示。

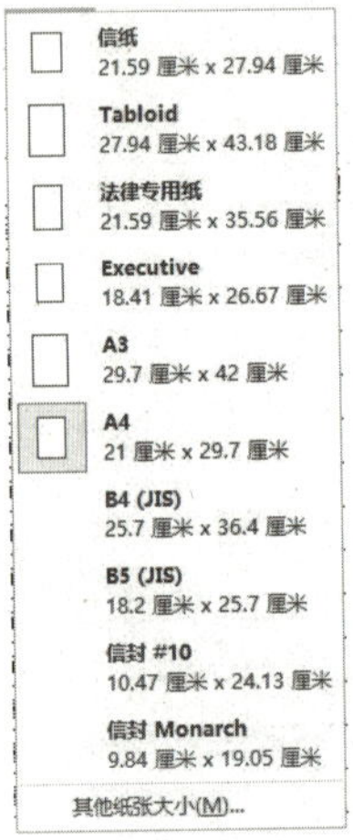

图1-17 “纸张大小”下拉列表

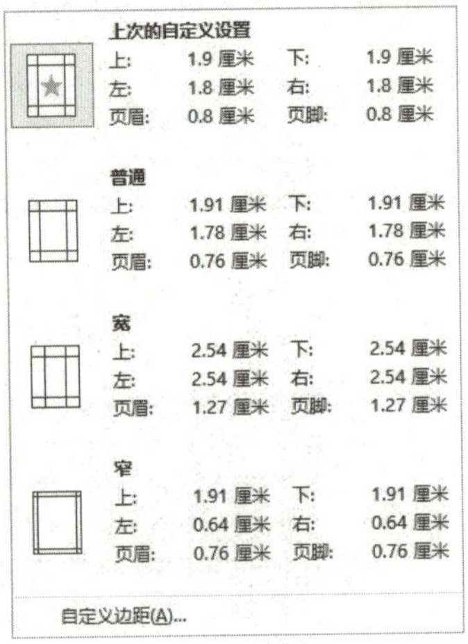

图1-18 “页边距”下拉列表

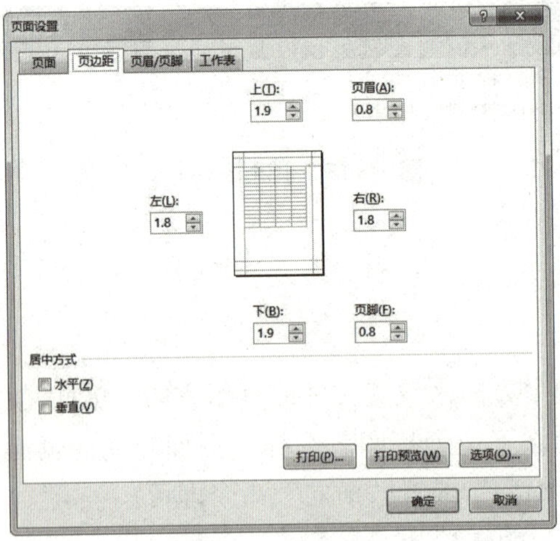

图1-19 “页面设置—页边距”对话框

4. 设置页眉和页脚

页眉是打印在工作表顶部的眉批、文本或页号。页脚是打印在工作表底部的眉批、文本或页号。用户可以选择系统提供的页眉和页脚，也可以自定义页眉和页脚。选择“页面布局”选项卡，单击“页面设置”组中的“启动器”按钮，弹出“页面设置”对话框，选择“页眉/页脚”选项卡，如图1-20所示。在对话框中也可以单击“自定义页眉”或

“自定义页脚”按钮，弹出“页眉”或“页脚”对话框，自定义页眉和页脚，如图 1－21 所示。

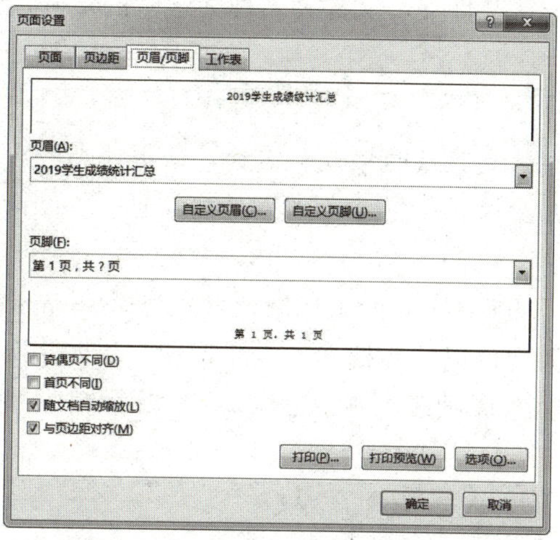

图 1－20　“页面设置—页眉/页脚”对话框

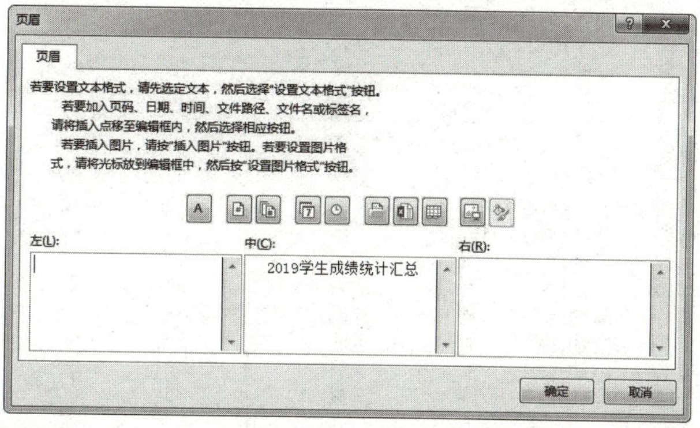

图 1－21　自定义页眉对话框

5. 设置打印网格线与标题

通常，网格线与标题是用户根据需要设计的。打印前，用户可以选中“页面布局—工作表选项”中的“网格线打印”或者“标题打印”选项，如图 1－22 所示。

6. 设置打印区域

Excel 默认的打印区域是整个工作表，通过打印区域的设置，可打印需要的工作表内容。执行“页面布局—打印区域—设置打印区域”命令，如图 1－23 所示，即可对打印区域进行设置。

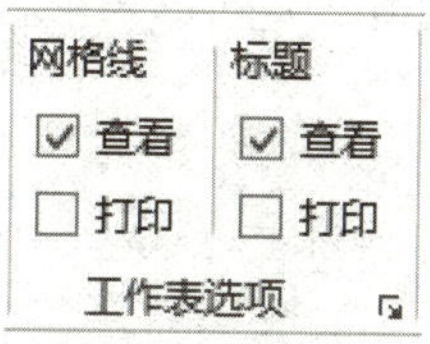

图 1－22　网格线打印选项

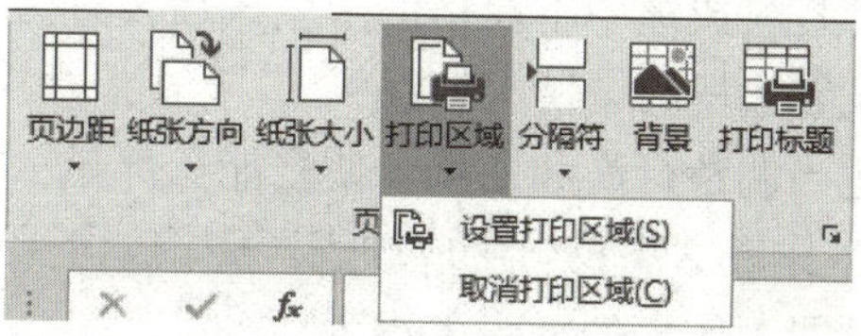

图 1－23　设置打印区域

任务资料

1. 在 D 盘上建立一个新文件夹，文件夹名称为学生的学号，例如“D:\20190001”。

【小提示】

学生可以自行决定文件夹存放的磁盘和名称，该文件夹将存放后续任务中所处理的各类文件，为统一，特此要求。

2. 启动 Excel 2016，创建一个新的工作簿，并选择“Sheet1”工作表，重命名为“高校学生成绩表”，将工作簿文件以“高校学生成绩管理”命名并保存到学生的学号文件夹。

3. 在工作表“高校学生成绩表”中按图 1－24 所示数据进行输入，不要求修饰工作表。

	A	B	C	D	E	F	G	H	I
1						高校学生成绩表			
2	学号	姓　名	班级	性别	民族	高等数学	大学英语	计算机基础	经济学
3	20190001	吴　静	会计19-1	女	汉族	86	81	98	84
4	20190016	李　强	会计19-1	男	汉族	78	65	89	85
5	20190005	徐鹏翔	会计19-1	男	汉族	71	80	85	78
6	20190002	吕思君	会计19-1	女	汉族	75	66	85	78
7	20190003	张　丹	会计19-1	男	汉族	52	68	70	76
8	20190004	李一可	会计19-1	女	满族	63	53	69	55
9	20190009	宁丽娜	会计19-2	女	汉族	87	78	95	85
10	20190007	王成龙	会计19-2	男	苗族	70	80	90	85
11	20190008	董倩怡	会计19-2	女	汉族	45	72	80	80
12	20190010	张楮然	会计19-2	男	汉族	66	49	68	70
13	20190006	王佳伟	营销19	男	汉族	55	61	65	60
14	20190012	朱婉婷	营销19	女	蒙古族	90	88	98	90
15	20190014	桂美玲	营销19	女	汉族	88	90	96	92
16	20190011	潘　杨	自动化19-1	女	汉族	85	80	95	90
17	20190013	许云碧	自动化19-1	女	汉族	60	65	75	77
18	20190015	于　泽	自动化19-1	男	汉族	35	60	55	62

图 1－24　“高校学生成绩表”数据

4. 在工作表“高校学生成绩表”中按如下要求进行工作表修饰，结果如图 1－25 所示：

(1) 设置“高校学生成绩表”标题为黑体、16 磅、居中对齐。

(2) 设置表格标题为 11 磅、宋体、加粗、居中对齐。

(3) 设置学生信息和成绩为 10 磅、宋体。

(4) 设置 A 至 E 列的数据水平居中显示。

(5) 设置各科成绩的数字格式为保留 1 位小数。

(6) 将各科成绩中不及格的学生成绩设置为“浅红填充色深红色文本”。

(7) 设置边框为“所有框线”。

(8) 适当调整行高和列宽，使之能全部显示数据和文本。

5. 在工作表“高校学生成绩表”中按如下要求进行页面设置：

(1) 设置工作表的纸张大小为“A4”。

(2) 设置工作表的页边距。上：2，下：2，左：2.5，右：2.5，工作表在纸张中的居

	A	B	C	D	E	F	G	H	I
1	高校学生成绩表								
2	学号	姓　名	班级	性别	民族	高等数学	大学英语	计算机基础	经济学
3	20190001	吴　静	会计19-1	女	汉族	86.0	81.0	98.0	84.0
4	20190016	李　强	会计19-1	男	汉族	78.0	65.0	89.0	85.0
5	20190005	徐鹏翔	会计19-1	男	汉族	71.0	80.0	85.0	78.0
6	20190002	吕思君	会计19-1	女	汉族	75.0	66.0	85.0	78.0
7	20190003	张　丹	会计19-1	男	汉族	52.0	68.0	70.0	76.0
8	20190004	李一可	会计19-1	女	满族	63.0	53.0	69.0	55.0
9	20190009	宁丽娜	会计19-2	女	汉族	87.0	78.0	95.0	85.0
10	20190007	王成龙	会计19-2	男	苗族	70.0	80.0	90.0	85.0
11	20190008	董倩怡	会计19-2	女	汉族	45.0	72.0	80.0	80.0
12	20190010	张楮然	会计19-2	男	汉族	66.0	49.0	68.0	70.0
13	20190006	王佳伟	营销19	男	汉族	55.0	61.0	65.0	60.0
14	20190012	朱婉婷	营销19	女	蒙古族	90.0	88.0	98.0	90.0
15	20190014	桂美玲	营销19	女	汉族	88.0	90.0	96.0	92.0
16	20190011	潘　杨	自动化19-1	女	汉族	85.0	80.0	95.0	90.0
17	20190013	许云碧	自动化19-1	女	汉族	60.0	65.0	75.0	77.0
18	20190015	于　泽	自动化19-1	男	汉族	35.0	60.0	55.0	62.0

图 1－25　“高校学生成绩表”修饰后结果示例

中方式为“水平”，页眉：1，页脚：1。

（3）设置纸张方向为“纵向”。

（4）设置顶端标题行为工作表标题（字段名）。

（5）设置打印区域为：A1：I18。

（6）设置页眉和页脚，如图 1－26 所示。

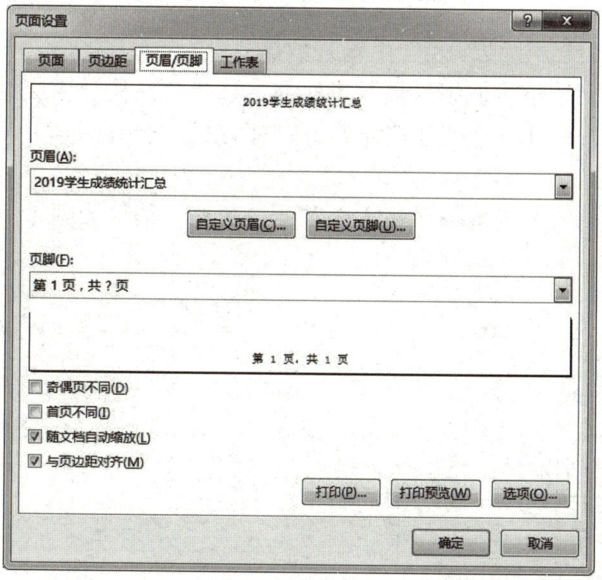

图 1－26　设置页眉和页脚

任务实施

1. 在 D 盘上建立一个新文件夹，文件夹名称为学生的学号。（此操作略）

2. 建立工作簿，重命名工作表为“高校学生成绩表”，将工作簿文件以“高校学生成绩管理”命名并保存到以学生的学号命名的文件夹。

步骤 1 启动 Excel 2016，创建一个新的工作簿。

步骤 2 在新建的工作簿中选择“Sheet1”工作表，双击工作表标签，重命名为“高校学生成绩表”。

步骤 3 执行“文件—保存”命令，单击“浏览”按钮，在弹出的“另存为”对话框中选择保存的磁盘和文件夹即可，如图 1-27 所示。

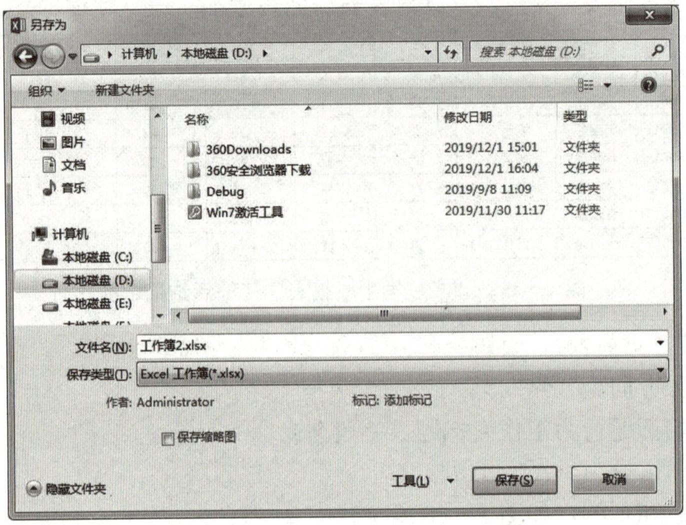

图 1-27 “另存为”对话框

3. 在工作表“高校学生成绩表”中输入数据。

步骤 1 打开“高校学生成绩管理”工作簿，选择“高校学生成绩表”工作表。

步骤 2 选择“A1：I1”，执行“开始—对齐方式—合并后居中”命令，然后输入标题“高校学生成绩表”。

步骤 3 按图 1-24 的内容依次输入各单元格数据，结果如图 1-28 所示。

	A	B	C	D	E	F	G	H	I
1	高校学生成绩表								
2	学号	姓　名	班级	性别	民族	高等数学	大学英语	计算机基础	经济学
3	20190001	吴　静	会计19-1	女	汉族	86	81	98	84
4	20190016	李　强	会计19-1	男	汉族	78	65	89	85
5	20190005	徐鹏翔	会计19-1	男	汉族	71	80	85	78
6	20190002	吕思君	会计19-1	女	汉族	75	66	85	78
7	20190003	张　丹	会计19-1	男	汉族	52	68	70	76
8	20190004	李一可	会计19-1	女	满族	63	53	69	55
9	20190009	宁丽娜	会计19-2	女	汉族	87	78	95	85
10	20190007	王成龙	会计19-2	男	苗族	70	80	90	85
11	20190008	董倩怡	会计19-2	女	汉族	45	72	80	80
12	20190010	张楮然	会计19-2	男	汉族	66	49	68	70
13	20190006	王佳伟	营销19	男	汉族	55	61	65	60
14	20190012	朱婉婷	营销19	女	蒙古族	90	88	98	90
15	20190014	桂美玲	营销19	女	汉族	88	90	96	92
16	20190011	潘　杨	自动化19-1	女	汉族	85	80	95	90
17	20190013	许云碧	自动化19-1	女	汉族	60	65	75	77
18	20190015	于　泽	自动化19-1	男	汉族	35	60	55	62

图 1-28 高校学生成绩表

4. 在工作表“高校学生成绩表”中按如下步骤进行工作表修饰：

步骤 1 打开“高校学生成绩管理”工作簿，选择“高校学生成绩表”工作表。

步骤 2 选择 A1 单元格，选择“开始—字体”命令组，设置字体为“黑体”，字号为“16 磅”，再选择“开始—对齐方式”命令组，设置水平对齐方式为“居中对齐”。

步骤 3 选择 A2：I2 单元格区域，选择“开始—宋体”命令组，设置字体为“宋体”，字号为“11 磅”；选择“开始—加粗”命令组，设置字体为“加粗”；选择“开始—对齐方式”命令组，设置水平对齐方式为“居中对齐”。

步骤 4 选择 A3：I18 单元格区域，选择“开始—字体”命令组，设置字体为“宋体”，字号为“10 磅”。

步骤 5 选择 A 至 E 列区域，选择“开始—对齐方式”命令组，设置水平对齐方式为“居中对齐”。

步骤 6 选择 F3：I18 单元格区域，选择“开始—单元格—格式—设置单元格格式”命令，在对话框中选择“数字”选项卡，再单击“分类”下拉列表中的“数值”，设置小数位数为 1 位，如图 1-29 所示。

步骤 7 选择 F3：I18 单元格区域，选择“开始—单元格—条件格式”命令，在“条件格式”下拉列表中选择“突出显示单元格规则”命令，在显示的二级菜单中选择“小于”命令，在打开的对话框中，设置“为小于以下值的单元格设置格式”的数值为“60”，设置为“浅红填充色深红色文本”，如图 1-30 所示。

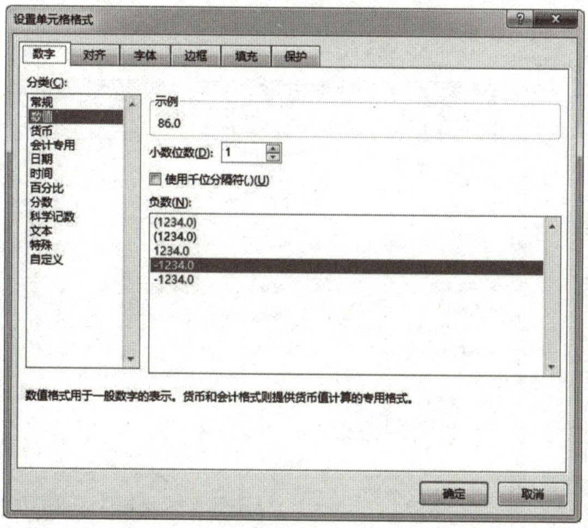

图 1-29 “设置单元格格式—数字”对话框

图 1-30 “小于”对话框

步骤 8 选择 A2：I18 单元格区域，选择“开始—字体”命令组，选择“下框线”，在下拉列表中选择“所有框线”即可。

步骤 9 适当调整行高和列宽，使之能全部显示数据和文本，结果如图 1-31 所示。

5. 在工作表“高校学生成绩表”中按如下步骤进行页面设置：

步骤 1 打开“高校学生成绩管理”工作簿，选择“高校学生成绩表”工作表。

步骤 2 选择“页面布局—页面设置”命令组，选择“纸张大小”下拉列表中的“A4”纸张。

	A	B	C	D	E	F	G	H	I
1	高校学生成绩表								
2	学号	姓　名	班级	性别	民族	高等数学	大学英语	计算机基础	经济学
3	20190001	吴　静	会计19-1	女	汉族	86.0	81.0	98.0	84.0
4	20190016	李　强	会计19-1	男	汉族	78.0	65.0	89.0	85.0
5	20190005	徐鹏翔	会计19-1	男	汉族	71.0	80.0	85.0	78.0
6	20190002	吕思君	会计19-1	女	汉族	75.0	66.0	85.0	78.0
7	20190003	张　丹	会计19-1	男	汉族	52.0	68.0	70.0	76.0
8	20190004	李一可	会计19-1	女	满族	63.0	53.0	69.0	55.0
9	20190009	宁丽娜	会计19-2	女	汉族	87.0	78.0	95.0	85.0
10	20190007	王成龙	会计19-2	男	苗族	70.0	80.0	90.0	85.0
11	20190008	董倩怡	会计19-2	女	汉族	45.0	72.0	80.0	80.0
12	20190010	张楷然	会计19-2	男	汉族	66.0	49.0	68.0	70.0
13	20190006	王佳伟	营销19	男	汉族	55.0	61.0	65.0	60.0
14	20190012	朱婉婷	营销19	女	蒙古族	90.0	88.0	98.0	90.0
15	20190014	桂美玲	营销19	女	汉族	88.0	90.0	96.0	92.0
16	20190011	潘　杨	自动化19-1	女	汉族	85.0	80.0	95.0	90.0
17	20190013	许云碧	自动化19-1	女	汉族	60.0	65.0	75.0	77.0
18	20190015	于　泽	自动化19-1	男	汉族	35.0	60.0	55.0	62.0

图 1-31　“高校学生成绩表”修饰后结果

步骤 3　选择“页面布局—页面设置”命令组，选择“页边距”下拉列表中的“自定义边距”，打开“页面设置”对话框的“页边距”选项卡，设置“上：2”“下：2”“左：2.5”“右：2.5”“页眉：1”“页脚：1”，居中方式为“水平”，如图 1-32 所示。

步骤 4　选择“页面布局—页面设置”命令组，选择“纸张方向”下拉列表中的“纵向”。

步骤 5　在“页面布局”选项卡，单击右下角的“启动器”按钮，打开“页面设置”对话框，再选择“工作表”选项卡，如图 1-33 所示。

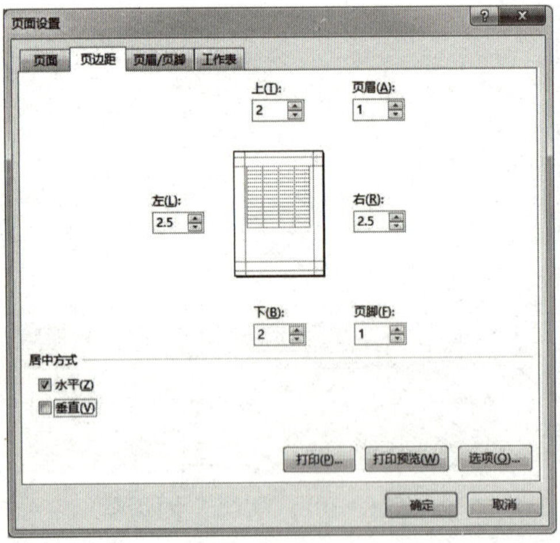

图 1-32　“页面设置—页边距”选项对话框

图 1-33　“页面设置—工作表”选项对话框

步骤 6　单击“打印区域”后面的▣按钮，选择打印区域为 A1：I18，如图 1-34 所示。

图 1-34　“页面设置—打印区域”对话框

步骤7 单击“顶端标题行”后面的按钮，选择区域为＄2：＄2，如图1-35所示。

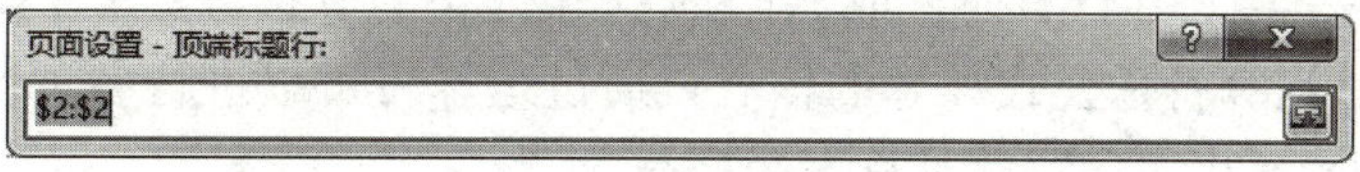

图1-35 “页面设置-顶端标题行”对话框

步骤8 在“页面设置”对话框，选择“页眉/页脚”选项卡，单击“自定义页眉”按钮，按要求输入页眉文本，如图1-36所示。

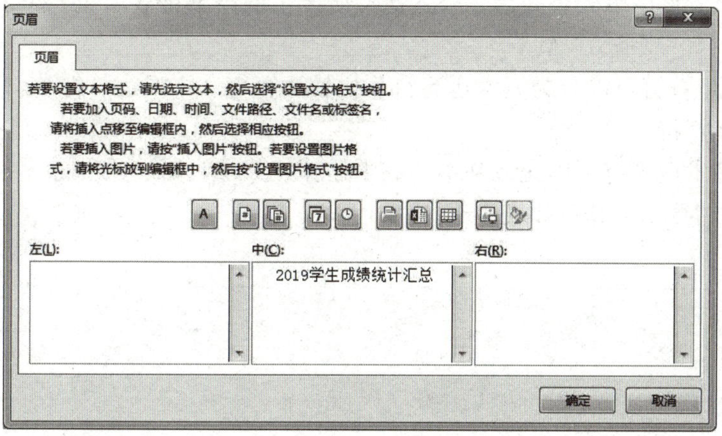

图1-36 自定义页眉对话框

子任务1.2 计算 Excel 工作表数据

任务要求

1. 能够输入和编辑单元格公式；
2. 能够使用函数进行数据计算。

知识积累

1.2.1 公式概述

Excel 不仅具有强大的表格制作功能，还具有强大的计算功能。Excel 提供的公式主要用于计算，可以说没有公式，Excel 就没有使用价值。使用公式既可以进行简单的计算，如加、减、乘和除，也可以完成很复杂的计算，如财务、统计和科学计算等。

1. 公式的格式

简单地说，公式就是一个等式，或者说是连续的一组数据和运算符组成的序列。公式的基本格式如下：

公式＝表达式

公式必须由“＝”开始，表达式由单元格名称、运算符、函数以及常数组成。

（1）单元格名称。单元格是公式中非常重要的一部分，如公式＝A1＋A2，其中 A1 和 A2 就是单元格名称，在计算时，取 A1 和 A2 单元格的值参与公式计算。

（2）运算符。运算符是公式计算的核心，通过运算符可以进行各种数据类型的运算。如公式＝A1＋A2，其中“＋”就是算术运算符。

（3）函数。函数提供了一种简便的计算功能，使用函数可以实现各种数值运算、文本运算以及财务运算等。如公式＝SUM（A1，A2），其中“SUM”就是一种求和函数。

（4）常数。常数是指不变的值。如公式＝A1＋100，其中“100”就是常数。

在工作表单元格中输入公式后，公式运算所产生的结果将显示在工作表单元格中。

2. 运算符

Excel 中的运算符可以分为算术运算符、比较运算符、文本运算符和引用运算符。

（1）算术运算符。

用户通过算术运算符可以完成基本的数学运算，如加、减、乘、除、乘方和百分比计算等，Excel 中的算术运算符如表 1－1 所示。

表 1－1　算术运算符

运算符	含义	示例
＋	加	2＋3
－	减	2－3
－	负号	－2
*	乘	2 * 3
/	除	2/3
^	乘方	2^3
%	百分号	23%
()	括号	(3＋3) * 3

（2）比较运算符。

比较运算符用于两个数值的比较，结果为逻辑值 TRUE 和 FLASE。Excel 中的比较运算符如表 1－2 所示。

表 1－2　比较运算符

运算符	含义	示例
＝	等于	A1＝A2
>	大于	A1>A2
<	小于	A1<A2
>=	大于等于	A1>＝A2
<=	小于等于	A1<＝A2
<>	不等于	A1<>A2

【小提示】

当使用比较运算符对字符串进行比较时，Excel 会先将字符串转化成内部的 ASCII 码，然后再做比较，因此，公式="ab" >"bc" 的结果是 FALSE。

(3) 文本运算符。

文本运算符可以将一个或者多个文本连接为一个组合文本。文本运算符只有一个“&”，其含义是将两个文本值连接或串联起来产生一个连续的文本值，如"a" &"b" 的结果为“ab”。

【小提示】

当用“&”连接数字时，数字串两边的双引号可以没有，但连接一般的字母、字符串和文本时，双引号不可以去掉，否则公式将返回错误值。

(4) 引用运算符。

引用运算符用于单元格区域的合并运算。Excel 中的引用运算符如表 1-3 所示。

表 1-3 引用运算符

运算符	含义	示例
:(冒号)	区域运算符，对于两个引用项，包括两个引用项在内的所有单元格进行引用	“A1:A5”，表示 A1，A2，A3，A4，A5
，(逗号)	联合运算符，将多个引用合并为一个引用	“A1，A5”，表示 A1 和 A5
(空格)	交叉运算符，产生同时属于两个引用的单元格区域的引用	“A1:C5 B2:D7”，表示 B2:C5

3. 公式的基本操作

(1) 建立公式。

第一种方法：直接输入公式。选择要输入公式的单元格，先输入等号“=”，然后输入计算表达式，如果使用的是函数向导，Excel 会自动在公式前面插入等号，按 Enter 键完成公式的输入。

第二种方法：使用公式选项板输入公式。如果创建含有函数的公式，那么公式选项板有助于输入工作表函数和公式。选择要输入公式的单元格，单击编辑栏中的按钮 *fx*，会弹出“插入函数”对话框，如图 1-37 所示。

在“插入函数”对话框中选择函数类型以及要使用的函数，确定后弹出“函数参数”对话框，如图 1-38 所示。

在设定所有函数参数后，计算结果将出现在“函数参数”对话框中，单击“确定”按钮，完成公式的输入。

(2) 修改公式。

如果发现公式错误，可以对其进行修改。单击需要修改公式的单元格，在编辑栏中对公式进行修改，也可以双击单元格，在单元格中对公式进行修改。

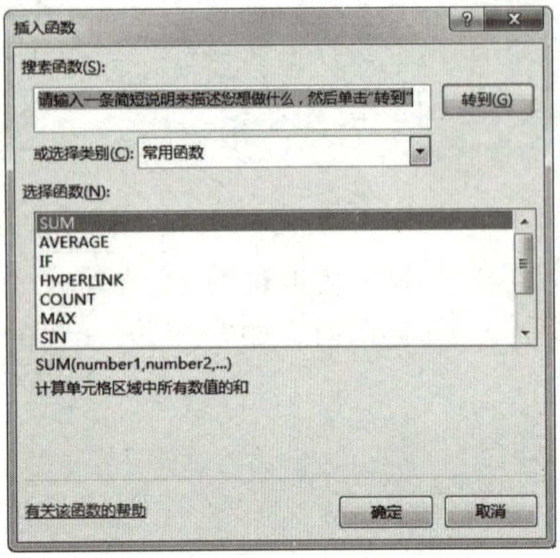

图 1-37 “插入函数”对话框

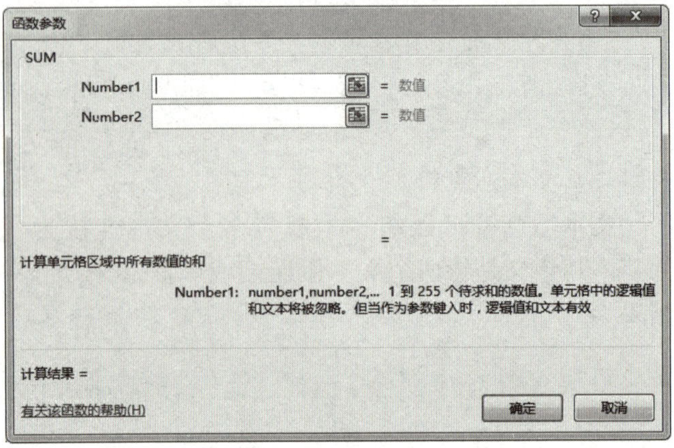

图 1-38 “函数参数”对话框

1.2.2 公式的引用

在公式中，可以通过引用来代替单元格中的实际数值，可以引用本工作簿中任意一个工作表中任意单元格的数据，也可以引用其他工作簿中任意单元格的数据。

引用单元格数据以后，公式的运算值将随着引用的单元格数据变化而变化。当引用的单元格数据被修改后，公式的运算值将自动修改。

1. 引用类型

Excel 提供了绝对引用、相对引用和混合引用三种不同的引用类型。

（1）绝对引用。

绝对引用是指被引用的单元格与引用的单元格的位置关系是绝对的（固定的），无论将这个单元格复制到哪个单元格，公式所引用的还是原来的单元格数据。使用绝对引用，系统会在其地址中使用两个“$”符号，一个用于列号，另一个用于行号，即绝对引用的单元格名称的行和列前都有符号“$”，如$A$1。

（2）相对引用。

相对引用是指当把公式复制到其他单元格时，行或列引用会发生改变。相对引用的格式是直接使用单元格或者单元格区域名，而不加符号“$”，如 A1，D2 等。使用相对引用，系统将记住建立公式的单元格和被引用单元格的相对位置关系，当复制这个公式时，新的单元格和被引用的单元格仍保持这种相对位置。默认情况下，Excel 会在公式中创建相对单元格引用。相对单元格引用是最常用的一种引用类型。

（3）混合引用。

混合引用是指单元格地址的行或列中有一个是相对引用，另一个是绝对引用，也就是在行号或列号前只有一个“$”，如$A1，A$1。

在复制单元格时，相对引用的位置关系会发生改变，绝对引用的位置关系不发生改变。

2. 引用同一工作簿的单元格

在当前工作表中可以引用其他工作表中单元格的内容，有以下两种方法：

（1）直接输入。选定单元格，然后输入“=工作表名称！引用的单元格”，如“=

Sheet2！B2”。

(2) 用鼠标选择需要引用的单元格。在 Sheet1 工作表选择单元格并输入“＝”，单击 Sheet2 工作表标签，在 Sheet2 工作表中选择 B2 单元格，然后按下 Enter 键即可。

3. 引用其他工作簿的单元格

在当前单元格中可以引用其他工作簿中的单元格或单元格区域的数据或者公式。格式为：[工作簿文件名] 工作表标签名！单元格引用。如“＝[D:\jsj\工作簿1. xlsx]Sheet2!$A$3”，表示引用工作簿1文件中的 Sheet2 工作表的 A3 单元格。

1.2.3 函数的使用

函数处理数据的方式与公式处理数据的方式相同，函数通过引用参数接收数据，并返回结果，其返回的是计算结果，也可以返回文本。

1. 函数概述

单元格中可以包括文本、公式或函数，利用公式可以进行加、减、乘、除运算，也可以包括函数。与直接使用公式进行计算相比，使用函数进行计算的速度更快，同时可以减少输入出错的机会。

函数通过引用参数接收数据，输入的参数应该放在函数名之后，并且必须用括号括起来。各函数使用特定类型的参数，如数值、文本或者逻辑值。函数中使用参数的方式与等式中使用变量的方式相同。

函数的语法以函数的名称开始，接着是左括号、逗号隔开的参数和右括号。如果函数要以公式的形式出现，则要在函数前输入等号。格式为：＝函数名（参数列表）。

2. 函数分类

Excel 提供了大量的函数，这些函数按功能可以分为以下几种类型：

(1) 数字和三角函数：用于处理简单和复杂的数学计算。

(2) 文本函数：用于在公式中处理字符串。

(3) 逻辑函数：用于真假值判断，或者进行符号检验。

(4) 数据库函数：用于分析数据清单中的数值是否符合特定条件。

(5) 统计函数：用于对选定区域的数据进行统计分析。

(6) 查找与引用函数：用于在数据清单或者表格中查找特定数据，或者查找某一单元格的引用。

(7) 日期与时间函数：用于在公式中分析和处理日期和时间值。

(8) 财务函数：用于一般的财务计算。

3. 常用函数

Excel 中的函数有 200 多个，下面将列出比较常用的函数及其参数，并且对其进行解释、说明和举例。

(1) 财务函数。

常用的财务函数如表 1-4 所示。

表 1-4 财务函数

函数名	函数格式	含义	示例
DB	DB（cost,salvage,life,period,month） 其中：cost 为资产的初始价值；salvage 为剩余价值；life 为资产折旧的时间长度；period 为需要计算折旧值的单个时间周期；month 为第一年的月份数	利用固定余额递减法计算某项固定资产在给定期间内的折旧费	=DB（500 000,10 000,3,1,6）
DDB	DDB（cost,salvage,life,period,factor） 其中：前 4 个参数可以参看 DB 函数；factor 表示指定余额递减法，默认为 2，表示双倍余额递减法，如果为 3，则表示三倍余额递减法	利用双倍余额递减法或其他方法来计算指定期间内某项固定资产的折旧费	=DDB（100 000,10 000,60,1）
PV	PV（rate,nper,pmt,fv,type） 其中：rate 为各期利率；nper 为投资期限；pmt 为各个数额相同时的定期支付额；fv 为投资在期限终止时的剩余值；type 用于确定各期的付款时间是在期初还是期末，0 表示期末，1 表示期初，默认值为 0	计算某项投资的一系列将来偿还额的当前总值	=PV（4%,5,30 000）
NPV	NPV（rate,value1,value2,…） 其中：rate 为各期利率；value1，values2，…代表支出和收入的 1 到 254 个参数	基于一系列现金流和固定的各期利率，返回一项投资的净现值	=NPV（5%,−10 000,50 000,75 000,−150 000）
RATE	RATE（nper,pmt,pv,fv,type,guess） 其中：nper，pmt，fv，type 可以参考 PV 函数；guess 表示提供给 Excel 开始计算收益率的一个起点，默认值为 10%	用于计算投资或贷款的每期实际利率	=RATE（4,100 000,−320 000）
IRR	IRR（values,guess） 其中：values 为数组或单元格的引用，此单元格包含用来计算内部收益率的数字；guess 的含义参考 RATE 函数	用于计算一组现金流的内部收益率	=IRR（A1：A5）

（2）日期与时间函数。

常用的日期与时间函数如表 1-5 所示。

表 1-5 日期与时间函数

函数名	函数格式	含义	示例
NOW	NOW（）	返回计算机的系统日期和时间所对应的日期、时间序列数	=NOW（）
TODAY	TODAY（）	返回当前日期的序列数	=TODAY（）
DATE	DATE（year,month,day） 其中：year 为年；month 为月；day 为日	返回某一特定日期的序列数	=DATE（99,10,1）

（3）数字和三角函数。

常用的数字和三角函数如表 1-6 所示。

表 1-6　数字和三角函数

函数名	函数格式	含义	示例
SUM	SUM（number1,number2,…） 其中：number1，number2 为需要求和的参数	用于计算一系列数字之和	=SUM（13,12）
ROUND	ROUND（number,num_digits） 其中：number 为需要进行转化的数值；num_digits 为四舍五入的位数	对指定的数值四舍五入到指定的小数位数	=ROUND（123.456,2）
EVEN	EVEN（number） 其中：number 为要取整的数值	返回沿绝对值增大方向取整后最接近的偶数	=EVEN（23.4）

（4）统计函数。

常用的统计函数如表 1-7 所示。

表 1-7　统计函数

函数名	函数格式	含义	示例
AVERAGE	AVERAGE（number1,number2,…） 其中：number1，number2，…为要计算平均值的参数	返回参数的平均值（算术平均值）	=AVERAGE（A1：A5）
COUNT	COUNT（value1,value2,…） 其中：value1，value2，…为要计算数字个数的参数	返回参数中数字的个数	=COUNT（A1：A5）
COUNTA	COUNTA（value1,value2,…） 其中：value1，value2，…为要计算非空白值个数的参数	返回参数中非空白值的个数	=COUNTA（A1：A5）
COUNTIF	COUNTIF（range,criteria） 其中：range 为要计算其中非空单元格数目的区域；criteria 为以数字、表达式或文本形式定义的条件	用来计算区域中满足给定条件的单元格个数	=COUNTIF（A1：A5，"<0"）

（5）查找与引用函数。

常用的查找与引用函数如表 1-8 所示。

表 1-8　查找与引用函数

函数名	函数格式	含义	示例
VLOOKUP	VLOOKUP（lookup_value,table_array,col_index_num,range_lookup） 其中：lookup_value 为要在表格中查找以得到第一个索引的数值；table_array 为定义表格的数值或者范围名称；col_index_num 为开始选择结果的表格列，其值为 1 时返回 table_array 第一列的数值，其值为 2 时，返回第二列的数值；range_lookup 为逻辑值，指明函数查找时是精确匹配还是近似匹配，默认值为 TRUE，表示近似匹配值	用于查找所构造的表格中存放的信息	=VLOOKUP（42,A1：C6,2）

续表

函数名	函数格式	含义	示例
INDEX	INDEX（reference, row _ num, column _ num, area _ num） 其中：reference 指定一个或多个区域的引用；row _ num 指定引用中的行序号；column _ num 指定引用中的列序号；area _ num 指定 reference 所确定的几个区域中的某个，默认值为 1。	返回指定范围内特定行与特定列交叉点上的单元格引用	=INDEX（D5：F9,1,2,2）

（6）文本函数。

常用的文本函数如表 1－9 所示。

表 1－9　文本函数

函数名	函数格式	含义	示例
CONCATENATE	CONCATENATE（text1, text2,…） 其中：text1，text2，…为将要合并成单个字符串的文本	返回将给出的几个字符串合并的一个字符串	=CONCATENATE（"Welcome", " president"）
VALUE	VALUE（text） 其中：text 为括在双引号内的字符串，也可以是单元格引用	将以文本形式输入的数字转换成数值	=VALUE（"12345"）
LEN	LEN（text） 其中：text 为要计算字符个数的字符串	返回输入项中的字符个数	=LEN（"Welcome"）

（7）逻辑函数。

常用的逻辑函数如表 1－10 所示。

表 1－10　逻辑函数

函数名	函数格式	含义	示例
IF	IF（logical _ test, value _ if _ true, value _ if _ false） 其中：logical _ test 为逻辑值；value _ if _ true 是 logical _ test 为 TRUE 时函数的返回值；value _ if _ false 是 logical _ test 为 FALSE 时函数的返回值	返回根据逻辑测试真假值的结果	=IF（B5＜60,"及格","不及格"）
AND	AND（logical1, logical2,…） 其中：logical1，logical2，…为逻辑值参数，如果所有逻辑值均为 TRUE，则函数结果为 TRUE，否则为 FALSE	判断所有参数的逻辑值是否为真。若为真，则返回 TRUE；否则，只要有一个逻辑值为 FALSE，则返回 FALSE	=AND（B1＞=60,C1＞=60）
NOT	NOT（logical） 其中：logical 是一个逻辑值参数	对给定参数的逻辑值求反	=NOT（B=10）

续表

函数名	函数格式	含义	示例
OR	OR（logical1, logical2, …） 其中：logical1，logical2，…的含义与 AND 函数相同	判断给定参数中的逻辑值是否为真。只要有一个为真，即返回 TRUE；如果全部为假，则返回 FALSE	=OR（C6=10, C6=20）

任务资料

在“高校学生成绩管理”工作簿的“高校学生成绩表”工作表中，按如下要求进行操作，结果如图 1－39 所示：

1. 在工作表右侧插入 2 列，标题为“总分”和“平均分”。

2. 在工作表下方插入 2 行，在“学号”列分别输入“各科总分”和“各科平均分”。

3. 应用公式或函数计算每名学生的总分和平均分。

4. 应用函数计算每门课程的“各科总分”和“各科平均分”。

5. 在工作表右侧插入 1 列，输入标题“大学英语等级分制”，并按如下分数段计算大学英语等级：

（1）90～100 分：优秀；

（2）80～89 分：良好；

（3）70～79 分：中等；

（4）60～69 分：及格；

（5）60 分以下：不及格。

6. 在工作表下方插入 1 行，在“学号”列处输入“不及格人数”，统计各门课程不及格人数。

7. 按图 1－39 设置工作表的格式，如字体、对齐方式以及边框等。

高校学生成绩表

学号	姓　名	班级	性别	民族	高等数学	大学英语	计算机基础	经济学	总分	平均分	大学英语等级分制
20190001	吴　静	会计19-1	女	汉族	86.0	81.0	98.0	84.0	349.0	87.3	良好
20190016	李　强	会计19-1	男	汉族	78.0	65.0	89.0	85.0	317.0	79.3	及格
20190005	徐鹏翔	会计19-1	男	汉族	71.0	80.0	85.0	78.0	314.0	78.5	良好
20190002	吕思君	会计19-1	女	汉族	75.0	66.0	85.0	78.0	304.0	76.0	及格
20190003	张　丹	会计19-1	男	汉族	52.0	68.0	70.0	76.0	266.0	66.5	及格
20190004	李一可	会计19-1	女	满族	63.0	53.0	69.0	55.0	240.0	60.0	不及格
20190009	宁丽娜	会计19-2	女	汉族	87.0	78.0	95.0	85.0	345.0	86.3	中等
20190007	王成龙	会计19-2	男	苗族	70.0	80.0	90.0	85.0	325.0	81.3	良好
20190008	董倩怡	会计19-2	女	汉族	45.0	72.0	80.0	80.0	277.0	69.3	中等
20190010	张楷然	会计19-2	男	汉族	66.0	49.0	68.0	70.0	253.0	63.3	不及格
20190006	王佳伟	营销19	男	汉族	55.0	61.0	65.0	60.0	241.0	60.3	及格
20190012	朱婉婷	营销19	女	蒙古族	90.0	88.0	98.0	90.0	366.0	91.5	良好
20190014	桂美玲	营销19	女	汉族	88.0	90.0	96.0	92.0	366.0	91.5	优秀
20190011	潘　杨	自动化19-1	女	汉族	85.0	80.0	95.0	90.0	350.0	87.5	良好
20190013	许云碧	自动化19-1	女	汉族	60.0	65.0	75.0	77.0	277.0	69.3	及格
20190015	于　泽	自动化19-1	男	汉族	35.0	60.0	55.0	62.0	212.0	53.0	及格
各科总分					1106.0	1136.0	1313.0	1247.0	4802.0		
各科平均分					69.1	71.0	82.1	77.9	300.1		
不及格人数					4	2	1	1			

图 1－39　子任务 1.2 操作结果示例

任务实施

1. 在工作表右侧插入 2 列，标题为“总分”和“平均分”。

步骤 1　打开“高校学生成绩管理”工作簿，选择“高校学生成绩表”工作表。

步骤 2　在 J2 单元格输入“总分”，在 K2 单元格输入“平均分”。

2. 在工作表下方插入 2 行，在“学号”列分别输入“各科总分”和“各科平均分”。

在“高校学生成绩表”工作表的 A19 单元格输入“各科总分”，在 A20 单元格输入“各科平均分”。

3. 应用公式或函数计算每名学生的总分和平均分。

步骤 1　在“高校学生成绩表”工作表选择 J3 单元格，输入公式“=F3+G3+H3+I3”，然后按 Enter 键，在 J3 单元格显示总分计算结果。

步骤 2　选择 J3 单元格，将鼠标指针指向 J3 单元格右下角的填充柄，拖动鼠标到 J18 单元格，完成其他学生的总分计算。

步骤 3　选择 K3 单元格，单击编辑栏中的 fx 命令按钮，弹出“插入函数”对话框，选择函数类别为“常用函数”，再选择函数“AVERAGE”，如图 1-40 所示，再单击“确定”按钮，弹出“函数参数”对话框，单击 Number1 后面的按钮，选择区域范围为“F3:I3”，如图 1-41 所示，单击“确定”按钮即可。

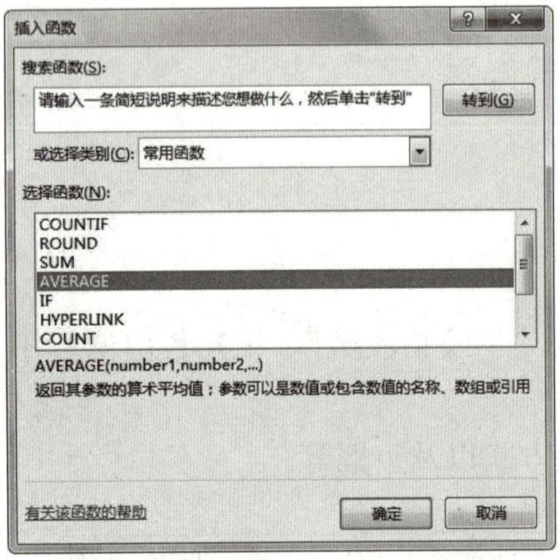

图 1-40　“插入函数”对话框

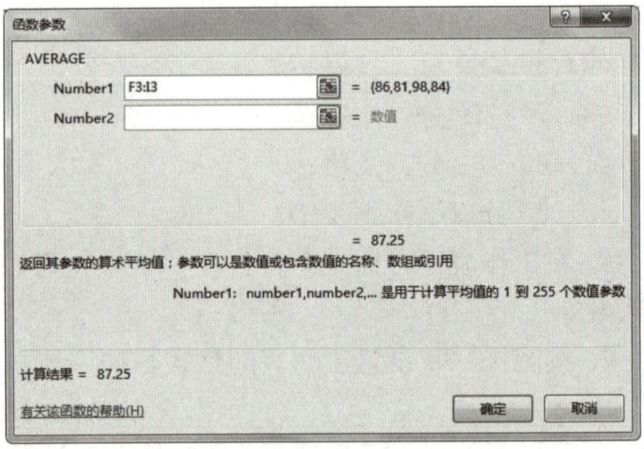

图 1-41　“函数参数”对话框

步骤 4　选择 K3 单元格，将鼠标指针指向 K3 单元格右下角的填充柄，拖动鼠标到 K18 单元格，完成其他学生的平均分计算。

4. 应用函数计算每门课程的“各科总分”和“各科平均分”。

此操作请参考前面第 3 个操作，此处略。

5. 在工作表右侧插入 1 列，输入标题“大学英语等级分制”，并按如下分数段计算大学英语等级：

（1）90～100 分：优秀；

（2）80～89 分：良好；

（3）70～79 分：中等；

（4）60～69 分：及格；

（5）60 分以下：不及格。

步骤 1　在“高校学生成绩表”工作表的 L2 单元格输入“大学英语等级分制”。

步骤 2　选择 L3 单元格输入公式“=IF（G3>=90,"优秀",IF（G3>=80,"良好",IF（G3>=70,"中等"，IF（G3>=60,"及格"，"不及格"））））”，按 Enter 键完成。

步骤 3　使用快速填充功能，完成其他学生大学英语等级分制计算。

6. 在工作表下方插入 1 行，在“学号”列处输入“不及格人数”，统计各门课程不及格人数。

步骤 1　在“高校学生成绩表”工作表的 A21 单元格输入“不及格人数”。

步骤 2　选择 F21 单元格，单击编辑栏中的 *fx* 按钮，打开“插入函数”对话框，选择类别为“统计”，在“选择函数”中选择 COUNTIF 函数，如图 1－42 所示，单击“确定”按钮。打开“函数参数”对话框，单击 Range 参数后面的按钮，选择引用区域范围为“F3:F18”，然后在 Criteria 参数后面输入统计条件"<60"，如图 1－43 所示，单击“确定”按钮即可。

图 1－42　“插入函数”对话框

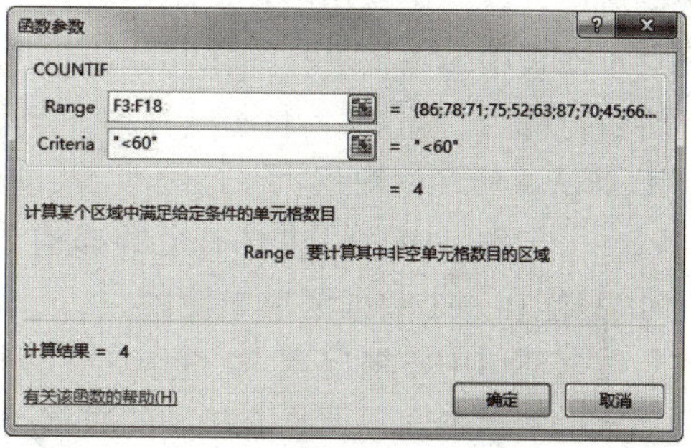

图 1－43　“函数参数”对话框

步骤 3　使用快速填充功能，完成其他科目的不及格人数统计。

7. 按图 1－39 设置工作表的格式，如字体、对齐方式以及边框等。

按图 1－39 设置工作表格式（操作过程略），结果如图 1－44 所示。

高校学生成绩表

学号	姓　名	班级	性别	民族	高等数学	大学英语	计算机基础	经济学	总分	平均分	大学英语等级分制
20190001	吴　静	会计19-1	女	汉族	86.0	81.0	98.0	84.0	349.0	87.3	良好
20190016	李　强	会计19-1	男	汉族	78.0	65.0	89.0	85.0	317.0	79.3	及格
20190005	徐鹏翔	会计19-1	男	汉族	71.0	80.0	85.0	78.0	314.0	78.5	良好
20190002	吕思君	会计19-1	女	汉族	75.0	66.0	85.0	78.0	304.0	76.0	及格
20190003	张　丹	会计19-1	男	汉族	52.0	68.0	70.0	76.0	266.0	66.5	及格
20190004	李一司	会计19-1	女	满族	63.0	53.0	69.0	55.0	240.0	60.0	不及格
20190009	宁丽娜	会计19-2	女	汉族	87.0	78.0	95.0	85.0	345.0	86.3	中等
20190007	王成龙	会计19-2	男	苗族	70.0	80.0	90.0	85.0	325.0	81.3	良好
20190008	董倩怡	会计19-2	女	汉族	45.0	72.0	80.0	80.0	277.0	69.3	中等
20190010	张楮然	会计19-2	男	汉族	66.0	49.0	68.0	70.0	253.0	63.3	不及格
20190006	王佳伟	营销19	男	汉族	55.0	61.0	65.0	60.0	241.0	60.3	及格
20190012	朱婉婷	营销19	女	蒙古族	90.0	88.0	98.0	90.0	366.0	91.5	良好
20190014	桂美玲	营销19	女	汉族	88.0	90.0	96.0	92.0	366.0	91.5	优秀
20190011	潘　杨	自动化19-1	女	汉族	85.0	80.0	95.0	90.0	350.0	87.5	良好
20190013	许云碧	自动化19-1	女	汉族	60.0	65.0	75.0	77.0	277.0	69.3	及格
20190015	于　泽	自动化19-1	男	汉族	35.0	60.0	55.0	62.0	212.0	53.0	及格
各科总分					1106.0	1136.0	1313.0	1247.0	4802.0		
各科平均分					69.1	71.0	82.1	77.9	300.1		
不及格人数					4	2	1	1			

图 1－44　子任务 2.2 操作结果

子任务1.3 统计汇总Excel工作表数据

任务要求

1. 能够建立数据清单和使用记录单操作数据清单；
2. 能够对工作表数据进行排序；
3. 能够筛选工作表数据和分类汇总数据；
4. 能够使用数据透视表进行数据统计汇总。

知识积累

1.3.1 数据清单

1. 数据清单的含义

数据清单，就是包含相关数据的一系列工作表数据行，由若干数据清单组成的数据列表。当对工作表中的数据进行操作时，Excel会将数据清单当成数据库来处理。在数据清单中，将每行称为“记录”，将每列称为“字段”。

2. 数据清单的建立原则

（1）一个工作表中只能建立一个数据清单，因为数据清单的某些处理功能（如筛选等），一次只能在一个数据清单中使用。

（2）数据清单中不能出现空白行或空白列，否则会影响排序和查找。

（3）数据清单中同一列具有相同的数据类型。

（4）数据清单与其他数据之间至少留一个空白行或空白列。

3. 使用记录单操作数据清单

（1）使用记录单添加记录。

记录单可以提供简洁的方法在数据清单中一次输入或显示一个完整的信息行，也就是记录。

选择要添加记录的数据清单中的任意一个单元格，单击快速启动工具栏上的“记录单”按钮，打开记录单对话框，如图1-45所示。单击“新建”按钮，记录单中各字段值清空，依次输入新记录所包含的信息即可，如图1-46所示。

（2）修改记录。

使用记录单不但可以在工作表中为数据清单添加数据，还可以对数据清单进行修改。

选择要修改记录的数据清单中的任意单元格，单击快速启动工具栏上的“记录单”按钮，打开记录单对话框，单击“上一条”按钮或者“下一条”按钮，找到需要修改的记录，然后在记录中对数据直接修改，最后单击“关闭”按钮，更新当前显示的记录并关闭记录单。

（3）删除记录。

使用记录单可以删除记录，但不能恢复。

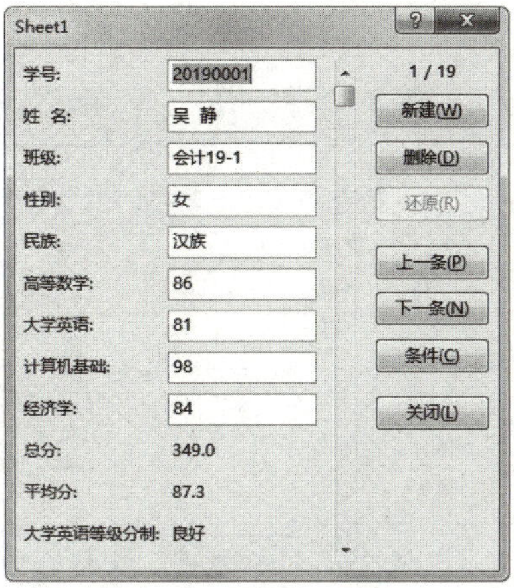

图 1-45　记录单对话框

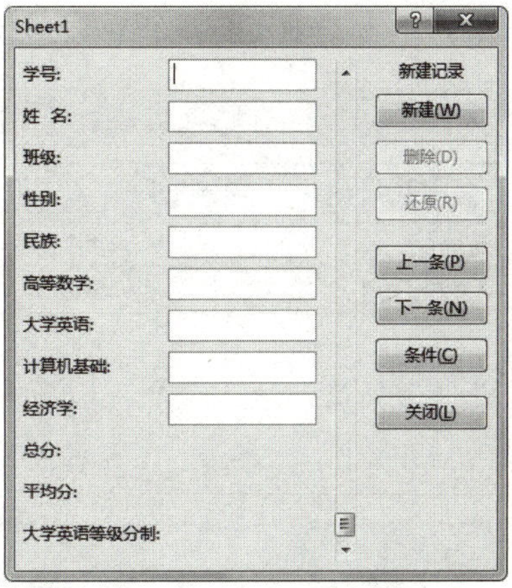

图 1-46　新建记录单对话框

选定要删除的数据清单中的任意一个单元格，单击快速启动工具栏上的“记录单”按钮，打开记录单对话框，单击“上一条”按钮或者“下一条”按钮，找到需要删除的记录，单击“删除”按钮即可删除被选中的记录，单击“关闭”按钮关闭记录单。

（4）查找记录。

当数据清单较大时，要找到数据清单就可以使用记录单功能，实现快速查找。

在记录单对话框，单击“条件”按钮，在记录单中输入查找条件，然后单击“上一条”按钮或者“下一条”按钮进行查找，操作完毕后，单击“关闭”按钮关闭记录单。

1.3.2　数据排序

1. 默认的排序规则

在对数据进行排序时，Excel 有默认的排序规则，具体如下：

（1）数字从最小的负数到最大的正数排序。

（2）文本以及包含数字的文本，按下列顺序进行排序：首先是数字 0～9，然后是字符' -（空格）! # $ & （） * ，。、：；？ @ \ ^ — { | } ～＋＜＝＞，最后是字母 A～Z。

（3）在逻辑值中，FALSE 排在 TRUE 之前。

（4）所有错误值的优先级等效。

（5）空格排在最后。

2. 简单排序

简单排序是指对数据列表中的单列数据进行排序。

选定数据清单中的排序列的任意一个单元格，选择“数据—排序和筛选”命令组，单击升序（AZ↓）按钮或者降序（ZA↓）按钮，系统将自动按所在列进行升序或者降序排序。

3. 多列排序

多列排序是指排序依据为多个数列。如对“高校学生成绩表”按班级排序，班级相同按平均分降序排序就是一种多列排序。

首先，选定数据清单中的任意一个单元格，选择“数据—排序和筛选”命令组，单击“排序”按钮，弹出“排序”对话框，如图 1-47 所示。其次，在“排序”对话框依次选择主要关键字、排序依据和次序，如果是多列排序，则单击“添加条件”按钮添加排序列的设置。最后，单击“确定”按钮，完成排序。

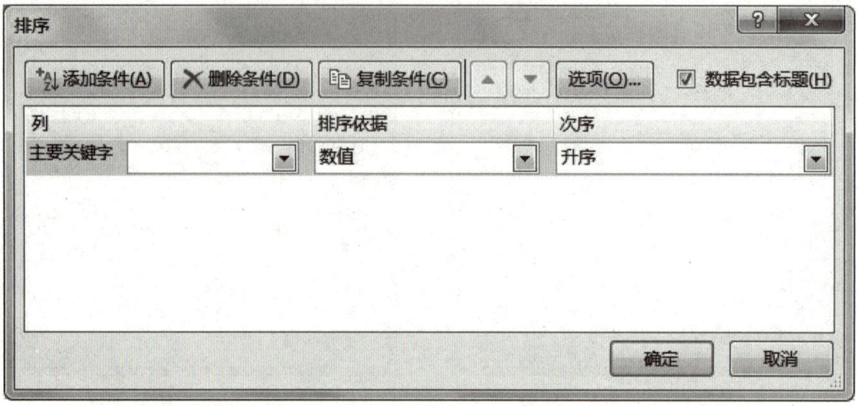

图 1-47　“排序”对话框

1.3.3　数据筛选

数据筛选是指从数据清单中找出符合指定条件的数据。数据筛选将隐藏不满足条件的记录，记录并没有从数据清单中删除。数据筛选分为自动筛选和高级筛选。

1. 自动筛选

自动筛选功能较简单，一般适用于筛选条件较少的情况。

选定数据清单中的任意一个单元格，选择“数据—排序和筛选”命令组，单击“筛选”按钮，系统在标题行每个字段右侧显示下拉箭头按钮▾，如图 1-48 所示。单击列标题右侧的下拉箭头，显示如图 1-49 所示的下拉菜单，根据筛选条件选择即可。

高校学生成绩表

学号	姓　名	班级	性别	民族	高等数学	大学英语	计算机基础	经济学	总分	平均分	大学英语等级分
20190001	吴　静	会计19-1	女	汉族	86.0	81.0	98.0	84.0	349.0	87.3	良好
20190016	李　强	会计19-1	男	汉族	78.0	65.0	89.0	85.0	317.0	79.3	及格
20190005	徐鹏翔	会计19-1	男	汉族	71.0	80.0	85.0	78.0	314.0	78.5	良好
20190002	吕思君	会计19-1	女	汉族	75.0	66.0	85.0	78.0	304.0	76.0	及格
20190003	张　丹	会计19-1	男	汉族	52.0	68.0	70.0	76.0	266.0	66.5	及格
20190004	李一可	会计19-1	女	满族	63.0	53.0	69.0	55.0	240.0	60.0	不及格
20190009	宁丽娜	会计19-2	女	汉族	87.0	78.0	95.0	85.0	345.0	86.3	中等
20190007	王成龙	会计19-2	男	苗族	70.0	80.0	90.0	85.0	325.0	81.3	良好
20190008	董倩怡	会计19-2	女	汉族	45.0	72.0	80.0	80.0	277.0	69.3	中等
20190010	张楷然	会计19-2	男	汉族	66.0	49.0	68.0	70.0	253.0	63.3	不及格
20190006	王佳伟	营销19	男	汉族	55.0	61.0	65.0	60.0	241.0	60.3	及格
20190012	朱婉婷	营销19	女	蒙古族	90.0	88.0	98.0	90.0	366.0	91.5	良好
20190014	桂美玲	营销19	女	汉族	88.0	90.0	96.0	92.0	366.0	91.5	优秀
20190011	潘　杨	自动化19-1	女	汉族	85.0	80.0	95.0	90.0	350.0	87.5	良好
20190013	许云碧	自动化19-1	女	汉族	60.0	65.0	75.0	77.0	277.0	69.3	及格
20190015	于　泽	自动化19-1	男	汉族	35.0	60.0	55.0	62.0	212.0	53.0	及格

图 1-48　执行自动筛选命令后数据清单结果

2. 高级筛选

使用高级筛选功能可以对工作表或数据清单进行更复杂的筛选。高级筛选适用于筛选条件较多的情况。

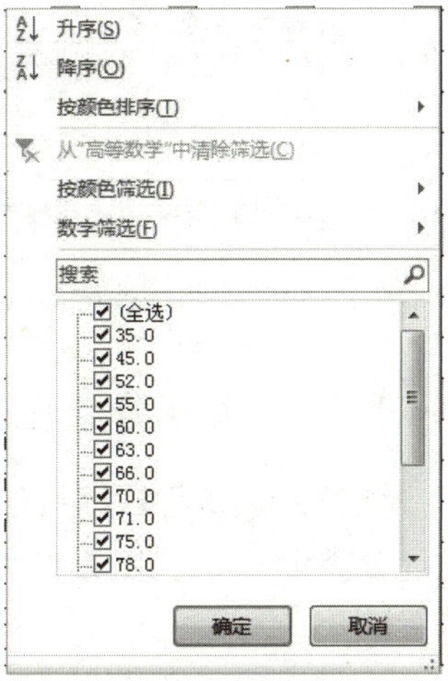

图 1-49　下拉菜单

(1) 建立高级筛选条件区域。

在数据清单上方或下方插入三个空白行，将数据清单标题行复制到新建的第一行，在第二行输入筛选条件即可，如图 1-50 所示。

高校学生成绩表

学号	姓　名	班级	性别	民族	高等数学	大学英语	计算机基础	经济学
20190001	吴　静	会计19-1	女	汉族	86.0	81.0	98.0	84.0
20190016	李　强	会计19-1	男	汉族	78.0	65.0	89.0	85.0
20190005	徐鹏翔	会计19-1	男	汉族	71.0	80.0	85.0	78.0
20190002	吕思君	会计19-1	女	汉族	75.0	66.0	85.0	78.0
20190003	张　丹	会计19-1	男	汉族	52.0	68.0	70.0	76.0
20190004	李一可	会计19-1	女	满族	63.0	53.0	69.0	55.0
20190009	宁丽娜	会计19-2	女	汉族	87.0	78.0	95.0	85.0
20190007	王成龙	会计19-2	男	苗族	70.0	80.0	90.0	85.0
20190008	董倩怡	会计19-2	女	汉族	45.0	72.0	80.0	80.0
20190010	张楮然	会计19-2	男	汉族	66.0	49.0	68.0	70.0
20190006	王佳伟	营销19	男	汉族	55.0	61.0	65.0	60.0
20190012	朱婉婷	营销19	女	蒙古族	90.0	88.0	98.0	90.0
20190014	桂美玲	营销19	女	汉族	88.0	90.0	96.0	92.0
20190011	潘　杨	自动化19-1	女	汉族	85.0	80.0	95.0	90.0
20190013	许云碧	自动化19-1	女	汉族	60.0	65.0	75.0	77.0
20190015	于　泽	自动化19-1	男	汉族	35.0	60.0	55.0	62.0
学号	姓　名	班级	性别	民族	高等数学	大学英语	计算机基础	经济学
					>80	>80	>80	>80

图 1-50　高级筛选条件区域

(2) 进行高级筛选。

选定数据清单中的任意一个单元格，选择"数据—排序和筛选"命令组，单击"高级"按钮，弹出"高级筛选"对话框，选择列表区域以及条件区域，单击"确定"按钮即可，筛选结果如图 1-51 所示。

(3) 取消筛选。

对工作表的数据进行筛选后，工作表中将只显示满足筛选条件的数据，如果要取消筛选，则选择"数据—排序和筛选"命令组，单击"清除"按钮即可。

高校学生成绩表											
学号	姓　名	班级	性别	民族	高等数学	大学英语	计算机基础	经济学	总分	平均分	大学英语等级分制
20190001	吴　静	会计19-1	女	汉族	86.0	81.0	98.0	84.0	349.0	87.3	良好
20190012	朱婉婷	营销19	女	蒙古族	90.0	88.0	98.0	90.0	366.0	91.5	良好
20190014	桂美玲	营销19	女	汉族	88.0	90.0	96.0	92.0	366.0	91.5	优秀
学号	姓　名	班级	性别	民族	高等数学	大学英语	计算机基础	经济学			
					>80	>80	>80	>80			

图 1-51　高级筛选结果

1.3.4　数据分类汇总

分类汇总是将数据按照某一字段进行分类并计算汇总。通过分类汇总，可以方便地分析出各类数据在总数据中的位置。

1. 建立分类汇总

建立分类汇总前，必须按分类汇总字段进行排序。

在需要分类汇总的工作表中单击任意一个单元格，选择“数据—分级显示”命令组，单击“分类汇总”按钮，弹出“分类汇总”对话框，选择分类字段、汇总方式以及选定汇总项，如图 1-52 所示，单击“确定”按钮即可。

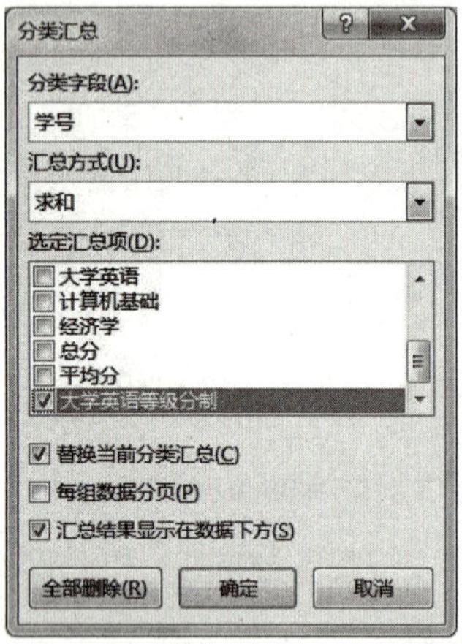

图 1-52　“分类汇总”对话框

2. 删除分类汇总

在需要分类汇总的工作表中单击任意一个单元格，选择“数据—分级显示”命令组，单击“分类汇总”按钮，弹出“分类汇总”对话框，单击“全部删除”按钮即可。

1.3.5　数据透视表

数据透视表是一种对大量数据进行快速汇总和建立交叉列表的交互式表格。通过转换行和列，可以查看源数据的不同汇总结果，也可以显示不同页面的筛选数据，还可以根据需要显示区域中的明细数据。

1. 数据透视表的组成

数据透视表由报表筛选、列标签、行标签和数值四部分组成。

（1）报表筛选：基于报表筛选中的选定项来筛选整个报表。

（2）列标签：将字段显示为报表顶部的列。

（3）行标签：将字段显示为报表侧面的行。

（4）数值：显示汇总数值数据。

2. 数据透视表的数据源

在 Excel 中，可以利用多种数据源来创建数据透视表。数据透视表的数据源包括：

（1）Excel 中的数据清单或者数据库。

（2）外部数据源包括数据库、文本文件或者除了 Excel 工作簿之外的其他数据源，也可以是互联网上的数据源。

（3）可以是经过合并计算的多个数据区域以及另外一个数据透视表。

3. 建立数据透视表

以“高校学生成绩表”工作表为例建立数据透视表，具体操作步骤如下：

（1）打开要创建数据透视表的工作簿，选择“高校学生成绩表”工作表，选择“插入—表格”命令组，单击“数据透视表”按钮，弹出“创建数据透视表”对话框，如图 1－53 所示。

（2）在“创建数据透视表”对话框中选择一个表或区域，再选择放置数据透视表的位置为“新工作表”，单击“确定”按钮，打开“数据透视表字段”窗格，如图 1－54 所示。

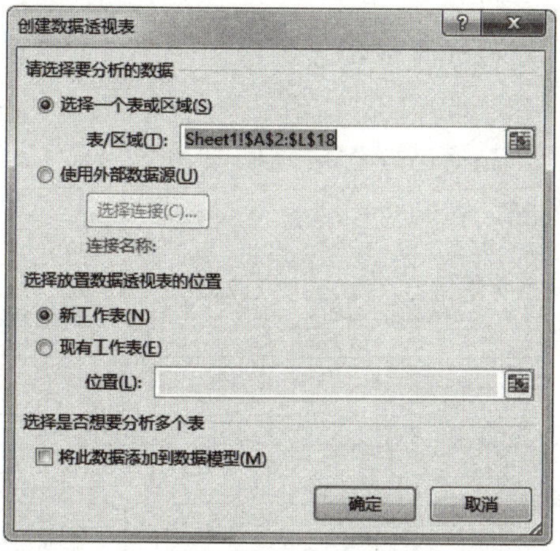

图 1－53　“创建数据透视表”对话框

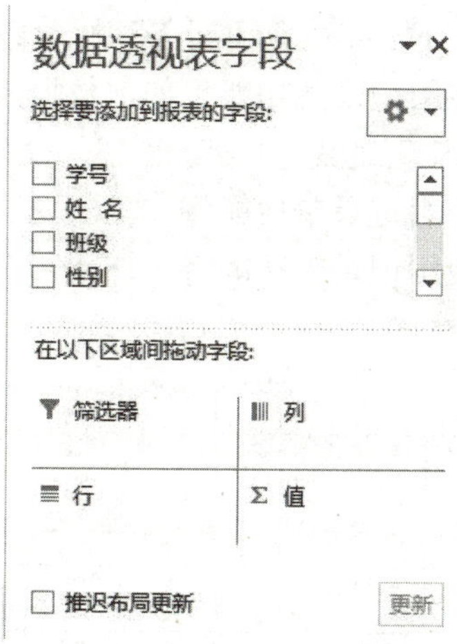

图 1－54　“数据透视表字段”窗格

（3）在“数据透视表字段”窗格中，在“选择要添加到报表的字段”区域选择准备设置为列标签的字段，然后选择准备设置为行标签的字段，最后选择准备设置为“值”的字段，即完成数据透视表的创建，如图 1－55 所示。

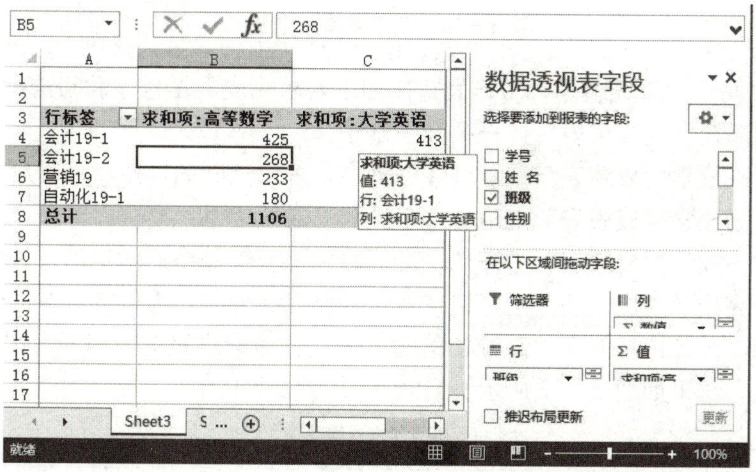

图 1－55　数据透视表创建完成

4. 刷新数据透视表

数据透视表数据源中的数据发生变化，可以通过刷新数据透视表中的数据进行修改。

打开已经修改数据的工作表，选择数据透视表所在的工作表，选中数据透视表，选择“数据—连接”命令组，单击“全部刷新”下拉列表中的“全部刷新”或“刷新”选项，即完成数据透视表中的数据更新。

任务资料

以下操作均在“高校学生成绩管理”工作簿中完成。

1. 激活“高校学生成绩表”工作表，按如下要求完成数据清单操作，结果如图 1－56 所示：

（1）在 Excel 快速访问工具栏上添加记录单功能。

（2）使用记录单功能将如下数据添加到“高校学生成绩表”中：

20190017　赵思颖　营销 19　女　汉族　83　59　82　78

（3）使用记录单功能将“王成龙”同学的“高等数学”成绩修改为 77 分。

（4）使用记录单功能将“许云碧”同学删除。

高校学生成绩表

学号	姓　名	班级	性别	民族	高等数学	大学英语	计算机基础	经济学	总分	平均分	大学英语等级分制
20190001	吴　静	会计19-1	女	汉族	86.0	81.0	98.0	84.0	349.0	87.3	良好
20190016	李　强	会计19-1	男	汉族	78.0	65.0	89.0	85.0	317.0	79.3	及格
20190005	徐鹏翔	会计19-1	男	汉族	71.0	80.0	85.0	78.0	314.0	78.5	良好
20190002	吕思君	会计19-1	女	汉族	75.0	66.0	85.0	78.0	304.0	76.0	及格
20190003	张　丹	会计19-1	男	汉族	52.0	68.0	70.0	76.0	266.0	66.5	及格
20190004	李一司	会计19-1	女	满族	63.0	53.0	69.0	55.0	240.0	60.0	不及格
20190009	宁丽娜	会计19-2	女	汉族	87.0	78.0	95.0	85.0	345.0	86.3	中等
20190007	王成龙	会计19-2	男	苗族	77.0	80.0	90.0	85.0	332.0	83.0	良好
20190008	董倩怡	会计19-2	女	汉族	45.0	72.0	80.0	80.0	277.0	69.3	中等
20190010	张椿然	会计19-2	男	汉族	66.0	49.0	68.0	70.0	253.0	63.3	不及格
20190006	王佳伟	营销19	男	汉族	55.0	61.0	65.0	60.0	241.0	60.3	及格
20190012	朱婉婷	营销19	女	蒙古族	90.0	88.0	98.0	90.0	366.0	91.5	良好
20190014	桂美玲	营销19	女	汉族	88.0	90.0	96.0	92.0	366.0	91.5	优秀
20190011	潘　杨	自动化19-1	女	汉族	85.0	80.0	95.0	90.0	350.0	87.5	良好
20190015	于　泽	自动化19-1	男	汉族	35.0	60.0	55.0	62.0	212.0	53.0	及格
20190017	赵思颖	营销19	女	汉族	83.0	59.0	82.0	78.0	302.0	75.5	不及格

图 1－56　数据清单操作结果

2. 激活“高校学生成绩表”工作表，按如下要求完成数据排序和筛选操作：

（1）将“高校学生成绩表”按班级升序排序。

（2）将“高校学生成绩表”按总分降序排序，总分相同的，按学号降序排序。

（3）在“高校学生成绩表”中筛选“于泽”的成绩信息。

（4）在“高校学生成绩表”中筛选“高等数学”成绩及格的学生信息。

（5）在“高校学生成绩表”中筛选“大学英语等级分制”为“良好”的学生信息。

（6）使用高级筛选功能在“高校学生成绩表”中筛选班级为“营销 19”、各科成绩及格的学生信息，结果如图 1－57 所示。

高校学生成绩表

学号	姓　名	班级	性别	民族	高等数学	大学英语	计算机基础	经济学	总分	平均分	大学英语等级分制
20190014	桂美玲	营销19	女	汉族	88.0	90.0	96.0	92.0	366.0	91.5	优秀
20190012	朱婉婷	营销19	女	蒙古族	90.0	88.0	98.0	90.0	366.0	91.5	良好
学号	姓　名	班级	性别	民族	高等数学	大学英语	计算机基础	经济学	总分	平均分	大学英语等级分制
		营销19			>=60	>=60	>=60	>=60			

图 1－57　高级筛选操作结果

3. 激活“高校学生成绩表”工作表，将数据恢复到原始状态。按班级进行分类汇总后，对“高等数学”“大学英语”“计算机基础”“经济学”成绩求和，结果如图 1－58 所示。

高校学生成绩表

学号	姓　名	班级	性别	民族	高等数学	大学英语	计算机基础	经济学	总分	平均分	大学英语等级分制
20190004	李一可	会计19-1	女	满族	63.0	53.0	69.0	55.0	240.0	60.0	不及格
20190003	张　丹	会计19-1	男	汉族	52.0	68.0	70.0	76.0	266.0	66.5	及格
20190002	吕思君	会计19-1	女	汉族	75.0	66.0	85.0	78.0	304.0	76.0	及格
20190005	徐鹏翔	会计19-1	男	汉族	71.0	80.0	85.0	78.0	314.0	78.5	良好
20190016	李　强	会计19-1	男	汉族	78.0	65.0	89.0	85.0	317.0	79.3	及格
20190001	吴　静	会计19-1	女	汉族	86.0	81.0	98.0	84.0	349.0	87.3	良好
		会计19-1 汇总			425.0	413.0	496.0	456.0			0
20190010	张楷然	会计19-2	男	汉族	66.0	49.0	68.0	70.0	253.0	63.3	不及格
20190008	董倩怡	会计19-2	女	汉族	45.0	72.0	80.0	80.0	277.0	69.3	中等
20190007	王成龙	会计19-2	男	苗族	77.0	80.0	90.0	85.0	332.0	83.0	良好
20190009	宁丽娜	会计19-2	女	汉族	87.0	78.0	95.0	85.0	345.0	86.3	中等
		会计19-2 汇总			275.0	279.0	333.0	320.0			0
20190006	王佳伟	营销19	男	汉族	55.0	61.0	65.0	60.0	241.0	60.3	及格
20190017	赵思颖	营销19	女	汉族	83.0	59.0	82.0	78.0	302.0	75.5	不及格
20190014	桂美玲	营销19	女	汉族	88.0	90.0	96.0	92.0	366.0	91.5	优秀
20190012	朱婉婷	营销19	女	蒙古族	90.0	88.0	98.0	90.0	366.0	91.5	良好
		营销19 汇总			316.0	298.0	341.0	320.0			0
20190015	于　泽	自动化19-1	男	汉族	35.0	60.0	55.0	62.0	212.0	53.0	及格
20190011	潘　杨	自动化19-1	女	汉族	85.0	80.0	95.0	90.0	350.0	87.5	良好
		自动化19-1 汇总			120.0	140.0	150.0	152.0			0
		总计			1136.0	1130.0	1320.0	1248.0			0

图 1－58　分类汇总操作结果

4. 激活“高校学生成绩表”工作表，使用数据透视表功能实现按班级统计各科成绩总和。将工作表重命名为“学生成绩统计汇总”，结果如图 1－59 所示。

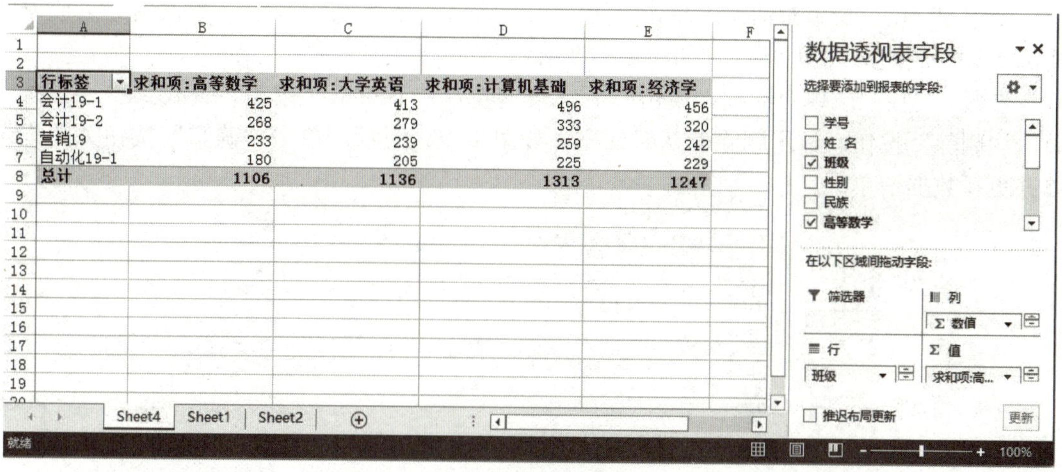

图 1－59　数据透视表操作结果

任务实施

1. 按任务资料中的要求，对“高校学生成绩表”进行数据清单操作。

步骤 1　打开“高校学生成绩管理”工作簿，选择“高校学生成绩表”工作表。

步骤 2　在快捷启动工具栏添加记录单功能。选择“文件—选项”命令，在弹出的

“选项”对话框中单击左侧“快速访问工具栏”，显示如图 1－60 所示的“Excel 选项”对话框。在“从下列位置选择命令”下拉列表框中选择“不在功能区中的命令”，在下方的列表中选择“记录单”，再单击“添加”按钮即可。

步骤 3　将“高校学生成绩表”工作表的第 19～21 行删除。

步骤 4　选定“高校学生成绩表”工作表中的任意一个单元格，单击快速访问工具栏上的“记录单”按钮，打开记录单对话框，在对话框中单击“新建”按钮，清空所有字段值，按任务资料中的要求输入各字段数据，如图 1－61 所示，单击“关闭”按钮关闭记录单并更新数据清单。

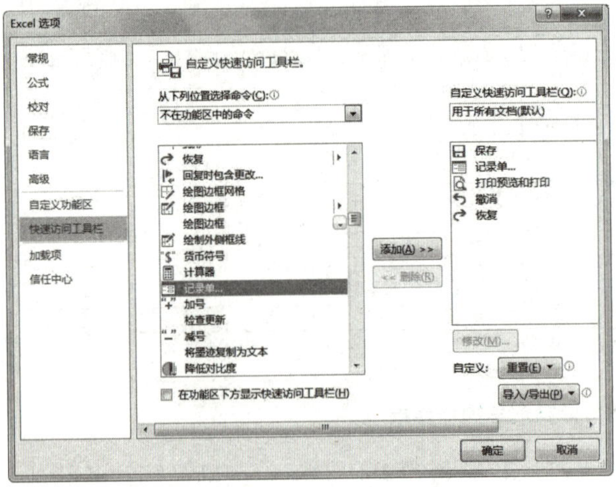

图 1－60　“Excel 选项”对话框

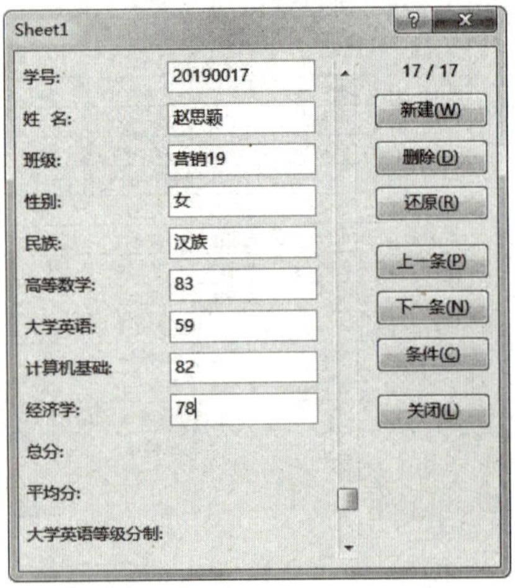

图 1－61　新建记录单对话框

步骤 5　在记录单对话框，单击“上一条”或者“下一条”按钮，查找到“王成龙”，将高等数学成绩修改为“77”，如图 1－62 所示。

步骤 6　在记录单对话框，单击“上一条”或者“下一条”按钮，查找到“许云碧”，单击“删除”按钮，显示删除确认对话框，如图 1－63 所示，单击“确定”按钮关闭记录单并更新数据清单。

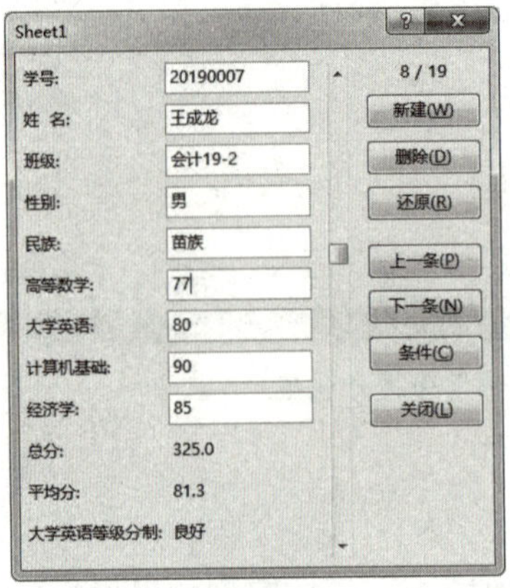

图 1－62　修改数据记录单对话框

图 1－63　删除确认对话框

完成以上操作后，结果如图 1－64 所示。

高校学生成绩表											
学号	姓　名	班级	性别	民族	高等数学	大学英语	计算机基础	经济学	总分	平均分	大学英语等级分制
20190001	吴　静	会计19-1	女	汉族	86.0	81.0	98.0	84.0	349.0	87.3	良好
20190016	李　强	会计19-1	男	汉族	78.0	65.0	89.0	85.0	317.0	79.3	及格
20190005	徐鹏翔	会计19-1	男	汉族	71.0	80.0	85.0	78.0	314.0	78.5	良好
20190002	吕思君	会计19-1	女	汉族	75.0	66.0	85.0	78.0	304.0	76.0	及格
20190003	张　丹	会计19-1	男	汉族	52.0	68.0	70.0	76.0	266.0	66.5	及格
20190004	李一可	会计19-1	女	满族	63.0	53.0	69.0	55.0	240.0	60.0	不及格
20190009	宁丽娜	会计19-2	女	汉族	87.0	78.0	95.0	85.0	345.0	86.3	中等
20190007	王成龙	会计19-2	男	苗族	77.0	80.0	90.0	85.0	332.0	83.0	良好
20190008	董倩怡	会计19-2	女	汉族	45.0	72.0	80.0	80.0	277.0	69.3	中等
20190010	张楷然	会计19-2	男	汉族	66.0	49.0	68.0	70.0	253.0	63.3	不及格
20190006	王佳伟	营销19	男	汉族	55.0	61.0	65.0	60.0	241.0	60.3	及格
20190012	朱婉婷	营销19	女	蒙古族	90.0	88.0	98.0	90.0	366.0	91.5	良好
20190014	桂美玲	营销19	女	汉族	88.0	90.0	96.0	92.0	366.0	91.5	优秀
20190011	潘　杨	自动化19-1	女	汉族	85.0	80.0	95.0	90.0	350.0	87.5	良好
20190015	于　泽	自动化19-1	男	汉族	35.0	60.0	55.0	62.0	212.0	53.0	及格
20190017	赵思颖	营销19	女	汉族	83.0	59.0	82.0	78.0	302.0	75.5	不及格

图 1-64　完成数据清单操作结果

2. 按任务资料中的要求，对“高校学生成绩表”进行数据排序和筛选。

步骤 1　打开“高校学生成绩管理”工作簿，选择“高校学生成绩表”工作表。

步骤 2　选定“高校学生成绩表”工作表“班级”列的任意一个单元格，选择“数据—排序和筛选”命令组，单击“升序”按钮，结果如图 1-65 所示。

高校学生成绩表											
学号	姓　名	班级	性别	民族	高等数学	大学英语	计算机基础	经济学	总分	平均分	大学英语等级分制
20190001	吴　静	会计19-1	女	汉族	86.0	81.0	98.0	84.0	349.0	87.3	良好
20190016	李　强	会计19-1	男	汉族	78.0	65.0	89.0	85.0	317.0	79.3	及格
20190005	徐鹏翔	会计19-1	男	汉族	71.0	80.0	85.0	78.0	314.0	78.5	良好
20190002	吕思君	会计19-1	女	汉族	75.0	66.0	85.0	78.0	304.0	76.0	及格
20190003	张　丹	会计19-1	男	汉族	52.0	68.0	70.0	76.0	266.0	66.5	及格
20190004	李一可	会计19-1	女	满族	63.0	53.0	69.0	55.0	240.0	60.0	不及格
20190009	宁丽娜	会计19-2	女	汉族	87.0	78.0	95.0	85.0	345.0	86.3	中等
20190007	王成龙	会计19-2	男	苗族	77.0	80.0	90.0	85.0	332.0	83.0	良好
20190008	董倩怡	会计19-2	女	汉族	45.0	72.0	80.0	80.0	277.0	69.3	中等
20190010	张楷然	会计19-2	男	汉族	66.0	49.0	68.0	70.0	253.0	63.3	不及格
20190006	王佳伟	营销19	男	汉族	55.0	61.0	65.0	60.0	241.0	60.3	及格
20190012	朱婉婷	营销19	女	蒙古族	90.0	88.0	98.0	90.0	366.0	91.5	良好
20190014	桂美玲	营销19	女	汉族	88.0	90.0	96.0	92.0	366.0	91.5	优秀
20190017	赵思颖	营销19	女	汉族	83.0	59.0	82.0	78.0	302.0	75.5	不及格
20190011	潘　杨	自动化19-1	女	汉族	85.0	80.0	95.0	90.0	350.0	87.5	良好
20190015	于　泽	自动化19-1	男	汉族	35.0	60.0	55.0	62.0	212.0	53.0	及格

图 1-65　按班级排序结果

步骤 3　选定“高校学生成绩表”中的任意一个单元格，选择“数据—排序和筛选”命令组，单击“排序”按钮，打开“排序”对话框，选择主关键字为“总分”字段，排序依据为“数值”，次序为“升序”，再单击“添加条件”按钮，选择次要关键字为“学号”字段，排序依据为“数值”，次序为“降序”，如图 1-66 所示，单击“确定”按钮，结果如图 1-67 所示。

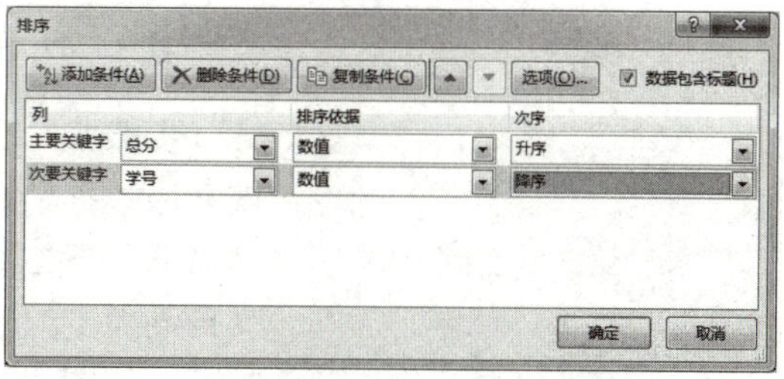

图 1-66　“排序”对话框

步骤 4　选定“高校学生成绩表”中的任意一个单元格，选择“数据—排序和筛选”命令组，单击“筛选”按钮，单击“姓名”列右侧下拉列表，取消“全选”，再单击“于

高校学生成绩表

学号	姓　名	班级	性别	民族	高等数学	大学英语	计算机基础	经济学	总分	平均分	大学英语等级分制
20190015	于　泽	自动化19-1	男	汉族	35.0	60.0	55.0	62.0	212.0	53.0	及格
20190004	李一可	会计19-1	女	满族	63.0	53.0	69.0	55.0	240.0	60.0	不及格
20190006	王佳伟	营销19	男	汉族	55.0	61.0	65.0	60.0	241.0	60.3	及格
20190010	张楮然	会计19-2	男	汉族	66.0	49.0	68.0	70.0	253.0	63.3	不及格
20190003	张　丹	会计19-1	男	汉族	52.0	68.0	70.0	76.0	266.0	66.5	及格
20190008	董倩怡	会计19-2	女	汉族	45.0	72.0	80.0	80.0	277.0	69.3	中等
20190017	赵思颖	营销19	女	汉族	83.0	59.0	82.0	78.0	302.0	75.5	不及格
20190002	吕思君	会计19-1	女	汉族	75.0	66.0	85.0	78.0	304.0	76.0	及格
20190005	徐鹏翔	会计19-1	男	汉族	71.0	80.0	85.0	78.0	314.0	78.5	良好
20190016	李　强	会计19-1	男	汉族	78.0	65.0	89.0	85.0	317.0	79.3	及格
20190007	王成龙	会计19-2	男	苗族	77.0	80.0	90.0	85.0	332.0	83.0	良好
20190009	宁丽娜	会计19-2	女	汉族	87.0	78.0	95.0	85.0	345.0	86.3	中等
20190001	吴　静	会计19-1	女	汉族	86.0	81.0	98.0	84.0	349.0	87.3	良好
20190011	潘　杨	自动化19-1	女	汉族	85.0	80.0	95.0	90.0	350.0	87.5	良好
20190014	桂美玲	营销19	女	汉族	88.0	90.0	96.0	92.0	366.0	91.5	优秀
20190012	朱婉婷	营销19	女	蒙古族	90.0	88.0	98.0	90.0	366.0	91.5	良好

图 1-67　排序结果

泽”，如图 1-68 所示，单击“确定”按钮完成筛选，结果如图 1-69 所示。

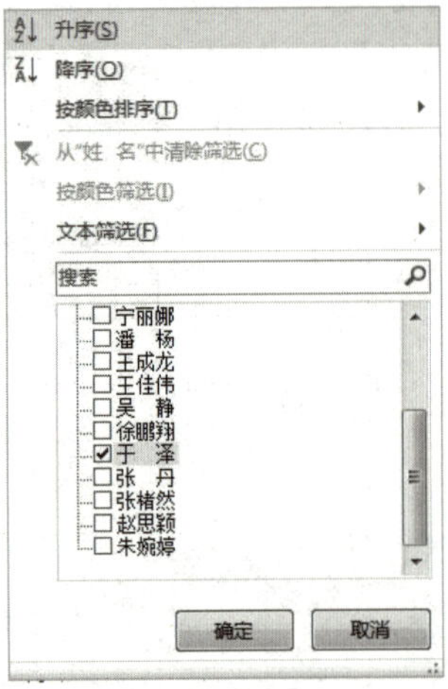

图 1-68　自动筛选下拉列表

高校学生成绩表

学号	姓　名	班级	性别	民族	高等数学	大学英语	计算机基础	经济学	总分	平均分	大学英语等级分
20190015	于　泽	自动化19-1	男	汉族	35.0	60.0	55.0	62.0	212.0	53.0	及格

图 1-69　筛选结果

步骤 5　单击“姓名”列右侧下拉列表，选中“全选”恢复原数据清单，再单击“高等数学”右侧下拉列表“数字筛选”下二级菜单的“大于或等于”命令，弹出“自定义自动筛选方式”对话框，输入“大于或等于”数值为“60”，如图 1-70 所示，再单击“确定”按钮完成筛选，结果如图 1-71 所示。

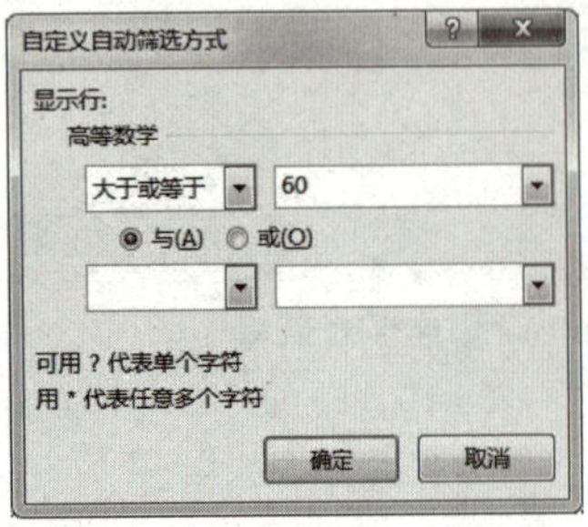

图 1-70　“自定义自动筛选方式”对话框

步骤 6　选择“数据—排序和筛选”命令组，单击“筛选”取消自动筛选。在数据清单下方建立高级筛选条件区域，如图 1-72 所示。

高校学生成绩表											
学号	姓　名	班级	性别	民族	高等数	大学英	计算机基	经济学	总分	平均分	大学英语等级分
20190004	李一可	会计19-1	女	满族	63.0	53.0	69.0	55.0	240.0	60.0	不及格
20190010	张楷然	会计19-2	男	汉族	66.0	49.0	68.0	70.0	253.0	63.3	不及格
20190017	赵思颖	营销19	女	汉族	83.0	59.0	82.0	78.0	302.0	75.5	不及格
20190002	吕思君	会计19-1	女	汉族	75.0	66.0	85.0	78.0	304.0	76.0	及格
20190005	徐鹏翔	会计19-1	男	汉族	71.0	80.0	85.0	78.0	314.0	78.5	良好
20190016	李　强	会计19-1	男	汉族	78.0	65.0	89.0	85.0	317.0	79.3	及格
20190007	王成龙	会计19-2	男	苗族	77.0	80.0	90.0	85.0	332.0	83.0	良好
20190009	宁丽娜	会计19-2	女	汉族	87.0	78.0	95.0	85.0	345.0	86.3	中等
20190001	吴　静	会计19-1	女	汉族	86.0	81.0	98.0	84.0	349.0	87.3	良好
20190011	潘　杨	自动化19-1	女	汉族	85.0	80.0	95.0	90.0	350.0	87.5	良好
20190014	桂美玲	营销19	女	汉族	88.0	90.0	96.0	92.0	366.0	91.5	优秀
20190012	朱婉婷	营销19	女	蒙古族	90.0	88.0	98.0	90.0	366.0	91.5	良好

图 1-71　筛选结果

学号	姓　名	班级	性别	民族	高等数学	大学英语	计算机基础	经济学	总分	平均分	大学英语等级分制
		营销19			>=60	>=60	>=60	>=60			

图 1-72　高级筛选区域设置

【小提示】

高级筛选条件区域与数据清单至少间隔一个空白行。

步骤 7　选定"高校学生成绩表"中的任意一个单元格，选择"数据—排序和筛选"命令组，单击"高级"按钮，弹出"高级筛选"对话框，在对话框中选择列表区域"$A$2:$L$18"，再选择条件区域"Sheet1! $A$20:$L$21"，如图 1-73 所示，单击"确定"按钮完成筛选，结果如图 1-74 所示。

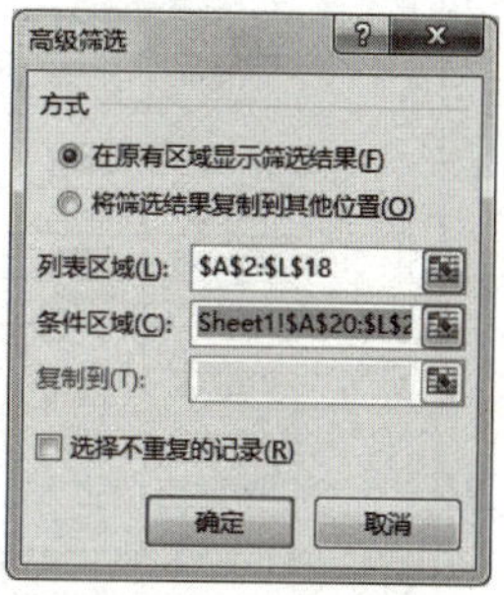

图 1-73　"高级筛选"对话框

3. 按任务资料中的要求，对"高校学生成绩表"进行分类汇总。

步骤 1　打开"高校学生成绩管理"工作簿，选择"高校学生成绩表"工作表。

步骤 2　选择"数据—排序和筛选"命令组，单击"清除"按钮，恢复原有数据清单状态。

高校学生成绩表											
学号	姓　名	班级	性别	民族	高等数学	大学英语	计算机基础	经济学	总分	平均分	大学英语等级分制
20190014	桂美玲	营销19	女	汉族	88.0	90.0	96.0	92.0	366.0	91.5	优秀
20190012	朱婉婷	营销19	女	蒙古族	90.0	88.0	98.0	90.0	366.0	91.5	良好
学号	姓　名	班级	性别	民族	高等数学	大学英语	计算机基础	经济学	总分	平均分	大学英语等级分制
		营销19			>=60	>=60	>=60	>=60			

图 1-74　高级筛选结果

步骤 3　参考排序操作按班级进行升序排序。

步骤 4　选定"高校学生成绩表"中的任意一个单元格，选择"数据—分组显示"命令组，单击"分类汇总"按钮，在"分类汇总"对话框中选择分类字段为"班级"，选择汇总方式为"求和"，选定汇总项为"高等数学""大学英语""计算机基础""经济学"，如图 1-75 所示，单击"确定"按钮，结果如图 1-76 所示。

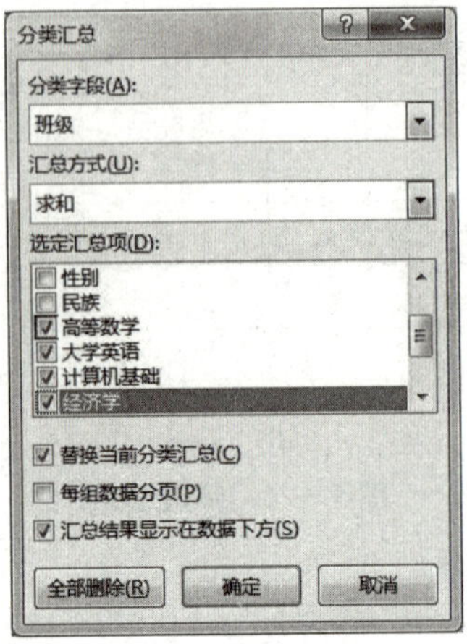

图 1-75 “分类汇总”对话框

	A	B	C	D	E	F	G	H	I	J	K	L
1	高校学生成绩表											
2	学号	姓　名	班级	性别	民族	高等数学	大学英语	计算机基础	经济学	总分	平均分	大学英语等级分制
3	20190004	李一可	会计19-1	女	满族	63.0	53.0	69.0	55.0	240.0	60.0	不及格
4	20190003	张　丹	会计19-1	男	汉族	52.0	68.0	70.0	76.0	266.0	66.5	及格
5	20190002	吕思君	会计19-1	女	汉族	75.0	66.0	85.0	78.0	304.0	76.0	及格
6	20190005	徐鹏翔	会计19-1	男	汉族	71.0	80.0	85.0	78.0	314.0	78.5	良好
7	20190016	李　强	会计19-1	男	汉族	78.0	65.0	89.0	85.0	317.0	79.3	及格
8	20190001	吴　静	会计19-1	女	汉族	86.0	81.0	98.0	84.0	349.0	87.3	良好
9			会计19-1 汇总			425.0	413.0	496.0	456.0			0
10	20190010	张楮然	会计19-2	男	汉族	66.0	49.0	68.0	70.0	253.0	63.3	不及格
11	20190008	董倩怡	会计19-2	女	汉族	45.0	72.0	80.0	80.0	277.0	69.3	中等
12	20190007	王成龙	会计19-2	男	苗族	77.0	80.0	90.0	85.0	332.0	83.0	良好
13	20190009	宁丽娜	会计19-2	女	汉族	87.0	78.0	95.0	85.0	345.0	86.3	中等
14			会计19-2 汇总			275.0	279.0	333.0	320.0			0
15	20190006	王佳伟	营销19	男	汉族	55.0	61.0	65.0	60.0	241.0	60.3	及格
16	20190017	赵思颖	营销19	女	汉族	83.0	59.0	82.0	78.0	302.0	75.5	不及格
17	20190014	桂美玲	营销19	女	汉族	88.0	90.0	96.0	92.0	366.0	91.5	优秀
18	20190012	朱婉婷	营销19	女	蒙古族	90.0	88.0	98.0	90.0	366.0	91.5	良好
19			营销19 汇总			316.0	298.0	341.0	320.0			0
20	20190015	于　泽	自动化19-1	男	汉族	35.0	60.0	55.0	62.0	212.0	53.0	及格
21	20190011	潘　杨	自动化19-1	女	汉族	85.0	80.0	95.0	90.0	350.0	87.5	良好
22			自动化19-1 汇总			120.0	140.0	150.0	152.0			0
23			总计			1136.0	1130.0	1320.0	1248.0			0

图 1-76 分类汇总结果

4. 按任务资料中的要求，建立“高校学生成绩表”统计汇总的数据透视表。

步骤 1 选定分类汇总结果中的任意一个单元格，选择“数据—分组显示”命令组，单击“分类汇总”，在“分类汇总”对话框中，单击“全部删除”按钮，恢复数据清单原始状态。

步骤 2 选定“高校学生成绩表”中的任意一个单元格，选择“插入—表格”命令组，单击“数据透视表”按钮，弹出“创建数据透视表”对话框，选择表和区域为“Sheet1!$A$2:$L$18”，并选择数据透视表放置的位置为“新工作表”，单击“确定”按钮即打开一个新的工作表，并显示“数据透视表字段”窗格。

步骤 3 在“数据透视表字段”窗格，在选择要添加数据透视表的字段中拖动“班级”字段到行标签，拖动“高等数学”“大学英语”“计算机基础”“经济学”字段到列标签，结果如图 1-77 所示。

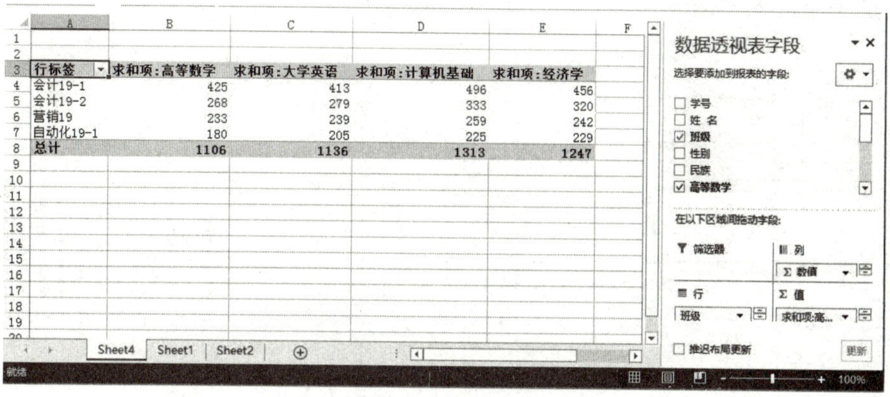

图 1－77 数据透视表操作结果

子任务 1.4 绘制 Excel 工作表图表

任务要求

1. 能够依据数据清单绘制图表;
2. 能够编辑图表;
3. 能够更新图表。

知识积累

1.4.1 图表概述

Excel 的图表功能可以将数据图形化，更直观地显示数据。应用图表功能不仅可以把数据形象地表示出来，而且可以对图表中的数据进行预测分析，得到一系列数据的变化趋势。Excel 的图表功能将工作表中枯燥的数据转化为简洁形象的图表，可以更快捷地为用户传递有效信息。

1. 数据系列

工作表中转化为图表的一系列数值的集合称为数据系列。创建图表必须以工作表中的数据为基础。如要画出“高校学生成绩表”中各班级平均分图表，各班级平均分就构成了一个数据系列。

2. 引用

Excel 的数据系列中可以包括若干数值点，用“引用”作为各数据系列中数据点的标题。

3. 图表存储位置分类

根据图表在工作表中存放的位置不同，图表分为嵌入式图表和图表工作表。

(1) 嵌入式图表。

嵌入式图表是把图表直接插入数据所在的工作表中，用于说明工作表的数据关系，图

1－78 就是一个嵌入式图表。

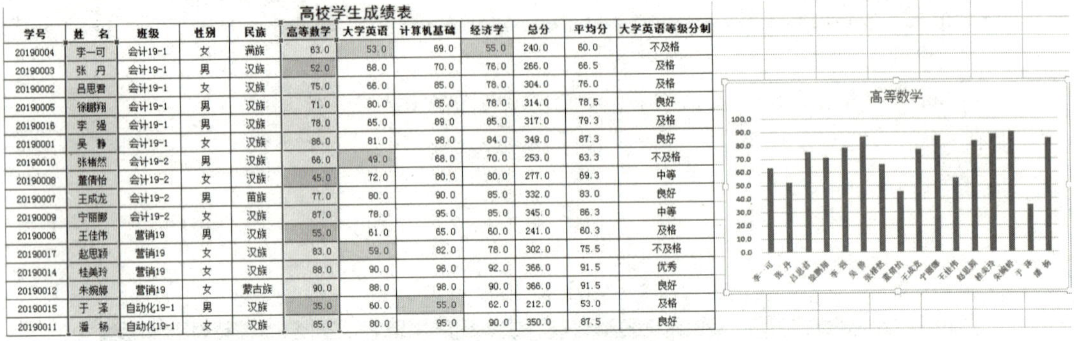

高校学生成绩表

学号	姓　名	班级	性别	民族	高等数学	大学英语	计算机基础	经济学	总分	平均分	大学英语等级分制
20190004	李一可	会计19-1	女	满族	63.0	53.0	69.0	55.0	240.0	60.0	不及格
20190003	张　丹	会计19-1	男	汉族	52.0	68.0	70.0	76.0	266.0	66.5	及格
20190002	吕思君	会计19-1	女	汉族	75.0	66.0	85.0	78.0	304.0	76.0	及格
20190005	徐鹏翔	会计19-1	男	汉族	71.0	80.0	85.0	78.0	314.0	78.5	良好
20190016	李　强	会计19-1	男	汉族	78.0	65.0	89.0	85.0	317.0	79.3	及格
20190001	吴　静	会计19-1	女	汉族	86.0	81.0	98.0	84.0	349.0	87.3	良好
20190010	张楠然	会计19-2	男	汉族	66.0	49.0	68.0	70.0	253.0	63.3	不及格
20190008	董倩怡	会计19-2	女	汉族	45.0	72.0	80.0	80.0	277.0	69.3	中等
20190007	王成龙	会计19-2	男	苗族	77.0	80.0	90.0	85.0	332.0	83.0	良好
20190009	宁丽娜	会计19-2	女	汉族	87.0	78.0	95.0	85.0	345.0	86.3	中等
20190006	王佳伟	营销19	男	汉族	55.0	61.0	65.0	60.0	241.0	60.3	及格
20190017	赵思颖	营销19	女	汉族	83.0	59.0	82.0	78.0	302.0	75.5	不及格
20190014	桂美玲	营销19	女	汉族	88.0	90.0	96.0	92.0	366.0	91.5	优秀
20190012	朱婉婷	营销19	女	蒙古族	90.0	88.0	98.0	90.0	366.0	91.5	良好
20190015	于　泽	自动化19-1	男	汉族	35.0	60.0	55.0	62.0	212.0	53.0	及格
20190011	潘　杨	自动化19-1	女	汉族	85.0	80.0	95.0	90.0	350.0	87.5	良好

图 1－78　嵌入式图表示例

（2）图表工作表。

图表工作表是指将创建的图表放在一个专门的工作表中，该工作表只有这一张图表。图表工作表主要用于需要单独显示图表的情况。图 1－79 就是一张图表工作表。

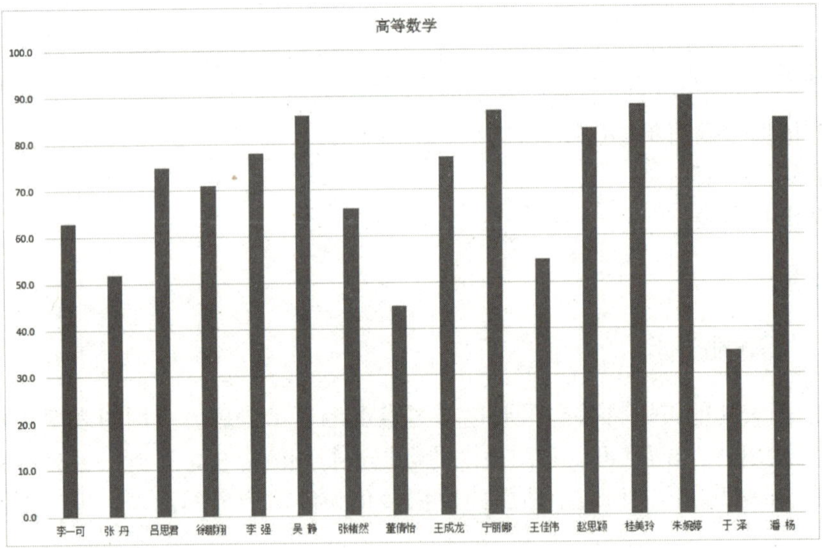

图 1－79　图表工作表示例

4. 图表类型

Excel 提供了 14 种图表类型，每种图表类型还包含若干不同的子类型，子类型是在图表类型的基础上变化得来的。在创建图表前要根据数据表现形式决定使用哪种图表类型，每种类型都有各自的特点。各种图表类型及其用途如表 1－11 所示。

表 1－11　图表类型及其用途

图表类型	用途
柱形图	用于显示一段时间内数据的变化或者各项之间的比较关系
条形图	用于描述各项之间的差异变化或者显示各个项目与整体之间的关系
折线图	用于显示变化趋势

续表

图表类型	用途
饼图	用于显示数据系列中各项占总体的比例关系。应注意，饼图一般只显示一个数据系列
XY（散点）	多用于科学数据，用于比较不同数据系列中的数值，以反映数值之间的关联性
面积图	用于显示局部和整体之间的关系，更强调幅值承受时间的变化趋势
圆环图	用于显示部分和整体之间的比例关系，这一点与饼图类似，但可以表示多个数据系列
雷达图	用于多个数据系列之间总和值的比较，各个分类沿各自的数值坐标轴相对于中点呈辐射分布，同一系列的数值之间用折线相连
曲面图	用于确定两组数据之间的最佳组合
气泡图	一种特殊类型的 XY（散点）图
股份图	用于分析股票价格的走势
圆锥、圆柱和棱锥图	它们都是三维效果图，用途与二维效果图类似

1.4.2 创建图表

嵌入式图表与图表工作表只是存储位置不同，创建方式类似。下面以创建姓名和总分作为数据系列的柱形图为例介绍创建图表的过程。

1. 选取数据

打开“高校学生成绩管理”工作簿，在“高校学生成绩表”中选取“姓名”和“总分”两列数据。

2. 插入图表

选择数据后，选择“插入—图表”命令组，单击“插入柱形图”下拉列表，如图 1-80 所示，再单击簇状柱形图图示，即可在当前工作表插入图表，如图 1-81 所示。

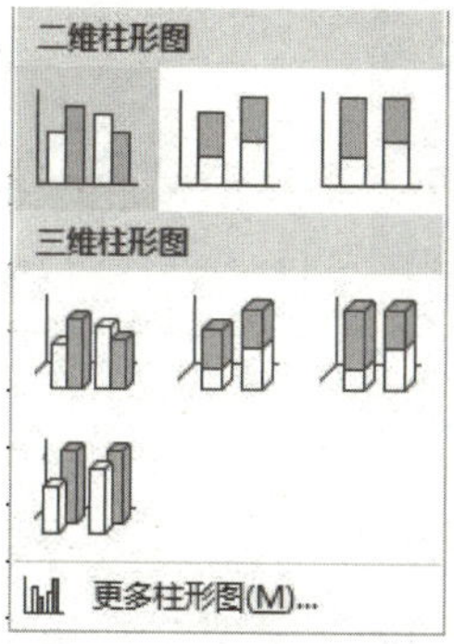

图 1-80　选择柱形图类型

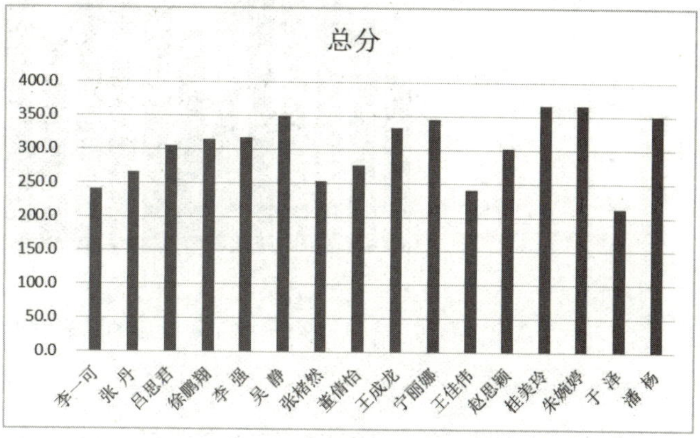

图 1-81　创建完成的柱形图

1.4.3 编辑图表

1. 改变图表类型

创建图表后，用户可以根据需要选择更适合当前的图表类型。

激活要改变图表类型的图表，右击鼠标，在弹出的快速菜单中选择“更改图表类型”命令，弹出“更改图表类型”对话框，如图1-82所示。选择合适的图表类型，单击“确定”按钮，新图表出现在当前工作表中，如图1-83所示。

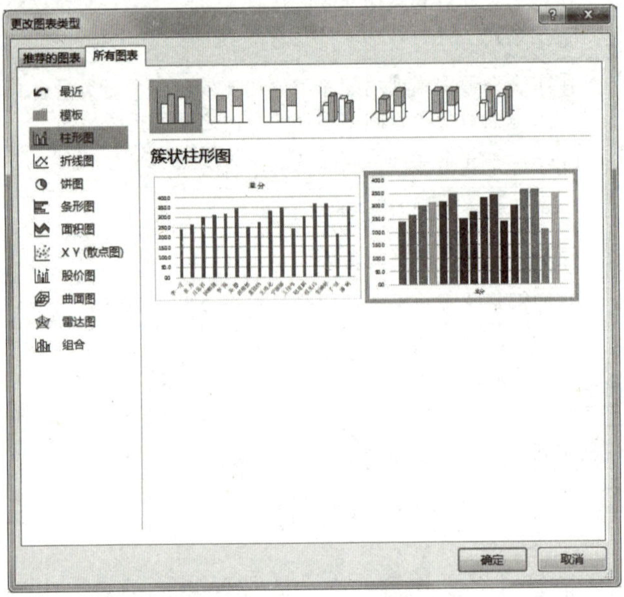

图1-82 “更改图表类型”对话框

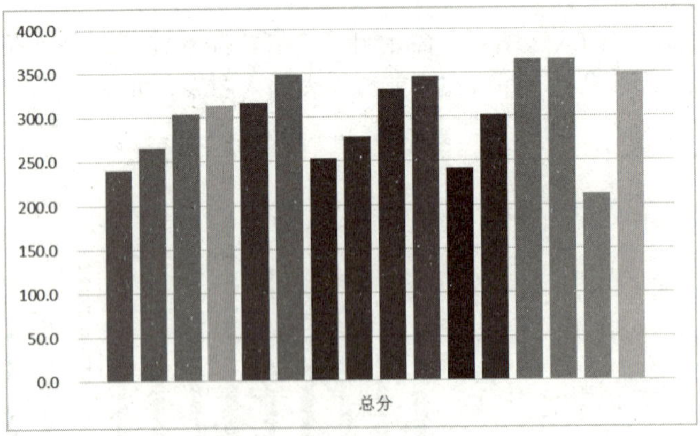

图1-83 更改后的图表类型

2. 移动图表

打开需要移动图表的工作簿，激活需要移动的图表，选择“图表工具—位置”选项卡，单击“移动图表”按钮，弹出“移动图表”对话框，如图1-84所示，选择图表的位置即可。

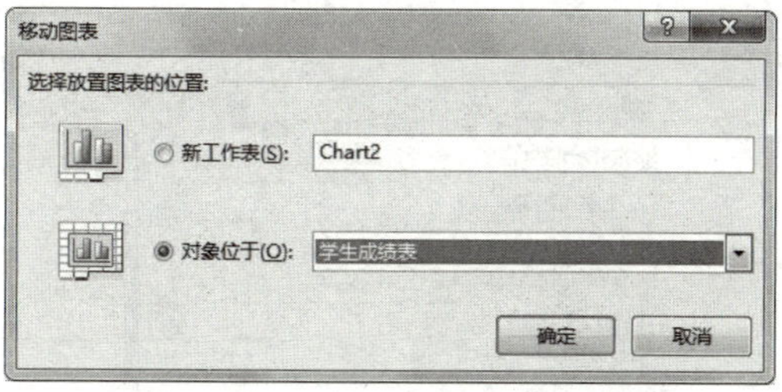

图 1-84　“移动图表”对话框

3. 选择数据源

由于图表与其数据源之间在创建图表时建立了链接关系，因此用户可以根据需要随时更改图表的数据源。

选定图表，选择“图表工具—数据”命令组，单击“选择数据”按钮，弹出“选择数据源”对话框，如图 1-85 所示。在对话框中选择图表数据区域、图例项和水平（分类）轴标签等，单击“确定”按钮即可。

4. 添加图表元素

创建图表后，可以根据需要添加图表元素。图表元素主要包括坐标轴、轴标题、图表标题、数据标签、数据表、误差线、网格线、图例、线条以及趋势线等。选定激活图表，选择“图表工具—设计—图表布局”命令组，再单击“添加图表元素”下拉列表，如图 1-86 所示。选择要添加的图表元素，按需要进行设置即可。

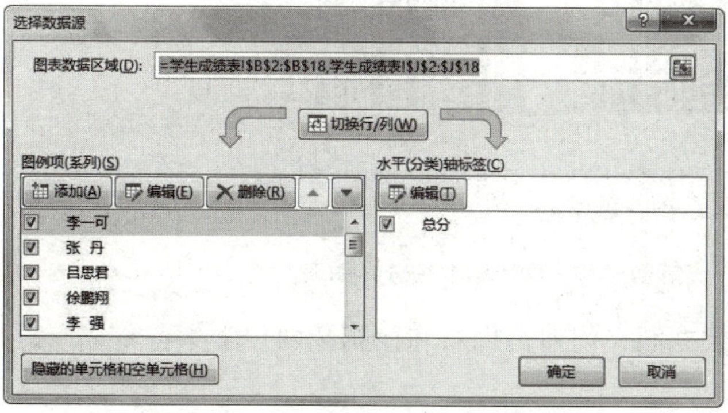

图 1-85　“选择数据源”对话框

图 1-86　“添加图表元素”下拉列表框

1.4.4　更新图表

图表在创建时与其数据源建立了链接关系，如果数据源发生变化，Excel 则会自动更新图表，用户不必手工进行图表更新。

1.4.5　迷你图

Excel 2016 继承了 Excel 2010 新增的迷你图功能。迷你图是工作表单元格中的一个微型图表。选定要创建迷你图的单元格，选择“插入—迷你图”命令组，选择图表类型，弹出“创建迷你图”对话框，如图 1-87 所示。在对话框中选择数据和位置范围，单击“确定”按钮即可。

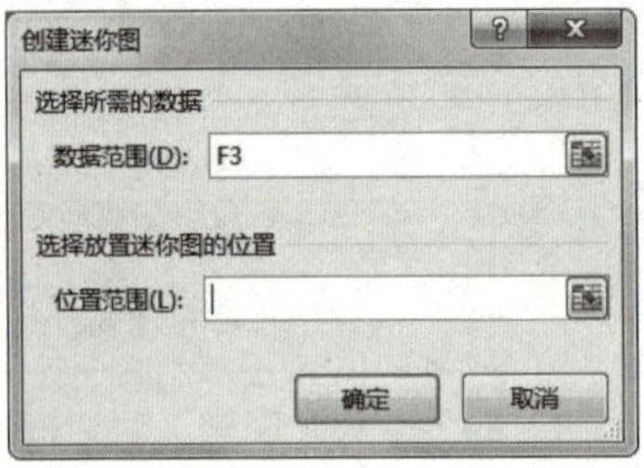

图 1-87 “创建迷你图”对话框

任务资料

在“高校学生成绩管理”工作簿中的“高校学生成绩表”工作表，按如下要求完成创建图表操作：

1. 以“高校学生成绩表”为数据源，创建“高等数学和大学英语成绩分布图表”，如图 1-88 所示。

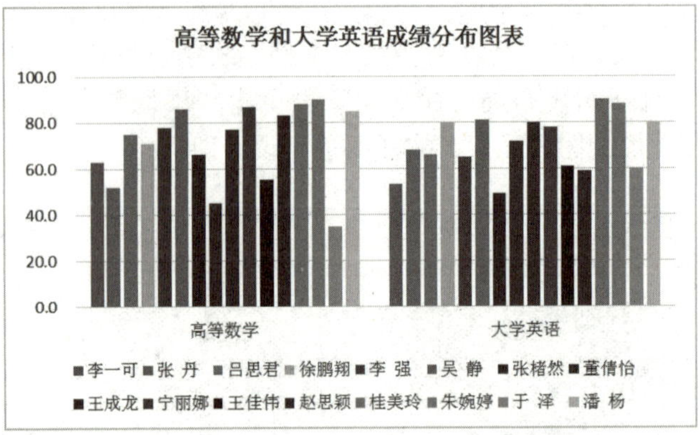

图 1-88 高等数学和大学英语成绩分布图表

2. 以“高校学生成绩表”为数据源，创建吕思君和徐鹏翔两位学生各科成绩对比柱形图表，如图 1-89 所示。

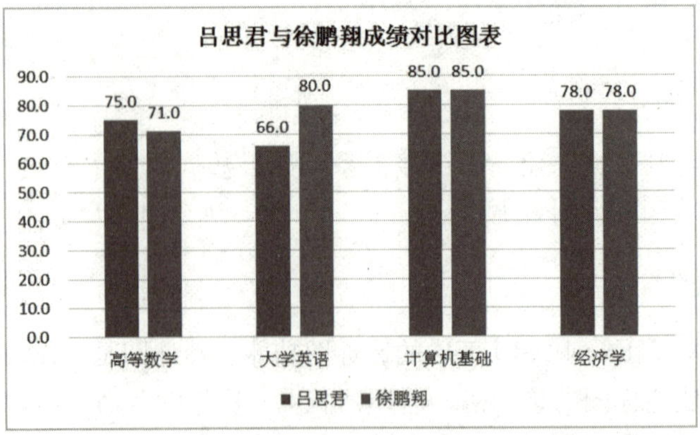

图 1-89 吕思君与徐鹏翔成绩对比图表

任务实施

1. 以“高校学生成绩表”为数据源，创建“高等数学和大学英语成绩分布图表”。

步骤1　打开“高校学生成绩管理”工作簿，选择“高校学生成绩表”工作表。

步骤2　选择数据源。选定姓名列“B2:B18”，高等数学列“F2:F18”，大学英语列“G2:G18”。

步骤3　选择“插入—图表”命令组，单击“插入柱形图”下拉列表中的簇状柱形图图示，创建如图1-90所示的柱形图。

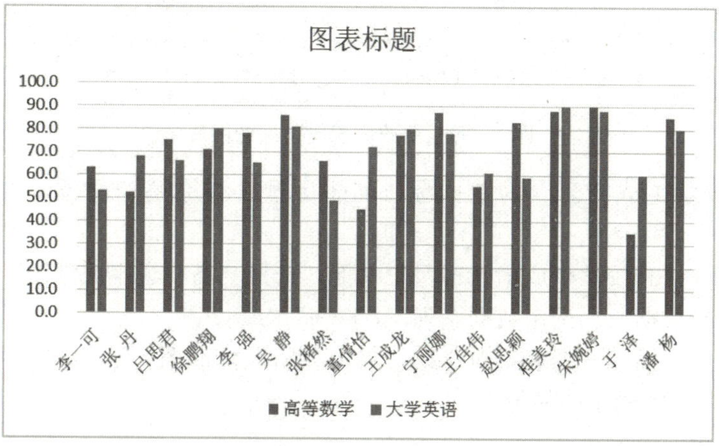

图1-90　创建高等数学和大学英语成绩分布图表

步骤4　选定新建的图表，选择“图表工具—设计—类型”命令组，单击“更改图表类型”按钮，打开“更改图表类型”对话框，如图1-91所示。在对话框中选择簇状柱形图右侧第二个图表类型，单击“确定”按钮即可，如图1-92所示。

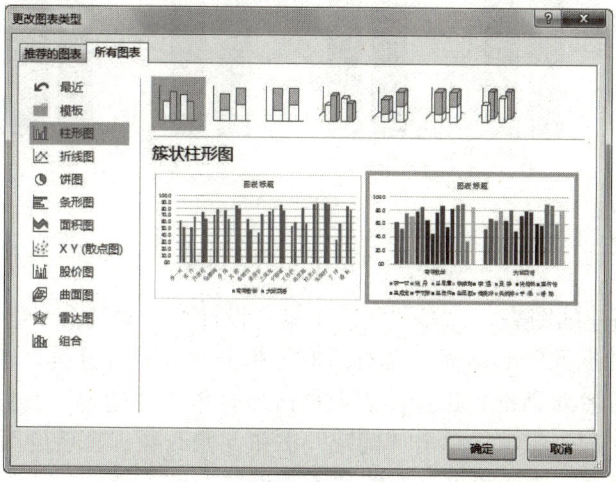

图1-91　“更改图表类型”对话框

步骤5　选定图表，选择图表上方的“图表标题”文本框，输入图表标题“高等数学和大学英语成绩分布图表”，并设置字号为12号、加粗，即创建完成。

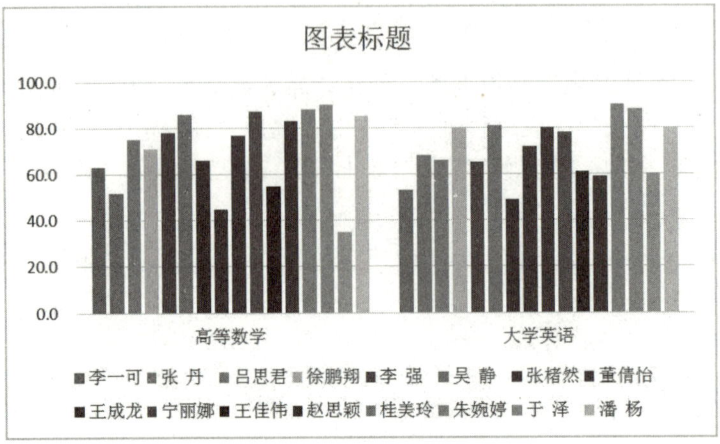

图 1-92 更改图表类型后的图表

2. 以“高校学生成绩表”为数据源，创建吕思君和徐鹏翔两位学生各科成绩对比图表。

步骤 1 打开“高校学生成绩管理”工作簿，选择“高校学生成绩表”工作表。

步骤 2 选择数据源。选定数据系列“B5:B6”“F5:I6”。

步骤 3 选择“插入—图表”命令组，单击“插入柱形图”下拉列表中的“簇状柱形图”，创建如图 1-93 所示的柱形图。

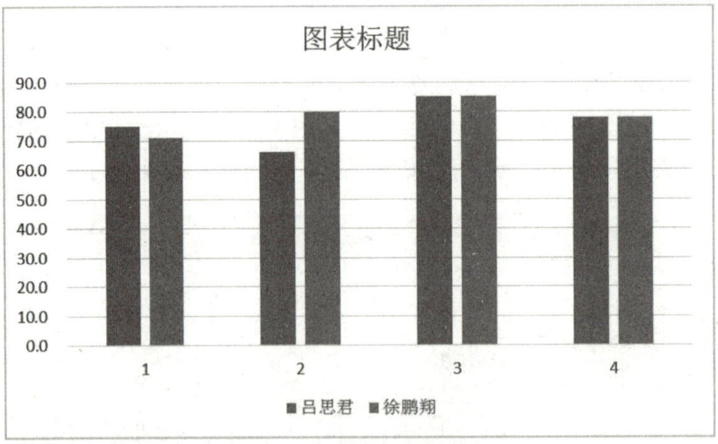

图 1-93 初始对比图表

步骤 4 选定新建的图表，选择“图表工具—设计—数据”命令组，单击“选择数据”按钮，打开“选择数据源”对话框。在对话框中单击“水平（分类）轴标签”下方的“编辑”按钮，打开轴标签对话框，选择图表数据区域，单击“确定”按钮，返回“选择数据源”对话框，如图 1-94 所示。单击“确定”按钮，修改数据源后的图表如图 1-95 所示。

步骤 5 选定图表，选择图表上方的“图表标题”文本框，输入图表标题“吕思君与徐鹏翔成绩对比图表”，并设置字号为 12 号、加粗。

步骤 6 选定图表，选择“图表工具—设计—图表布局”命令组，再单击“添加图表元素”下拉列表中的“数据标签”下的“数据标签外”命令，即完成创建。

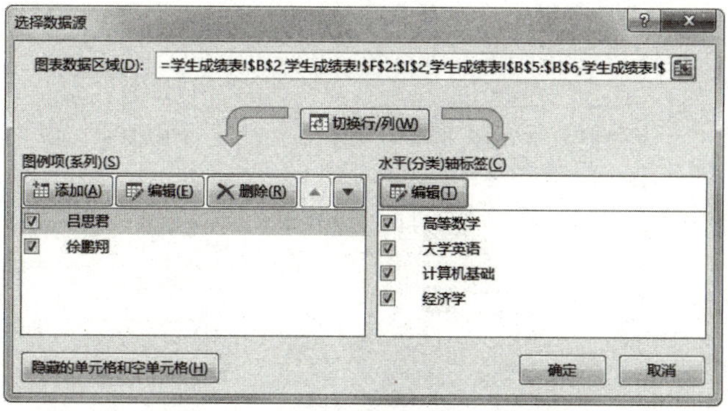

图 1-94 “选择数据源”对话框

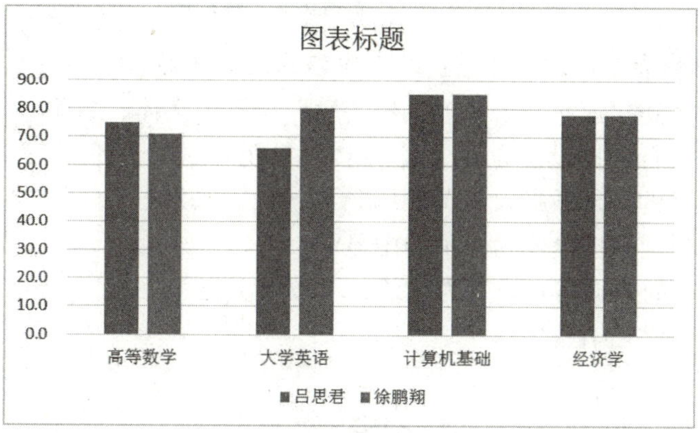

图 1-95 修改数据源后的图表

任务总结

本任务主要介绍了 Excel 的基本操作，主要包括表格制作、工作表修饰、公式计算、数据排序、数据筛选、数据透视表统计汇总以及图表绘制等相关知识，以“高校学生成绩表”为例详细介绍了 Excel 工作簿、工作表的基本操作。通过学习，学生可为应用 Excel 进行会计业务处理打下坚实的基础。

任务实训

一、实训的目的和要求

1. 掌握 Excel 的相关术语；
2. 能够制作日常表格；
3. 能够应用公式和函数进行数据计算；
4. 能够进行数据排序、筛选、分类汇总等数据管理；
5. 能够制作图表。

二、实训内容

1. 在 Excel 中建立工作簿，名称为“大连星河科技公司销售管理”，将 Sheet1 工作表重命名为“产品销售表”。

2. 建立“大连星河科技公司产品销售表”，如图 1-96 所示，不必进行工作表修饰。

	A	B	C	D	E	F
1	大连星河科技公司产品销售表					
2	销售月份	产品编号	产品名称	销售数量	单价	销售金额
3	1	SP0001	三星手机	64	3250	
4	1	SP0002	苹果手机	38	5300	
5	1	SP0003	HTC手机	53	1560	
6	2	SP0003	HTC手机	45	1560	
7	2	SP0001	三星手机	30	3250	
8	2	SP0002	苹果手机	80	5300	
9	1	SP0007	HP手机	70	2850	
10	3	SP0001	三星手机	50	3250	
11	2	SP0007	HP手机	60	2850	
12	4	SP0010	TCL手机	55	1800	
13	1	SP0015	小米手机	85	2990	
14	5	SP0010	TCL手机	101	1800	
15	2	SP0015	小米手机	204	2990	
16	6	SP0010	TCL手机	85	1800	
17	3	SP0017	HP手机	100	2850	

图 1-96 “产品销售表”数据源

3. 对“产品销售表”按如下要求进行工作表修饰，结果如图 1-97 所示：

（1）将标题“大连星河科技公司产品销售表”设置为黑体、14 磅。

（2）将标题第 2 行数据设置为 11 磅、宋体、加粗，居中对齐。

（3）将除标题外的其他数据设置为 10 磅、宋体。

（4）将 A：C 列的数据设置为水平居中显示。

（5）将 D：F 列的数据格式设置为数值、小数位 1 位。

（6）设置边框为“所有框线”。

	A	B	C	D	E	F
1	**大连星河科技公司产品销售表**					
2	**销售月份**	**产品编号**	**产品名称**	**销售数量**	**单价**	**销售金额**
3	1	SP0001	三星手机	64.0	3250.0	
4	1	SP0002	苹果手机	38.0	5300.0	
5	1	SP0003	HTC手机	53.0	1560.0	
6	2	SP0003	HTC手机	45.0	1560.0	
7	2	SP0001	三星手机	30.0	3250.0	
8	2	SP0002	苹果手机	80.0	5300.0	
9	1	SP0007	HP手机	70.0	2850.0	
10	3	SP0001	三星手机	50.0	3250.0	
11	2	SP0007	HP手机	60.0	2850.0	
12	4	SP0010	TCL手机	55.0	1800.0	
13	1	SP0015	小米手机	85.0	2990.0	
14	5	SP0010	TCL手机	101.0	1800.0	
15	2	SP0015	小米手机	204.0	2990.0	
16	6	SP0010	TCL手机	85.0	1800.0	
17	3	SP0017	HP手机	100.0	2850.0	

图 1-97 “产品销售表”修改后结果

4. 按如下要求完成“产品销售表”的页面设置：

（1）将工作表的纸张大小设置为 A4。

（2）设置工作表的页边距。上：2，下：2，左：2.5，右：2，工作表在纸张中水平居中，页眉：1，页脚：1。

（3）将纸张方向设置为纵向。

（4）将顶端标题行设置为工作表标题（字段名）。

（5）将打印区域设置为 A1:F17。

（6）设置页眉、页脚，如图 1-98 所示。

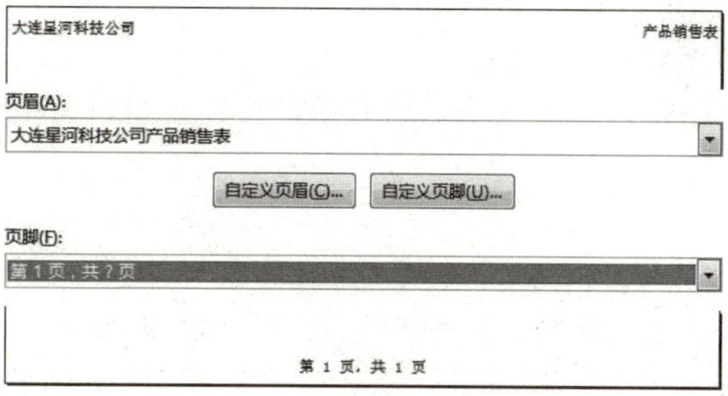

图 1-98　页眉/页脚设置

5. 在“大连星河科技公司销售管理”工作簿，按如下要求完成“产品销售表”的计算功能，结果如图 1-99 所示：

(1) 在“产品销售表”右侧插入一个工作表，更名为“产品销售表计算”，并将“产品销售表”工作表中的所有数据复制到“产品销售表计算”工作表中。

(2) 在“产品销售表计算”中，使用公式计算“销售金额”。

(3) 在“产品销售表”的右侧插入 2 列，输入标题“降价比例”和“现单价”，并使用公式计算现单价。

(4) 在“产品销售表”的下方插入 1 行，在“销售月份”列输入“销售合计”，并使用函数分别计算“销售数量”和“销售金额”总和。

(5) 在“产品销售表”的下方插入 1 行，在“销售月份”列输入“销售统计”，在“单价”列统计销售单价在 2 500 元以上的销售数量。

(6) 按图 1-99 的格式设置工作表的格式。

	A	B	C	D	E	F	G	H
1	大连星河科技公司产品销售表							
2	销售月份	产品编号	产品名称	销售数量	单价	销售金额	降价比例	现单价
3	1	SP0001	三星手机	64.0	3250.0	208000.0	10%	2925.00
4	1	SP0002	苹果手机	38.0	5300.0	201400.0	5%	5035.00
5	1	SP0003	HTC手机	53.0	1560.0	82680.0	8%	1435.20
6	2	SP0003	HTC手机	45.0	1560.0	70200.0	8%	1435.20
7	2	SP0001	三星手机	30.0	3250.0	97500.0	10%	2925.00
8	2	SP0002	苹果手机	80.0	5300.0	424000.0	5%	5035.00
9	1	SP0007	HP手机	70.0	2850.0	199500.0	15%	2422.50
10	3	SP0001	三星手机	50.0	3250.0	162500.0	10%	2925.00
11	2	SP0007	HP手机	60.0	2850.0	171000.0	15%	2422.50
12	4	SP0010	TCL手机	55.0	1800.0	99000.0	20%	1440.00
13	1	SP0015	小米手机	85.0	2990.0	254150.0	6%	2810.60
14	5	SP0010	TCL手机	101.0	1800.0	181800.0	20%	1440.00
15	2	SP0015	小米手机	204.0	2990.0	609960.0	6%	2810.60
16	6	SP0010	TCL手机	85.0	1800.0	153000.0	20%	1440.00
17	3	SP0017	HP手机	100.0	2850.0	285000.0	15%	2422.50
18	销售合计			1120.00		3199690.00		
19	销售统计				10.00			

图 1-99　产品销售表计算结果

6. 在“大连星河科技公司销售管理”工作簿，按如下要求完成“产品销售表”的排序、筛选和分类汇总功能：

(1) 在“产品销售表计算”工作表右侧插入一个工作表，更名为“产品销售表排序和筛选”，并将“产品销售表计算”工作表中的所有数据复制到“产品销售表排序和筛选”工作表中，并删除第 18、19 行。

以下操作均在“产品销售表排序和筛选”工作表中进行：

（2）按产品名称降序排序。

（3）按产品编号升序排序，产品编号相同按销售数量降序排序。结果如图 1 - 100 所示。

	A	B	C	D	E	F	G	H
1	大连星河科技公司产品销售表							
2	销售月份	产品编号	产品名称	销售数量	单价	销售金额	降价比例	现单价
3	1	SP0001	三星手机	64.0	3250.0	208000.0	10%	2925.00
4	3	SP0001	三星手机	50.0	3250.0	162500.0	10%	2925.00
5	2	SP0001	三星手机	30.0	3250.0	97500.0	10%	2925.00
6	2	SP0002	苹果手机	80.0	5300.0	424000.0	5%	5035.00
7	1	SP0002	苹果手机	38.0	5300.0	201400.0	5%	5035.00
8	1	SP0003	HTC手机	53.0	1560.0	82680.0	8%	1435.20
9	2	SP0003	HTC手机	45.0	1560.0	70200.0	8%	1435.20
10	1	SP0007	HP手机	70.0	2850.0	199500.0	15%	2422.50
11	2	SP0007	HP手机	60.0	2850.0	171000.0	15%	2422.50
12	5	SP0010	TCL手机	101.0	1800.0	181800.0	20%	1440.00
13	6	SP0010	TCL手机	85.0	1800.0	153000.0	20%	1440.00
14	4	SP0010	TCL手机	55.0	1800.0	99000.0	20%	1440.00
15	2	SP0015	小米手机	204.0	2990.0	609960.0	6%	2810.60
16	1	SP0015	小米手机	85.0	2990.0	254150.0	6%	2810.60
17	3	SP0017	HP手机	100.0	2850.0	285000.0	15%	2422.50

图 1 - 100　产品销售表排序结果

（4）筛选产品名称为“三星手机”的产品销售信息。

（5）筛选销售数量在 55 个以上的产品销售信息。

（6）查询产品名称为“三星手机”且销售数量在 60 个以上的产品销售信息，使用自动筛选功能实现。

（7）查询产品名称为“三星手机”且销售数量在 50 个（含）以上的产品销售信息，结果如图 1 - 101 所示。

	A	B	C	D	E	F	G	H
1	大连星河科技公司产品销售表							
2	销售月份	产品编号	产品名称	销售数量	单价	销售金额	降价比例	现单价
3	1	SP0001	三星手机	64.0	3250.0	208000.0	10%	2925.00
4	3	SP0001	三星手机	50.0	3250.0	162500.0	10%	2925.00
18								
19	销售月份	产品编号	产品名称	销售数量	单价	销售金额	降价比例	现单价
20			三星手机	>=50				

图 1 - 101　高级筛选结果

（8）插入一个工作表，重命名为“产品销售表分类汇总”，并将“产品销售计算”工作表中的数据复制到“产品销售表分类汇总”工作表中，删除第 18、19 行。在“产品销售分类汇总”工作表中按产品编号进行分类统计，将“销售数量”和“销售金额”分别求合，结果如图 1 - 102 所示。

7. 在“产品销售表计算”工作表中，应用数据透视表功能生成每种产品的销售数量和销售金额合计的统计汇总表，并将工作表重命名为“产品销售表数据透视表统计”，结果如图 1 - 103 所示。

8. 插入一个工作表，重命名为“产品销售表图表”，并将“产品销售表计算”工作表中的数据复制到“产品销售表图表”工作表，删除第 18、19 行。要求绘制 1 月份各种产品销售数量的柱形图，结果如图 1 - 104 所示。

	A	B	C	D	E	F	G	H
1	大连星河科技公司产品销售表							
2	销售月份	产品编号	产品名称	销售数量	单价	销售金额	降价比例	现单价
3	1	SP0001	三星手机	64.0	3250.0	208000.0	10%	2925.00
4	2	SP0001	三星手机	30.0	3250.0	97500.0	10%	2925.00
5	3	SP0001	三星手机	50.0	3250.0	162500.0	10%	2925.00
6		SP0001 汇总		144.0		468000.0		
7	1	SP0002	苹果手机	38.0	5300.0	201400.0	5%	5035.00
8	2	SP0002	苹果手机	80.0	5300.0	424000.0	5%	5035.00
9		SP0002 汇总		118.0		625400.0		
10	1	SP0003	HTC手机	53.0	1560.0	82680.0	8%	1435.20
11	2	SP0003	HTC手机	45.0	1560.0	70200.0	8%	1435.20
12		SP0003 汇总		98.0		152880.0		
13	1	SP0007	HP手机	70.0	2850.0	199500.0	15%	2422.50
14	2	SP0007	HP手机	60.0	2850.0	171000.0	15%	2422.50
15		SP0007 汇总		130.0		370500.0		
16	4	SP0010	TCL手机	55.0	1800.0	99000.0	20%	1440.00
17	5	SP0010	TCL手机	101.0	1800.0	181800.0	20%	1440.00
18	6	SP0010	TCL手机	85.0	1800.0	153000.0	20%	1440.00
19		SP0010 汇总		241.0		433800.0		
20	1	SP0015	小米手机	85.0	2990.0	254150.0	6%	2810.60
21	2	SP0015	小米手机	204.0	2990.0	609960.0	6%	2810.60
22		SP0015 汇总		289.0		864110.0		
23	3	SP0017	HP手机	100.0	2850.0	285000.0	15%	2422.50
24		SP0017 汇总		100.0		285000.0		
25		总计		1120.0		3199690.0		

图 1 - 102　产品销售表分类汇总结果

	A	B	C
1	产品销售统计汇总		
2			
3	行标签	求和项：销售数量	求和项：销售金额
4	HP手机	230	655500
5	HTC手机	98	152880
6	TCL手机	241	433800
7	苹果手机	118	625400
8	三星手机	144	468000
9	小米手机	289	864110
10	总计	1120	3199690

图 1 - 103　数据透视表统计结果

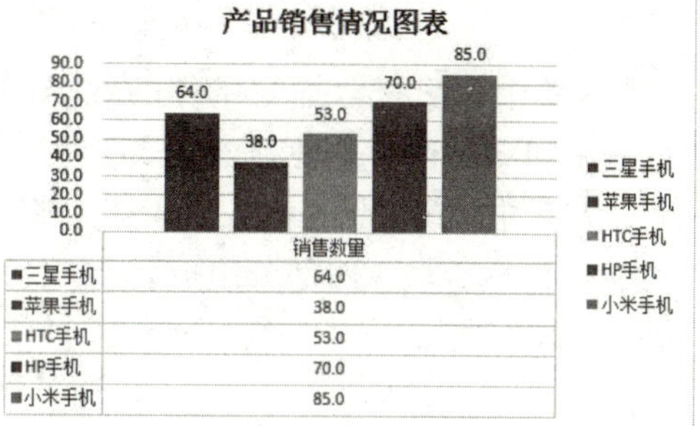

图 1 - 104　产品销售情况图表

习题

一、填空题

1. Excel 2016 的新功能主要包括________、________、________和________。

2. Excel 2016 工作簿文件的扩展名为________。

3. 在 Excel 中输入身份证号码时，在输入前先输入________，再输入身份证号码即可。

4. 在 Excel 单元格中编辑文本时可以实现强制换行，操作是在要换行的位置按下________和________组合键就可以在第二行显示或输入后续文本。

5. 在 Excel 多个单元格中输入相同的数据，选定需要输入相同数据的多个单元格，然后在活动单元格（最先选取的单元格）中输入内容，同时按下________和________键。

6. 在 Excel 中，文本运算符可以将一个或者多个文本连接为一个组合文本。文本运算符只有一个________，其含义是将两个文本值连接或串联起来产生一个连续的文本值。

7. ________是 Excel 工作簿的最小工作单元，可以存放数字、文本、日期、公式以及图表等数据。

8. 单击目标单元格，然后直接输入数据，此种方法适用于________。

9. 数字也是一种文本，系统默认输入的数字为________对齐。

10. Excel 规定，在输入分数时，须在分数前输入________，并且在________与分子之间用一个空格隔开。

11. 公式就是一个等式，或者说是连续的一组数据和运算符组成的序列。公式必须由________开始。

12. Excel 中的运算符可以分为________、________、________和________。

13. Excel 提供了________、________和________三种不同的引用类型。

14. ________是指被引用的单元格与引用的单元格的位置关系是绝对的（固定的），无论将这个单元格复制到哪个单元格，公式所引用的还是原来的单元格数据。

15. ________是指当把公式复制到其他单元格时，行或列引用会发生改变。相对引用的格式是直接使用单元格或者单元格区域名，而不加符号“$”。

16. ________是指单元格地址中行或列中有一个是相对引用，另一个是绝对引用，也就是在行号或列号前只有一个“$”。

17. ________就是包含相关数据的一系列工作表数据行，由若干数据清单组成的数据列表。

18. ________是指从数据清单中找出符合指定条件的数据。数据筛选将隐藏不满足条件的记录，记录并没有从数据清单中删除。数据筛选分为________和________。

19. ________表是一种对大量数据进行快速汇总和建立交叉列表的交互式表格。由________、________、________和________四部分组成。

20. 根据图表在工作表中存放的位置不同，图表分为________和________。

二、简答题

1. 简述工作簿、工作表、单元格和单元格区域的含义。

2. 简述单元格绝对引用、相对引用和混合引用的含义。

任务 2
应用 Excel 建立会计凭证表

- 重点和难点

1. 会计科目表的建立；
2. 会计凭证表的建立。

学习目标

【知识目标】

1. 了解会计凭证的相关概念；
2. 掌握会计科目表的建立过程；
3. 掌握会计凭证表的建立过程。

【技能目标】

1. 能够建立会计科目表；
2. 能够建立会计凭证表；
3. 能够对会计凭证表中的借贷平衡关系进行设置；
4. 能够在会计凭证表中录入会计分录。

任务概述

会计科目表和会计凭证表是会计账务处理的重要依据，是会计核算的起点。

通过本任务的学习，学生在熟练掌握 Excel 基本操作的基础上，掌握会计凭证的相关概念，能应用 Excel 制作会计科目表和会计凭证表，具备会计分录录入的能力。

知识积累

2.1 会计凭证的含义和作用

会计凭证是指记录经济业务、明确经济责任的书面证明。它是登记账簿的依据。填制和审核会计凭证，既是会计工作的开始，也是会计对经济业务进行监督的重要环节。

会计凭证在会计核算中具有十分重要的意义，主要表现在以下几个方面：

（1）填制和取得会计凭证，可以及时正确地反映各项经济业务的完成情况。

（2）审核会计凭证，可以更有力地发挥会计的监督作用，使会计记录合理、合法、有效。

（3）填制和审核会计凭证，可以加强经济管理人员的责任感。

2.2　会计凭证的类型

会计凭证按填制的程序及在经济管理中的用途可分为原始凭证和记账凭证。

1. 原始凭证

原始凭证是指在经济业务发生时取得或填制的，用以证明经济业务的发生或完成等情况，并作为原始依据的会计凭证。原始凭证必须真实、完整、规范、及时和正确，并必须有经办人的签字。此外，只有经过审核后的原始凭证才能作为记账依据。审核原始凭证是保证会计记录真实和正确、充分发挥会计监督作用的重要环节。

2. 记账凭证

记账凭证是指会计人员根据审核后的原始凭证填制的，用来确定经济业务应借、应贷会计科目，作为记账依据的会计凭证。记账凭证在记账前必须经过审核。

子任务 2.1　建立会计科目表

任务要求

1. 能够建立会计科目表；
2. 能够修饰会计科目表；
3. 能够录入会计科目。

任务资料

1. 建立工作簿，工作簿名称为“大连百大公司会计核算”。

2. 在“大连百大公司会计核算”工作簿中，将 Sheet1 工作表重命名为“会计科目表”，并在工作表中建立如图 2－1 所示的会计科目表。

	A	B
1	大连百大公司会计科目表	
2	科目编号	科目名称
3	1000	*资产类*
4	1001	库存现金
5	1002	银行存款
6	1012	其他货币资金
7	1101	交易性金融资产
8	1121	应收票据
9	1122	应收账款
10	1123	预付账款
11	1131	应收股利
12	1221	其他应收款
13	1231	坏账准备
14	1402	在途物资
15	1403	原材料
16	1405	库存商品
17	1471	存货跌价准备
18	1511	长期股权投资
19	1601	固定资产
20	1602	累计折旧
21	1604	在建工程
22	1701	无形资产
23	1801	长期待摊费用
24	1901	待处理财产损溢
25	2000	*负债类*
26	2001	短期借款
27	2232	应付股利
28	2201	应付票据
29	2202	应付账款
30	2203	预收账款
31	2211	应付职工薪酬
32	2221	应交税费
33	2231	应付利息
34	2241	其他应付款
35	2502	应付债券
36	2501	长期借款
37	4000	*所有者权益类*
38	4001	实收资本
39	4002	资本公积
40	4101	盈余公积
41	4103	本年利润
42	4104	利润分配
43	5000	*成本类*
44	5001	生产成本
45	5101	制造费用
46	6000	*损益类*
47	6001	主营业务收入
48	6051	其他业务收入
49	6111	投资收益
50	6301	营业外收入
51	6401	主营业务成本
52	6402	其他业务成本
53	6403	税金及附加
54	6601	销售费用
55	6602	管理费用
56	6603	财务费用
57	6701	资产减值损失
58	6711	营业外支出
59	6801	所得税费用
60	6901	以前年度损益调整

图 2－1　大连百大公司会计科目表

3. 对会计科目表进行适当的美化，使之美观实用。

任务实施

1. 建立工作簿，工作簿名称为“大连百大公司会计核算”。

请参考任务 1 建立工作簿的操作过程，此处略。

2. 在“大连百大公司会计核算”工作簿中，将 Sheet1 工作表重命名为“会计科目表”，并在工作表中建立如图 2－1 所示的会计科目表。

步骤 1　打开“大连百大公司会计核算”工作簿，在 Sheet1 工作表标签上右击鼠标，选择“重命名”命令，工作表标签反白显示，输入工作表标签名为“会计科目表”，按 Enter 键确定。

步骤 2　在“会计科目表”工作表中，选择 A1:B1 单元格区域，选择“开始—对齐方式”命令组，单击“合并后居中”命令，将 A1:B1 单元格区域合并，并输入文本“大连百大公司会计科目表”。

步骤 3　在“会计科目表”工作表中，依次在 A2、B2 单元格输入文本“科目编号”和“科目名称”。

步骤 4　在“会计科目表”工作表中，分别在 A3 和 B3 单元格输入“1000”“资产类”，然后按照图 2－1 所示依次录入其他会计科目的编号和名称。

3. 对“会计科目表”进行适当的美化，使之美观实用。

步骤 1　在“会计科目表”工作表中，选择 A1 单元格，设置为加粗、宋体、14 磅。

步骤 2　选择 A2:B2，设置格式为加粗、水平居中、11 磅。

步骤 3　对工作表中数据按照图 2－1 所示设置背景填充颜色，调整行高和列宽，并设置表格边框。

子任务 2.2　建立会计凭证表

任务要求

1. 能够建立会计凭证表；
2. 能够在会计凭证表中自动生成会计科目名称；
3. 能够在会计凭证表中进行借贷平衡判断。

任务资料

1. 在“大连百大公司会计核算”工作簿中，按如下要求完成“会计凭证表”工作表基本格式的设置：

（1）选择 Sheet2 工作表，重命名为“会计凭证表”。

（2）按如图 2－2 所示设计“会计凭证表”工作表，并录入相关数据。

（3）将 A:D 列单元格设置为文本格式。

（4）将 I:J 列单元格数字分类格式设置为“会计专用”，小数位 2 位，货币符号为“无”。

	A	B	C	D	E	F	G	H	I	J
1	大连百大公司会计凭证表									
2	年	月	日	序号	凭证编号	摘要	科目编号	科目名称	借方金额	贷方金额
3										
4										
5										
6										
7										
8										

图 2－2 “会计凭证表”结构

（5）对“会计凭证表”工作表进行格式修饰，调整行高、列宽，使之容纳所有数据，并设置字体、字号，结果如图 2－3 所示。

	A	B	C	D	E	F	G	H	I	J
1	大连百大公司会计凭证表									
2	年	月	日	序号	凭证编号	摘要	科目编号	科目名称	借方金额	贷方金额
3										
4										
5										
6										
7										
8										
9										
10										
11										

图 2－3 “会计凭证表”修饰后结果

2. 在“会计凭证表”工作表中，设置“凭证编号”列公式，使其自动生成凭证编号。凭证编号生成规则为“年＋月＋日＋序号”。

3. 在“会计凭证表”工作表中，设置“科目名称”列公式，使其自动显示会计科目名称。要求在“会计科目表”工作表中使用 VLOOKUP 函数查找科目编号，返回科目名称。

4. 在“会计凭证表”工作表 K2 单元格中设置借贷不平衡提示，错误时提示“借贷不平衡!”，并以红色字显示，正确时为空。

5. 根据大连百大公司的企业信息以及该公司 2019 年 12 月份发生的经济业务，要求在“会计凭证表”中编制相应的会计分录。

企业信息如下：

（1）公司名称：大连百大公司。

（2）账号：123001。

（3）核算要求：材料发出采用先进先出法。

（4）固定资产月折旧率为 0.4%，适用的增值税税率为 13%、所得税税率为 25%。

12 月份发生的经济业务如下：

（1）1 日，用现金 400 元购买办公用品。

（2）2 日，用支票偿还前欠新飞公司货款 17 000 元。

（3）2 日，以银行存款购买转账支票，共计 60 元。

（4）3 日，车间领用甲材料 10 吨，每吨 1 600 元，用于 A 产品生产。

（5）3 日，提取备用金 2 000 元。

（6）4 日，从红星工厂购入甲材料 10 吨，每吨 1 600 元，货款共计 16 000 元，增值税 2 080 元，用支票支付，材料已入库。

（7）5 日，缴纳上月增值税、城建税和教育费附加。

（8）6 日，采购员张平出差借差旅费 2 000 元。

（9）7 日，销售给海文公司 B 产品一批，货款 91 000 元，适用的增值税税率为 13%，已将收到的支票存入银行。

（10）7 日，用支票支付第三季度养路费 3 000 元。

（11）8 日，车间领用乙材料 1 吨，每吨 2 000 元，用于一般耗费。

（12）9 日，用现金支付车间修理费 500 元。

（13）10 日，用现金预付明年上半年的报刊费 600 元。

（14）11 日，签发现金支票，提取本月工资 46 900 元。

（15）11 日，发放本月工资 46 900 元。

（16）12 日，厂部报销客户餐费，支付现金 460 元。

（17）13 日，职工王艳报销医药费 240 元。

（18）14 日，从新飞公司购入乙材料 3 吨，每吨 2 000 元，款项尚未支付，材料已入库。

（19）14 日，由银行支付本月生产车间水费 600 元。

（20）15 日，车间领用乙材料 15 吨，每吨 2 000 元，用于 B 产品的生产。

（21）16 日，销售给蓝天公司 A 产品一批，货款 117 600 元，尚未收到。

（22）17 日，用支票支付广告费 2 000 元。

（23）18 日，采购员张平出差回来报销差旅费 2 300 元，不足部分用现金支付 300 元。

（24）19 日，用银行存款支付本月电费 2 700 元，其中厂部用电负担 800 元，车间用电负担 1 900 元。

（25）20 日，发生本月借款利息 1 000 元。

（26）21 日，销售给万方公司材料 10 吨，每吨 1 900 元，货款共计 19 000 元，冲销预收账款 8 000 元，其余款项以转账支票收取。

（27）21 日，以银行存款支付本月电话费 1 000 元。

（28）22 日，分配本月工资，其中生产 A 产品的生产工人工资 18 000 元，生产 B 产品的生产工人工资 12 000 元，车间管理人员工资 6 600 元，厂部人员工资 10 300 元。

（29）23 日，按工资总额的 14%计提福利费。

（30）23 日，本月以银行存款支付车间大修理费用 1 000 元。

（31）25 日，年终盘点，盘盈生产用设备一台（全新），同类固定资产的市场价格为 8 000 元。

（32）25 日，年终盘点，盘亏甲材料 1 吨，金额 1 600 元（应负担的增值税为 208 元）。

（33）26 日，用银行存款支付第四季度借款利息 3 000 元。

（34）27 日，计提本月折旧，其中车间 10 000 元，厂部 8 000 元。

（35）27 日，接受协作单位无偿捐赠电脑一台，市场价格 12 000 元，用于管理。

（36）27 日，经领导审批后，将盘盈的设备按 8 000 元计入营业外收入，盘亏的甲材料按 1 808 元计入营业外支出。

（37）28 日，结转本月制造费用，按工人工资比例分配。

(38) 28 日，结转本月已完工的 8 台 A 产品成本（包括上期尚未生产完工的 A 产品）。

(39) 29 日，计提本月城建税、教育附加共计 800 元。

(40) 29 日，公司已有的丙材料当前市场价为每吨 1 600 元，已按规定提取存货跌价准备。

(41) 30 日，用现金购买印花税票 500 元。

(42) 30 日，厂部报销汽车加油费 300 元，经审核后以现金支付。

(43) 31 日，按年末应收账款余额的 5‰计提坏账准备。

(44) 31 日，结转本月销售成本。其中，A 产品 12 台，每台 6 400 元，B 产品 10 台，每台 6 000 元。

6. 在“会计凭证表”工作表中筛选 2019 年 12 月 14 日发生的经济业务情况。

7. 使用快速分析功能筛选使用“银行存款”科目的经济业务情况。

任务实施

1. 设置“会计凭证表”工作表的基本格式。

步骤 1　打开“大连百大公司会计核算”工作簿，选择 Sheet2 工作表，重命名为“会计凭证表”。

步骤 2　选定 A1:J1 单元格区域，选择“开始—对齐方式”命令组，单击“合并后居中”命令，并输入“大连百大公司会计凭证表”。

步骤 3　在 A2:J2 单元格区域按图 2－2 所示依次输入“年”“月”“日”“序号”“凭证编号”“摘要”“科目编号”“科目名称”“借方金额”“贷方金额”。

步骤 4　选定 A:D 列，右击鼠标，在快捷菜单中选择“设置单元格格式”，在打开的“设置单元格格式”对话框选择“数字”选项卡，在分类列表框中选择“文本”即可，如图 2－4 所示。

步骤 5　选定 I:J 列，右击鼠标，在快捷菜单中选择“设置单元格格式”，在打开的“设置单元格格式”对话框，选择“数字”选项卡，在分类列表框中选择“会计专用”，在右侧选择小数位数为“2”，货币符号为“无”，如图 2－5 所示。

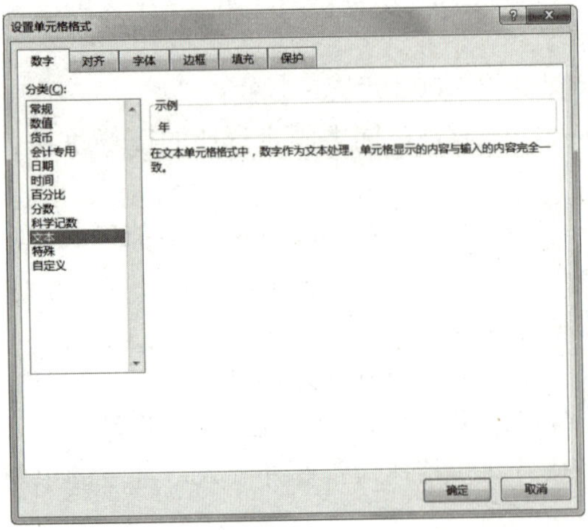

图 2－4　设置单元格格式“文本”对话框

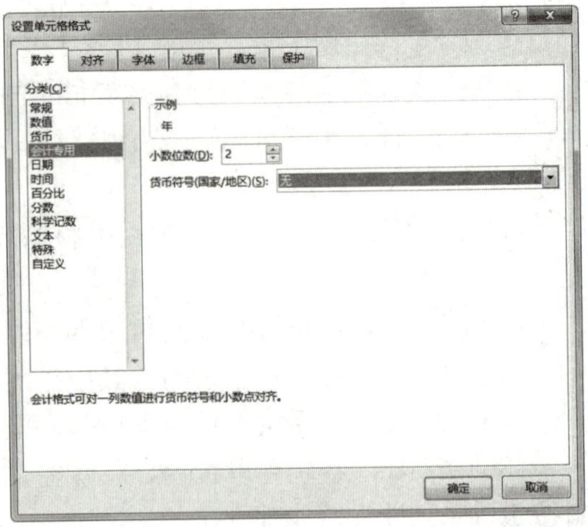

图 2－5　设置单元格格式“会计专用”对话框

步骤6 对“会计凭证表”进行格式修饰和调整，结果如图2-6所示。

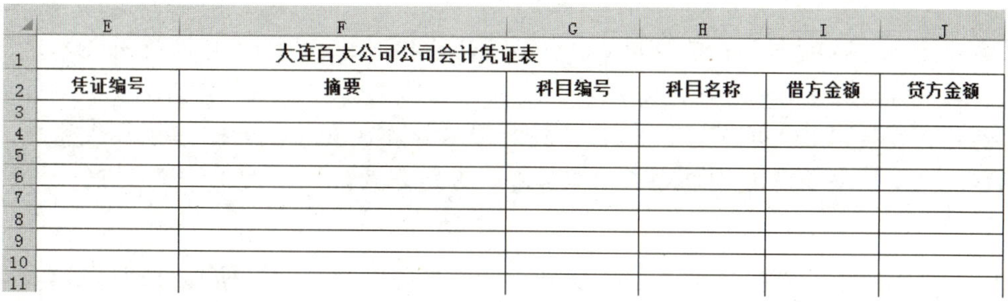

图2-6 “会计凭证表”修饰后结果

2. 在“会计凭证表”工作表中，设置“凭证编号”列公式，使其自动生成凭证编号。凭证编号生成规则为“年＋月＋日＋序号”。

步骤1 打开“会计凭证表”工作表，在 A3：D3 单元格区域中分别输入“2019”“12”“01”“01”表示年、月、日和序号。

步骤2 选定“E3”单元格，单击编辑栏中的 *fx*（插入函数）命令，打开插入函数对话框，选择文本函数 CONCATENATE，如图2-7所示。单击“确定”按钮，弹出“函数参数”对话框，在 Text1 后面的文本框输入单元格名称“A3”或单击后面的按钮，选择 A3 单元格，然后依次在 Text2、Text3、Text4 文本框后输入“B3”“C3”“D3”单元格，如图2-8所示。单击“确定”按钮，得到所需要的公式，结果如图2-9所示。

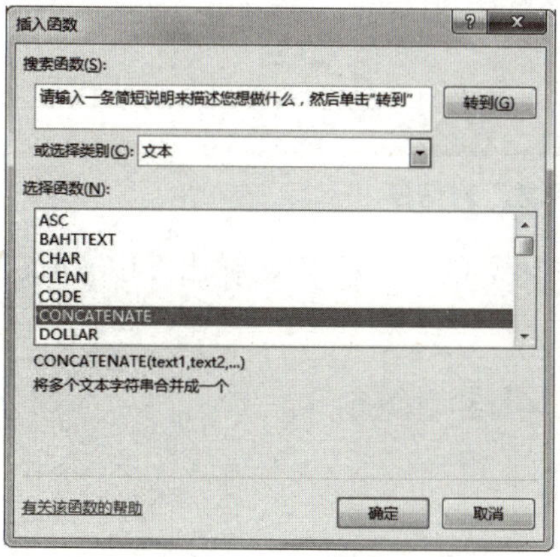

图2-7 “插入函数”对话框

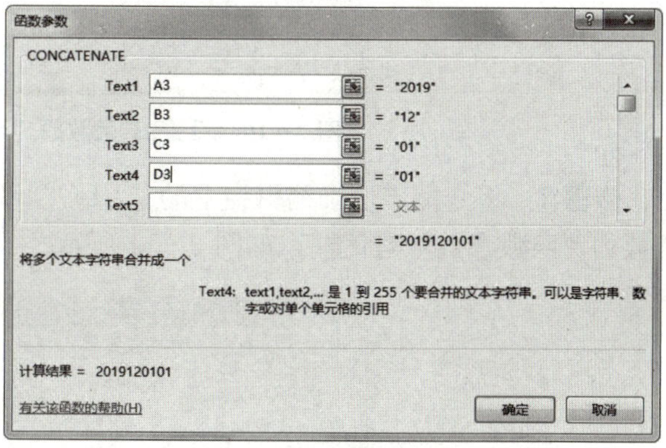

图2-8 “函数参数”对话框

图2-9 设置 CONCATENATE 函数后显示的结果

步骤3 选定 E3 单元格，鼠标放在 E3 单元格的右下角，出现填充柄时，按住鼠标不放向下拖动到 E4:E40 单元格区域，完成快速填充。

【小提示】

自动生成凭证编号，除了使用 CONCATENATE 函数外，还可以使用文本运算符“&”，用户可以在 E3 单元格直接输入公式“=A3&B3&C3&D3”即可。

另外，在使用 CONCATENATE 函数时，不得在函数参数对话框或公式中使用单元格区域 A3:D3，必须使用联合引用运算符，否则会显示“#VALUE”错误。

3. 在“会计凭证表”工作表中，设置“科目名称”列公式，使其自动显示会计科目名称。要求在“会计科目表”工作表中使用 VLOOKUP 函数查找科目编号，返回科目名称。

步骤 1　在“会计凭证表”工作表，选定 H3 单元格，单击编辑栏中的 *fx*（插入函数）命令，打开“插入函数”对话框，选择逻辑函数下的 IF 函数，单击“确定”按钮，弹出“函数参数”对话框，在 Logical _ text 文本框后输入“G3=""”，在 Value _ if _ true 文本框后输入“""”，在 Value _ if _ false 文本框后输入“VLOOKUP ()”，如图 2 - 10 所示。

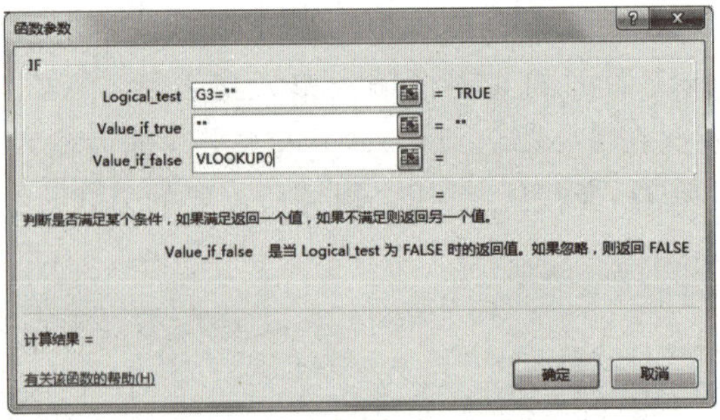

图 2 - 10　设置 IF 函数的“函数参数”对话框

步骤 2　将光标定位于编辑栏上的“VLOOKUP”函数的“()”内，弹出 VLOOKUP 函数的“函数参数”对话框，如图 2 - 11 所示。

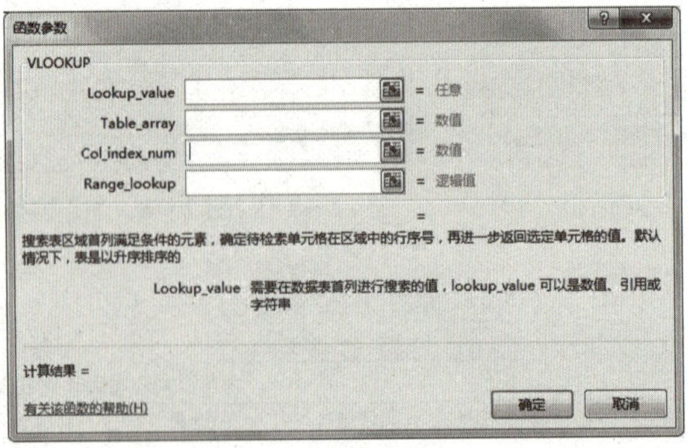

图 2 - 11　VLOOKUP 函数的“函数参数”对话框

步骤 3　在 VLOOKUP 函数的“函数参数”对话框中，在 Lookup _ value 文本框后输入“G3”，或选择 G3 单元格名称，表示查找值为 G3 单元格的值。

步骤 4　将光标定位于 Table _ array 后的文本框，单击“会计科目表”工作表标签，然后在“会计科目表”工作表中选择 A1：B51 单元格区域，在 Table _ array 文本框中显示“会计科目表！A1:B51”，表示将在“会计科目表”的 A1:B51 单元格区域查找 G3 单元格的值。

步骤 5　在 Col _ index _ num 文本框后输入“2”，表示如果找到，则返回查找区域中第 2 列的值，即“科目名称”列的值。

步骤 6　在 Range _ lookup 文本框后输入“1”，表示采用模糊查找方式，如图 2－12 所示，单击“确定”按钮完成函数设置。

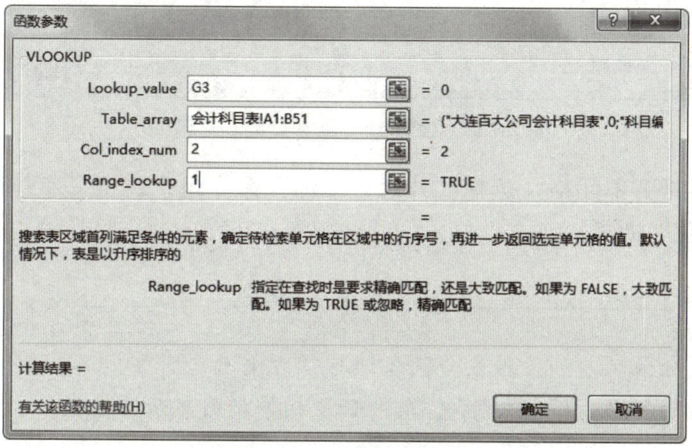

图 2－12　设置 VLOOKUP 函数的“函数参数”对话框

步骤 7　选定 H3 单元格，鼠标指向 H3 单元格右下角的填充柄，按住鼠标不放向下拖动到 H4：H40 单元格区域，实现快速填充，完成自动生成科目名称操作。

【小提示】

如果用户对函数格式较为熟悉，则可以在选定 H3 单元格后，直接输入公式“=IF(G3="" ,"" ,VLOOKUP (G3, 会计科目表！A1:B51,2,1))”。公式中的 IF 函数用来判断要查找的 G3 单元格是否为空。如果为空，则返回空值；如果不为空，则调用函数 VLOOKUP 函数进行查找。在公式中如果没有 IF 函数，则 G3 为空时，系统会返回错误结果“#N/A”。

4. 在“会计凭证表”工作表 K2 单元格中设置借贷不平衡提示，错误时提示“借贷不平衡！”，并以红色字显示，正确时为空。

步骤 1　在“会计凭证表”工作表，选定 K2 单元格，单击编辑栏中的 *fx*（插入函数）命令，打开“插入函数”对话框，选择逻辑函数下的 IF 函数，单击“确定”按钮，弹出“函数参数”对话框。

步骤 2　在 Logical _ text 文本框后输入“SUM (I:I) =SUM (J:J)”，在 Value _ if _ true 文本框后输入“""”，在 Value _ if _ false 文本框后输入“"借贷不平衡！"”，如图 2－13 所示，单击“确定”按钮完成公式输入。

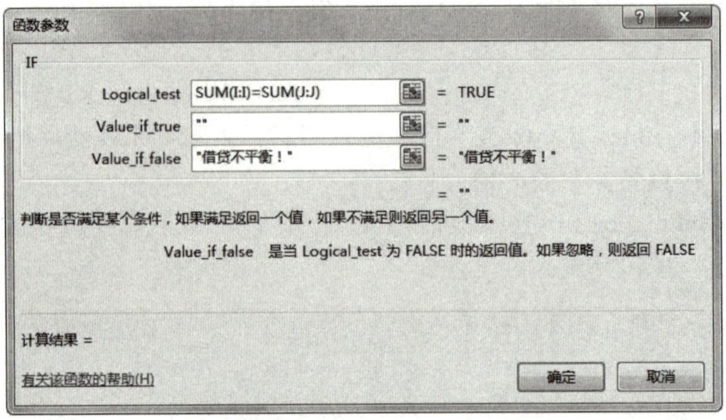

图 2－13　设置 IF“函数参数”对话框

步骤 3　选定 K2 单元格，选择“开始—字体”命令组，单击“字体颜色”命令下拉列表，选择“红色”即可。

【小提示】

在录入会计分录时，如果借方金额合计与贷方金额合计不相等，则在 K2 单元格中会自动显示“借贷不平衡!”的提示信息；如果相等，则显示为空值。

5. 根据大连百大公司的企业信息以及该公司 2019 年 12 月份发生的经济业务，要求在“会计凭证表”中编制相应的会计分录。

以（1）业务为例介绍录入会计分录操作步骤。12 月 1 日，用现金 400 元购买办公用品，编制会计分录如下：

借：管理费用　　400.00

　贷：库存现金　　400.00

步骤 1　打开“会计凭证表”工作表，在 A3：D3 依次输入“2019”“12”“01”“01”系统自动按照设置的凭证编号公式在 E3 单元格显示“2019120101”。

步骤 2　选定 F3 单元格，输入摘要“用现金购买办公用品”。

步骤 3　选定 G3 单元格，输入会计科目编号“6602”，系统自动按照设置的科目名称公式在 H3 单元格显示“管理费用”。

步骤 4　选定 I3 单元格，输入借方金额“400.00”。

【小提示】

因尚未输入贷方金额，所以在 K2 单元格显示“借贷不平衡!”，这是正常现象。

步骤 5　选定 A3：F3 单元格区域，右击鼠标，在快捷菜中选择“复制”命令。然后选定 A4 单元格，再右击鼠标，在快捷菜单中选择“粘贴”命令。在 G4 单元格输入会计科目编号“1001”，系统自动在 H4 单元格显示会计科目名称“库存现金”。选定 J4 单元格，输入贷方金额“400.00”。结果如图 2－14 所示。

	A	B	C	D	E	F	G	H	I	J
1	大连百大公司会计凭证表									
2	年	月	日	序号	凭证编号	摘要	科目编号	科目名称	借方金额	贷方金额
3	2019	12	01	01	2019120101	用现金购买办公用品	6602	管理费用	400.00	
4	2019	12	01	01	2019120101	用现金购买办公用品	1001	库存现金		400.00
5										
6										

图 2-14　录入会计分录的结果

【小提示】

因输入了正确的贷方金额，所以在 K2 单元格显示的“借贷不平衡!”消失。

步骤 6　以上操作为录入一条完整的会计分录的全过程，后续的会计业务请参照此操作进行，再进行相应的格式设置即可完成会计凭证表分录的录入。其他会计业务的分录录入过程略。

6. 在“会计凭证表”工作表中筛选 2019 年 12 月 14 日发生的经济业务情况。

步骤 1　打开“会计凭证表”工作表，选择“数据—排序和筛选”命令组，单击“筛选”按钮。

步骤 2　单击“年”列右侧的下拉列表，选择“2019”。

步骤 3　单击“月”列右侧的下拉列表，取消“全选”，再选择“12”。

步骤 4　单击“日”列右侧的下拉列表，取消“全选”，再选择“14”，结果如图 2-15 所示。

	A	B	C	D	E	F	G	H	I	J
1	大连百大公司公司会计凭证表									
2	年	月	日	序号	凭证编号	摘要	科目编号	科目名称	借方金额	贷方金额
41	2019	12	14	18	2019121418	从新飞公司购入乙	1211	原材料	6000	
42	2019	12	14	18	2019121418	从新飞公司购入乙	2163	应交税费	780	
43	2019	12	14	18	2019121418	从新飞公司购入乙	2121	应付账款		6780
44	2019	12	14	19	2019121419	由银行支付本月生	4105	制造费用	600	
45	2019	12	14	19	2019121419	由银行支付本月生	1002	银行存款		600

图 2-15　筛选 2019 年 12 月 14 日发生的经济业务情况结果

7. 使用快速分析功能筛选“银行存款”科目的经济业务情况。

步骤 1　打开“会计凭证表”工作表，选定 H3:H140 单元格区域。

步骤 2　单击选定区域右下角的按钮（快速分析），或者右击鼠标，在快捷菜单中选择“快速分析”命令，弹出如图 2-16 所示的对话框。

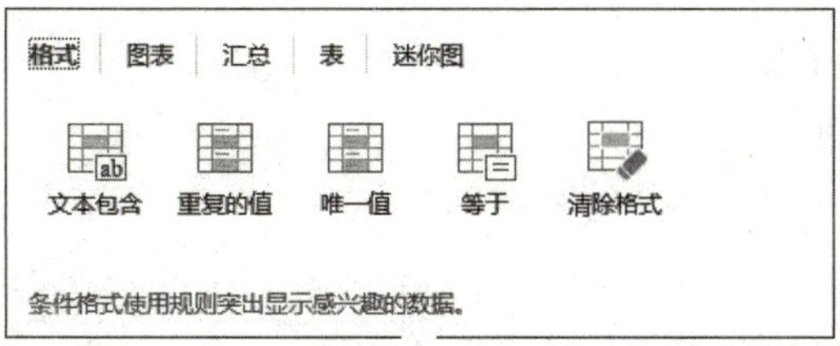

图 2-16　单击“快速分析”按钮后出现的对话框

步骤 3　选择“格式—文本包含”命令组，打开“文本中包含”对话框，输入要筛选的文本，如图 2-17 所示。

图 2 - 17　“文本中包含”对话框

步骤 4　单击“确定”按钮，显示快捷分析筛选结果，如图 2 - 18 所示。

	A	B	C	D	E	F	G	H	I	J
1	大连百大公司公司会计凭证表									
2	年	月	日	序号	凭证编号	摘要	科目编号	科目名称	借方金额	贷方金额
3	2019	12	01	01	2019120101	用现金购买办公用品	6602	管理费用	400	
4	2019	12	01	01	2019120101	用现金购买办公用品	1001	库存现金		400
5	2019	12	02	02	2019120202	用支票偿还前欠新飞公司货款	2202	应付账款	17000	
6	2019	12	02	02	2019120202	用支票偿还前欠新飞公司货款	1002	银行存款		17000
7	2019	12	02	03	2019120203	用银行存款购买转账支票	6603	财务费用	60	
8	2019	12	02	03	2019120203	用银行存款购买转账支票	1002	银行存款		60
9	2019	12	03	04	2019120304	车间领用甲材料用于A产品的生产	5001	生产成本	16000	
10	2019	12	03	04	2019120304	车间领用甲材料用于A产品的生产	1403	原材料		16000
11	2019	12	03	05	2019120305	提取备用金	1221	其他应收款	2000	
12	2019	12	03	05	2019120305	提取备用金	1002	银行存款		2000
13	2019	12	04	06	2019120406	由红星工厂购入甲材料	1403	原材料	16000	
14	2019	12	04	06	2019120406	由红星工厂购入甲材料	2221	应交税费	2080	
15	2019	12	04	06	2019120406	由红星工厂购入甲材料	1002	银行存款		18080
16	2019	12	05	07	2019120507	缴纳上月增值税、城建税和教育费附加	2221	应交税费	8909.09	
17	2019	12	05	07	2019120507	缴纳上月增值税、城建税和教育费附加	2221	应交税费	623.64	
18	2019	12	05	07	2019120507	缴纳上月增值税、城建税和教育费附加	2221	应交税费	267.27	
19	2019	12	05	07	2019120507	缴纳上月增值税、城建税和教育费附加	1002	银行存款		9800
20	2019	12	06	08	2019120608	采购员张平出差借差旅费	1221	其他应收款	2000	
21	2019	12	06	08	2019120608	采购员张平出差借差旅费	1002	银行存款		2000
22	2019	12	07	09	2019120709	销售给文公司B产品一批	1002	银行存款	102830	

图 2 - 18　快速分析筛选结果

任务总结

本任务介绍了如何应用 Excel 建立会计凭证表，具体包括会计凭证的有关概念；利用 Excel 建立会计科目表与美化会计科目表；利用 Excel 的 CONCATENATE 函数、IF 函数和 VLOOKUP 函数建立具有自动生成凭证编号、自动获取会计科目名称、自动判断借贷方平衡等多项功能的会计凭证表。通过本任务的学习，学生可掌握会计科目表和会计凭证表的建立过程，为进一步会计核算积累了资料。

任务实训

一、实训的目的和要求

1. 掌握会计凭证的相关概念；
2. 能够建立会计科目表；
3. 能够建立会计凭证表；
4. 能够在会计凭证表中录入会计分录。

二、实训内容

1. 建立“大连星河科技公司会计核算”工作簿。

2. 激活 Sheet1 工作表，重命名为“会计科目表”，并按大连百大公司的会计科目表结构建立大连星河科技公司的会计科目表。

3. 插入 Sheet2 工作表，重命名为“会计凭证表”，并按大连百大公司的会计凭证表结构建立会计凭证表。

4. 使用公式和函数实现自动生成会计凭证、自动获取科目名称、核对借贷方是否平衡等功能。

5. 已知大连星河科技公司的企业信息以及 2020 年 1 月份发生的经济业务，要求在"会计凭证表"工作表中录入相应的会计分录。

企业信息：

（1）企业名称：大连星河科技公司。

（2）账号：123002。

（3）核算要求：材料发出采用先进先出法。

（4）固定资产月折旧率为 0.4%，适用的增值税税率为 13%、所得税税率为 25%。

发生的经济业务如下：

（1）2 日，收到阳光公司汇来的前欠货款 80 000 元，存入银行。

（2）3 日，生产车间领用 A 材料 10 千克。其中：生产甲产品耗用 4 千克，生产乙产品耗用 4 千克，生产车间一般性消耗 2 千克。A 材料单位成本 100 元。

（3）4 日，生产车间领用 B 材料 1 200 千克，单位成本 5 元，全部用于生产甲产品。

（4）4 日，从大明公司购入 A 材料 20 千克，单价 100 元，价款合计 2 000 元，增值税进项税额 260 元，款项已通过银行存款支付。材料已验收入库。

（5）5 日，开出银行支票 800 元，缴纳税金。

（6）6 日，开出银行支票 45 000 元，归还短期借款。

（7）6 日，公司购入 B 材料 600 千克，单价 5 元，价款合计 3 000 元，增值税进项税额 390 元，款项已通过银行存款支付。

（8）7 日，生产的乙产品已验收入库，结转其实际成本。

（9）9 日，用银行支票偿还前欠光明公司货款 29 000 元。

（10）10 日，以现金 700 元购入车间用办公用品。

（11）11 日，生产车间领用 A 材料 100 千克。其中：生产甲产品耗用 20 千克，生产乙产品耗用 70 千克，生产车间一般性消耗 10 千克。A 材料单位成本 100 元。

（12）11 日，公司出售甲产品 100 台，单价 270 元，价款总计 27 000 元，增值税销项税额 3 510 元，上述款项已收讫并存入银行。

（13）12 日，以银行支票 2 500 元支付广告费。

（14）12 日，以现金 500 元支付广告费。

（15）12 日，公司出售乙产品 100 台，单价 300 元，价款总计 30 000 元，增值税销项税额 3 900 元，上述款项已收讫并存入银行。

（16）12 日，用银行存款 30 000 元购买一台设备，已交付使用。

（17）13 日，从银行提取现金 70 000 元，以备发放工资。

（18）13 日，以现金 70 000 元发放工资。

（19）13 日，以现金 200 元支付生产车间机器修理费。

（20）14 日，出售甲产品 30 台，单价 270 元，价款总计 8 100 元，增值税销项税额 1 053 元，上述款项已收讫并存入银行。

（21）14 日，开出银行支票偿还前欠货款 1 500 元。

（22）15 日，从银行借入为期 3 个月的贷款 60 000 元，年利率为 5%。

（23）15 日，行政管理部门的王明出差借差旅费 500 元，以现金支付。

（24）16 日，出售 B 材料 1 000 千克，每千克售价 10 元，价款总计 10 000 元，已存入银行。

（25）16 日，结转上述 B 材料的实际成本 5 000 元。

（26）17 日，以银行支票支付税收滞纳金 2 500 元。

（27）18 日，职工王明出差归来报销差旅费 400 元，余款以现金退回。

（28）19 日，职工李明报销医药费 900 元，以现金支付。

（29）31 日，经计算，本月全厂职工工资总额为 70 000 元。其中：甲产品生产工人工资 30 000 元；乙产品生产工人工资 30 000 元；车间管理人员工资 5 000 元；行政管理人员工资 5 000 元。

（30）31 日，按工资总额的 14%计提职工本月福利费。

（31）31 日，计提本月银行借款利息 2 000 元。

（32）31 日，计算本月的水电费，甲产品生产负担 2 000 元，乙产品生产负担 1 800 元，车间负担 250 元，行政管理部门负担 200 元，均未支付。

（33）31 日，以银行存款支付应由车间负担的机器修理费 150 元。

（34）31 日，计提本月固定资产折旧总额 4 000 元。其中：车间用固定资产应计提 2 500 元，行政管理用固定资产应计提 1 500 元。

（35）31 日，接受捐赠的一套设备，发票价格为 23 400 元。

（36）31 日，收到仓库发来的存货盘点报表，盘亏存货 A 材料 10 千克。

（37）经审查，盘亏的 A 材料非正常损失为 800 元，因保管人员过失造成损失 200 元。经批准，按规定处理。

（38）31 日，根据本月产品应缴纳的增值税，分别按 7%和 3%计提城市维护建设税和教育费附加。

（39）31 日，按本月生产工人工资比例将发生的制造费用分配结转给 A、B 两种产品。

（40）31 日，A、B 两种产品均全部完工入库，结转其实际生产成本。A 产品完工 500 台，B 产品完工 200 台，假设月初“生产成本”账户无期初余额。

（41）31 日，计算结转本月已销甲产品、乙产品的销售成本。（按先进先出法计算，精确到小数点后两位）

（42）31 日，收到某公司交来的罚金 500 元，存入银行。

（43）31 日，将本月的收入、费用结转到“本年利润”账户，计算本月实现的利润总额。

（44）31 日，将利润总额作为应纳税所得额计算出应交所得税（无纳税调整项目），计提并结转本月应缴的所得税税额。

（45）31 日，将本年净利润转入“利润分配”账户。

（46）31 日，假设按本月净利润的 10%提取法定盈余公积。

（47）31 日，向投资者分配利润 5 000 元，尚未支付。

6. 在“会计凭证表”中筛选 2020 年 1 月发生的经济业务借方金额大于 2 000 元的会计分录数据。

7. 在“会计凭证表”中使用快速分析功能筛选借方金额大于 2 000 元的经济业务情况。

习题

一、填空题

1. ________是指记录经济业务、明确经济责任的书面证明。
2. 会计凭证按填制的程序及在经济管理中的用途可分为________和________。
3. 在设计会计凭证时，可以使用函数________实现凭证编号的自动生成。

二、简答题

1. 简述会计凭证的作用。
2. 简述会计凭证的类型。

任务 3
应用 Excel 登记会计账簿

● 重点和难点

1. 总分类账的建立；
2. 科目汇总表的建立；
3. 科目余额表的建立。

学习目标

【知识目标】

1. 了解会计账簿的相关概念；
2. 掌握利用数据透视表功能建立总分类账、科目汇总表的方法；
3. 掌握科目余额表的建立方法。

【技能目标】

1. 能够利用数据透视表功能建立总分类账；
2. 能够利用数据透视表功能建立科目汇总表；
3. 能够利用 IF 函数、ISNA 函数以及 VLOOKUP 函数编制科目余额表。

任务概述

以会计凭证为依据设置和登记会计账簿是会计账务处理工作的中心环节。通过本任务的学习，学生可在已建立的会计科目表、会计凭证表等有关数据的基础上，掌握利用 Excel 的数据透视表及函数等功能，建立总分类账、科目汇总表和科目余额表等账表。

知识积累

3.1　会计账簿的含义和作用

会计账簿是指以会计凭证为依据，在具有专门格式的账页中全面、连续、系统、综合地记录经济业务的簿籍。会计账簿在会计核算中具有十分重要的意义，主要体现在以下几个方面：

（1）可以为经济管理提供连续、全面和系统的会计信息。

（2）可以保护财产物资的安全完整。

(3) 便于企业单位考核成本、费用和利润计划的完成情况。

(4) 为编制会计报表提供资料。

(5) 为会计检查、会计分析提供资料。

3.2　会计账簿的分类

按照在经济管理中的用途划分，会计账簿可以分为日记账簿、分类账簿和备查账簿三种。

3.2.1　日记账簿

日记账簿又称为序时账簿，是按照经济业务发生的时间先后顺序，逐日逐笔登记经济业务的账簿。按其记录内容的不同，可以将日记账簿分为普通日记账和特种日记账两种。

普通日记账是用来登记全部经济业务情况的日记账。财务人员将每天所发生的全部业务，按照经济业务发生的先后顺序编制成记账凭证，根据记账凭证逐行登记到普通日记账中。例如，企业设置的日记总账就是普通日记账。

特种日记账是用来记录某一类经济业务发生情况的日记账。财务人员将某一类经济业务，按照经济业务发生的先后顺序记入账簿中，以反映某一特定项目的详细情况。例如，各经济单位为了对现金和银行存款加强管理，设置现金日记账和银行存款日记账来记录现金和银行存款的收入、付出和结存业务。

3.2.2　分类账簿

分类账簿是区别不同账户登记经济业务的账簿。按照提供指标的详细程度不同，可以将账户分为总分类账簿和明细分类账簿两种。

总分类账簿是按一级科目分类，连续地记录和反映资金增减、成本和利润情况的账簿，它能总括并全面地反映企事业单位的经济活动情况，是编制会计报表的依据。一切企业都应设置总分类账簿。

明细分类账簿是根据明细科目开设的账簿，它能详细地反映企业某项经济活动的具体情况。

3.2.3　备查账簿

备查账簿是对某些在日记账簿和分类账簿中不能记录登记或记录登记不全的经济业务进行补充登记的账簿。企业根据自身的情况，可以选择设置或不设置此账簿。

3.3　科目汇总表

科目汇总表是指根据一定期间发生的所有经济业务，按照相同的会计科目进行归类并定期汇总出每个会计科目的借方本期发生额合计和贷方本期发生额合计的一种表格。

科目汇总表在会计账务处理过程中起着承上启下的作用。一方面，它将一定期间发生的经济业务分门别类地进行汇总；另一方面，它为编制会计报表提供数据。

科目汇总表的基本格式如表 3-1 所示。

表 3-1　科目汇总表

编制单位：　　　　　　　　　　　年　　月　　日　　　　　　　　　　　单位：元

科目代码	会计科目	借方本期发生额	贷方本期发生额
合计			

3.4　科目余额表

科目余额表是指用来记录本期所有会计科目的发生额和余额的表格。它是科目汇总表的进一步延伸，能够反映某一会计期间相关会计科目的期初余额、本期发生额和期末余额，为编制会计报表提供更完善的数据。

科目余额表的基本格式如表 3-2 所示。

表 3-2　科目余额表

编制单位：　　　　　　　　　　　年　　月　　　　　　　　　　　单位：元

科目代码	会计科目	期初余额		本期发生额		期末余额	
		借方	贷方	借方	贷方	借方	贷方
合计							

子任务 3.1　建立总分类账

任务要求

1. 掌握总分类账的建立过程；
2. 能够利用数据透视表建立总分类账；
3. 能够查询总分类账。

任务资料

1. 在“大连百大公司会计核算”工作簿，以“会计凭证表”工作表为基础数据，利用数据透视表功能生成如图 3-1 所示的总分类账，并将新的工作表重命名为“总分类账”。

2. 在生成的总分类账中添加“借方余额”和“贷方余额”计算字段，并设置借方余额公式为“=IF（(借方金额-贷方金额）>0，借方金额-贷方金额,0)”，贷方余额公式为“=IF（(贷方金额-借方金额）>0，贷方金额-借方金额,0)”，并将借方金额和贷方金额的数字格式设置为“会计专用”，小数位 2 位，货币符号“无”。结果如图 3-2 所示。

	A		B	C	D
1	年		(全部)		
2	月		(全部)		
3					
4	科目编号		科目名称	求和项:借方金额	求和项:贷方金额
5		⊟1001	库存现金	46,900.00	50,600.00
6	**1001 汇总**			**46,900.00**	**50,600.00**
7		1001 汇总	银行存款	116,300.00	107,140.00
8	**1002 汇总**			**116,300.00**	**107,140.00**
9		⊟4101	盈余公积		3,112.37
10	**4101 汇总**				**3,112.37**
11		⊟5101	制造费用	24,024.00	22,024.00
12	**5101 汇总**			**24,024.00**	**22,024.00**
13		⊟6602	管理费用	31,002.00	31,002.00
15		⊟2202	应付账款	17,000.00	
16	**2202 汇总**			**17,000.00**	
17		⊟6603	财务费用	1,060.00	1,060.00
18	**6603 汇总**			**1,060.00**	**1,060.00**
19		⊟5001	生产成本	102,224.00	49,734.40
20	**5001 汇总**			**102,224.00**	**49,734.40**
21		⊟1403	原材料	22,000.00	66,600.00
22	**1403 汇总**			**22,000.00**	**66,600.00**
23		⊟1221	其他应收款	4,000.00	2,000.00

图 3-1　总分类账

	A		B	C	D	E	F
1	年		(全部)				
2	月		(全部)				
3							
4	科目编号		科目名称	求和项:借方金额	求和项:贷方金额	求和项:借方余额	求和项:贷方余额
5		⊟1001	库存现金	46,900.00	50,600.00	-	3,700.00
6	**1001 汇总**			**46,900.00**	**50,600.00**	-	**3,700.00**
7		⊟1002	银行存款	120,700.00	107,780.00	12,920.00	-
8	**1002 汇总**			**120,700.00**	**107,780.00**	**12,920.00**	-
9		⊟1122	应收账款	137,592.00	7,020.00	130,572.00	-
10	**1122 汇总**			**137,592.00**	**7,020.00**	**130,572.00**	-
11		⊟1221	其他应收款	4,000.00	2,000.00	2,000.00	-
12	**1221 汇总**			**4,000.00**	**2,000.00**	**2,000.00**	-
13		⊟1231	坏账准备		897.96	-	897.96
14	**1231 汇总**				**897.96**	-	**897.96**
15		⊟1403	原材料	22,000.00	66,600.00	-	44,600.00
16	**1403 汇总**			**22,000.00**	**66,600.00**	-	**44,600.00**
17		⊟1405	库存商品	49,734.40	136,800.00	-	87,065.60
18	**1405 汇总**			**49,734.40**	**136,800.00**	-	**87,065.60**
19		⊟1471	存货跌价准备		3,000.00	-	3,000.00
20	**1471 汇总**				**3,000.00**	-	**3,000.00**
21		⊟1601	固定资产	20,000.00		20,000.00	-
22	**1601 汇总**			**20,000.00**		**20,000.00**	-
23		⊟1602	累计折旧		18,000.00	-	18,000.00
24	**1602 汇总**				**18,000.00**	-	**18,000.00**
25		⊟1901	待处理财产损溢		1,872.00	-	1,872.00

图 3-2　添加借方余额和借方余额后的总分类账

3. 在总分类账上方添加标题“大连百大公司总分类账”，设置字号为 16 磅、加粗，将各科目的汇总行隐藏，使总分类账更加简洁，如图 3-3 所示。

	A		B	C	D	E	F
1					**大连百大公司总分类账**		
2	年		(全部)				
3	月		(全部)				
4							
5	科目编号		科目名称	求和项:借方金额	求和项:贷方金额	求和项:借方余额	求和项:贷方余额
6		⊟1001	库存现金	46,900.00	50,600.00	-	3,700.00
7	**1001 汇总**			**46,900.00**	**50,600.00**	-	**3,700.00**
8		⊟1002	银行存款	120,700.00	107,780.00	12,920.00	-
9	**1002 汇总**			**120,700.00**	**107,780.00**	**12,920.00**	-
10		⊟1122	应收账款	137,592.00	7,020.00	130,572.00	-
11	**1122 汇总**			**137,592.00**	**7,020.00**	**130,572.00**	-
12		⊟1221	其他应收款	4,000.00	2,000.00	2,000.00	-
13	**1221 汇总**			**4,000.00**	**2,000.00**	**2,000.00**	-
14		⊟1231	坏账准备		897.96	-	897.96
15	**1231 汇总**				**897.96**	-	**897.96**
16		⊟1403	原材料	22,000.00	66,600.00	-	44,600.00
17	**1403 汇总**			**22,000.00**	**66,600.00**	-	**44,600.00**
18		⊟1405	库存商品	49,734.40	136,800.00	-	87,065.60
19	**1405 汇总**			**49,734.40**	**136,800.00**	-	**87,065.60**
20		⊟1471	存货跌价准备		3,000.00	-	3,000.00
21	**1471 汇总**				**3,000.00**	-	**3,000.00**
22		⊟1601	固定资产	20,000.00		20,000.00	-
23	**1601 汇总**			**20,000.00**		**20,000.00**	-
24		⊟1602	累计折旧		18,000.00	-	18,000.00
25	**1602 汇总**				**18,000.00**	-	**18,000.00**

图 3-3　调整修改后的总分类账

4. 筛选“银行存款”科目的总分类账。

5. 自动更新数据透视表。

任务实施

1. 在“大连百大公司会计核算”工作簿，以“会计凭证表”工作表为基础数据，利用数据透视表功能建立总分类账，并将新的工作表重命名为“总分类账”。

步骤1 打开“大连百大公司会计核算”工作簿，选择“会计凭证表”工作表。

步骤2 选定“会计凭证表”工作表中会计分录的任意一个单元格，选择“插入—表格”命令组，单击“数据透视表”按钮，弹出“创建数据透视表”对话框。

步骤3 在“创建数据透视表”对话框，选择一个表或区域为“会计凭证表!$A$2:$J$140”，选择放置数据透视表的位置为“新工作表”，如图3-4所示。

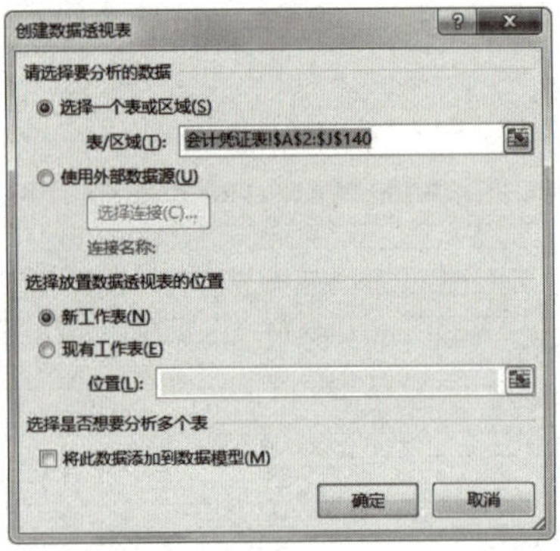

图3-4 “创建数据透视表”对话框

步骤4 单击“确定”按钮，系统自动创建一个新的工作表，并显示“数据透视表字段”任务窗格，如图3-5所示。

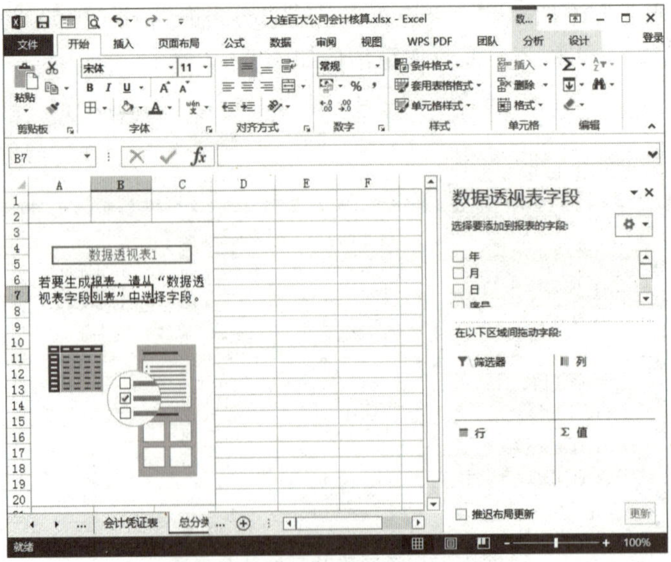

图3-5 “数据透视表字段”任务窗格

步骤 5 在“数据透视表字段”任务窗格中，将“年”“月”字段拖动到筛选器区域。

步骤 6 在“数据透视表字段”任务窗格中，将“科目编码”“科目名称”“日”字段拖动到“行”标签区域。

步骤 7 在“数据透视表字段”任务窗格中，将“借方金额”“贷方金额”字段拖动到“值”标签区域。操作结束后，形成如图 3-6 所示的工作表。

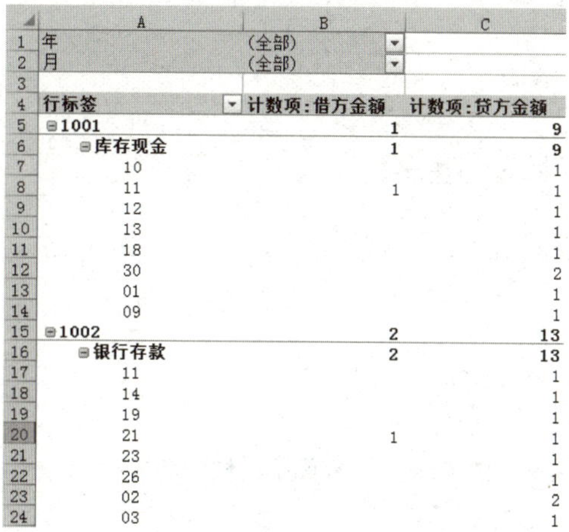

	A	B	C
1	年	(全部)	
2	月	(全部)	
3			
4	行标签	计数项:借方金额	计数项:贷方金额
5	⊟1001	1	9
6	⊟库存现金	1	9
7	10		1
8	11	1	1
9	12		1
10	13		1
11	18		1
12	30		2
13	01		1
14	09		1
15	⊟1002	2	13
16	⊟银行存款	2	13
17	11		1
18	14		1
19	19		1
20	21	1	1
21	23		1
22	26		1
23	02		2
24	03		1

图 3-6 设置数据透视表数据版式

步骤 8 在“数据透视表字段”任务窗格中，单击“值”标签下的“计数项：借方余额”，在下拉列表中选择“值字段设置”，弹出“值字段设置”对话框。在对话框中，将计算类型设置为“求和”，如图 3-7 所示。

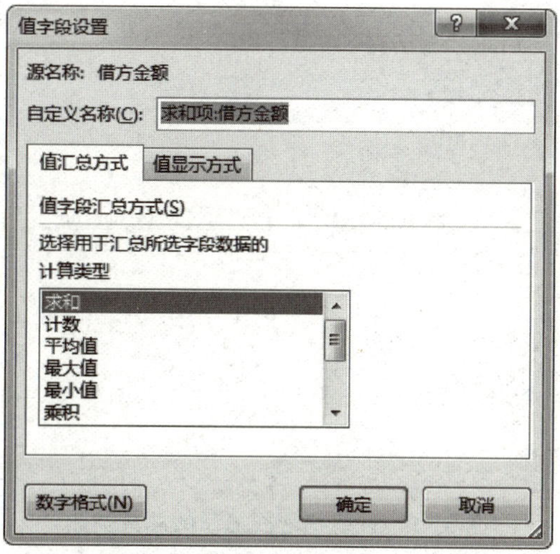

图 3-7 “值字段设置”对话框

步骤 9 按照步骤 8 的操作过程，将“计数项：贷方金额”的计算类型也设置为“求和”。生成的数据透视表总分类账如图 3-8 所示。

步骤 10 选择 B:C 列，右击鼠标，在弹出的快捷菜单中选择“设置单元格格式”命令，在弹出的“设置单元格格式”对话框中选择“数字”选项卡，设置分类为“会计专

	A	B	C	D	E
1	年	(全部)			
2	月	(全部)			
3					
4	科目编号	科目名称	日	求和项:借方金额	求和项:贷方金额
5	⊟1001	⊟库存现金	10		600.00
6			11	46,900.00	46,900.00
7			12		460.00
8			13		240.00
9			18		700.00
10			30		800.00
11			01		400.00
12			09		500.00
13		库存现金 汇总		**46,900.00**	**50,600.00**
14	1001 汇总			**46,900.00**	**50,600.00**
15	⊟1002	⊟银行存款	11		46,900.00
16			14		600.00
17			19		2,700.00
18			21	21,470.00	1,000.00
19			23		1,000.00
20			26		3,000.00
21			02		17,060.00
22			03		2,000.00
23			04		18,080.00
24			05		9,800.00
25			06		2,000.00

图 3-8　设置值字段后的总分类账

用”，小数位 2 位，符号为“无”。

步骤 11　选择“数据透视表工具—设计—布局”命令组，单击“报表布局”下拉列表中的“以表格形式显示”命令，结果如图 3-9 所示。

	A	B	C	D	E
1	年	(全部)			
2	月	(全部)			
3					
4	科目编号	科目名称	日	求和项:借方金额	求和项:贷方金额
5	⊟1001	⊟库存现金	10		600.00
6			11	46,900.00	46,900.00
7			12		460.00
8			13		240.00
9			18		700.00
10			30		800.00
11			01		400.00
12			09		500.00
13		库存现金 汇总		**46,900.00**	**50,600.00**
14	1001 汇总			**46,900.00**	**50,600.00**
15	⊟1002	⊟银行存款	11		46,900.00
16			14		600.00
17			19		2,700.00
18			21	21,470.00	1,000.00
19			23		1,000.00
20			26		3,000.00
21			02		17,060.00
22			03		2,000.00
23			04		18,080.00
24			05		9,800.00
25			06		2,000.00

图 3-9　以表格形式显示的总分类账

步骤 12　选择总分类账所在工作表，双击工作表标签名，背景反白后输入标签名“总分类账”，按 Enter 键确定。

2. 在前面建立的总分类账基础上添加“借方余额”和“贷方余额”计算字段，并进行相应设置（详见任务资料）。

步骤 1　在“总分类账”工作表中，选定数据透视表，选择“数据透视表工具—分析—

计算”命令组，选择“字段、项目和集”下拉列表中的“计算字段”命令，打开“插入计算字段”对话框。

步骤 2　在“插入计算字段”对话框中，在“名称”文本框输入“借方余额”，在“公式”文本框中输入“=IF((借方金额-贷方金额)>0,借方金额-贷方金额,0)”，如图 3-10 所示。

步骤 3　在“插入计算字段”对话框中，单击“添加”按钮，在“名称”文本框输入“贷方余额”，在“公式”文本框输入“=IF((贷方金额-借方金额)>0,贷方金额-借方金额,0)”，如图 3-11 所示。

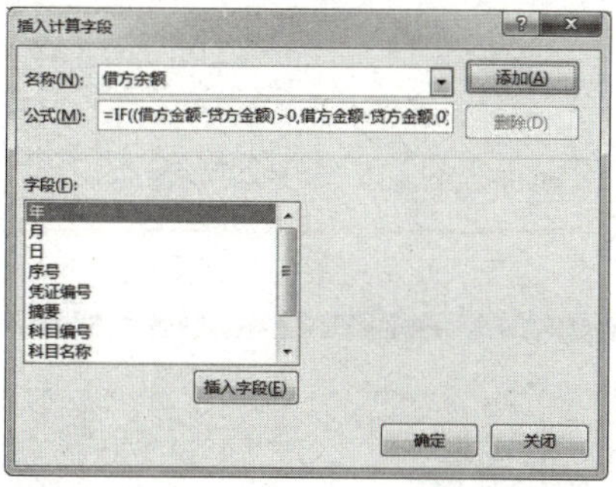

图 3-10　添加“借方余额”计算字段对话框

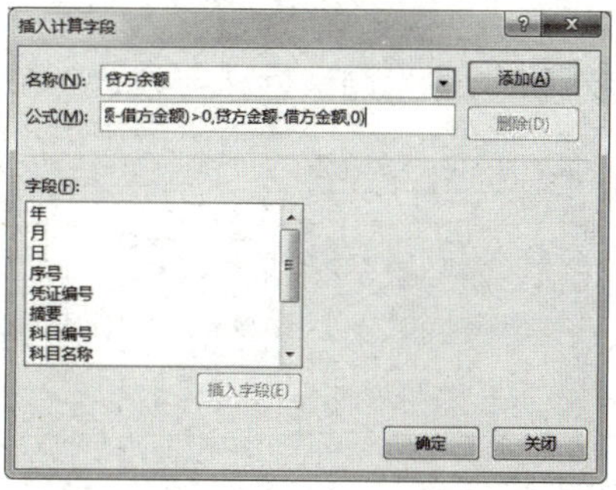

图 3-11　添加“贷方余额”计算字段对话框

步骤 4　单击“确定”按钮，在总分类账的数据透视表最后添加“借方余额”和“贷方余额”数据列，添加计算字段后的总分类账如图 3-12 所示。

	A	B	C	D	E	F	G
1	年	(全部)					
2	月	(全部)					
3							
4	科目编号	科目名称	日	求和项:借方金额	求和项:贷方金额	求和项:借方余额	求和项:贷方余额
5	⊟1001	⊟库存现金	10		600.00	-	600.00
6			11	46,900.00	46,900.00	-	-
7			12		460.00	-	460.00
8			13		240.00	-	240.00
9			18		700.00	-	700.00
10			30		800.00	-	800.00
11			01		400.00	-	400.00
12			09		500.00	-	500.00
13		库存现金 汇总		46,900.00	50,600.00	-	3,700.00
14	1001 汇总			46,900.00	50,600.00	-	3,700.00
15	⊟1002	⊟银行存款	11		46,900.00	-	46,900.00
16			14		600.00	-	600.00
17			19		2,700.00	-	2,700.00
18			21	21,470.00	1,000.00	20,470.00	-
19			23		1,000.00	-	1,000.00
20			26		3,000.00	-	3,000.00
21			02		17,060.00	-	17,060.00
22			03		2,000.00	-	2,000.00
23			04		18,080.00	-	18,080.00
24			05		9,800.00	-	9,800.00
25			06		2,000.00	-	2,000.00

图 3-12　添加“借方余额”和“贷方余额”计算字段后的总分类账

步骤 5　选定 F:G 列，设置单元格格式为“会计专用”，小数位 2 位，货币符号为“无”。

3. 对总分类账进行修饰（详见任务资料）。

步骤 1　在“总分类账”工作表上方插入 1 个空白行，并选择 A1:G1 单元格区域，选择“开始—对齐方式”命令组，选择“合并后居中”命令，输入标题“大连百大公司总分类账”，并设置 A1 单元格字号为 16 磅、加粗。

步骤 2 在“总分类账”工作表，选定第 15 行，右击鼠标，在弹出的快捷菜单中选择“隐藏”命令，将第 15 行隐藏，再选定所有科目编号汇总行进行隐藏。

【小提示】

系统默认生成的总分类账中每个会计科目都含有 2 个汇总行，一个是科目名称汇总行，另一个是科目编号汇总行，数据重复且显得较为复杂，建议将科目编号汇总行进行隐藏。

步骤 3 适当调整行高与列宽，结果如图 3 - 13 所示。

	A	B	C	D	E	F	G
1				大连百大公司总分类账			
2	年	(全部)					
3	月	(全部)					
4							
5	科目编号	科目名称	日	求和项:借方金额	求和项:贷方金额	求和项:借方余额	求和项:贷方余额
6	⊟1001	⊟库存现金	10		600.00	-	600.00
7			11	46,900.00	46,900.00	-	-
8			12		460.00	-	460.00
9			13		240.00	-	240.00
10			18		700.00	-	700.00
11			30		800.00	-	800.00
12			01		400.00	-	400.00
13			09		500.00	-	500.00
14		库存现金 汇总		**46,900.00**	**50,600.00**	-	**3,700.00**
16	⊟1002	⊟银行存款	11		46,900.00	-	46,900.00
17			14		600.00	-	600.00
18			19		2,700.00	-	2,700.00
19			21	14,230.00	1,000.00	13,230.00	-
20			23		1,000.00	-	1,000.00
21			26		3,000.00	-	3,000.00
22			02		17,060.00	-	17,060.00
23			03		2,000.00	-	2,000.00
24			04		18,720.00	-	18,720.00
25			05		9,800.00	-	9,800.00

图 3 - 13 调整修饰后的总分类账

4. 筛选“银行存款”科目的总分类账。

步骤 1 在“总分类账”工作表，单击会计科目名称字段列右侧的下拉列表，选中“银行存款”会计科目。

步骤 2 单击“确定”按钮，结果如图 3 - 14 所示。

	A	B	C	D	E	F	G
1				大连百大公司总分类账			
2	年	(全部)					
3	月	(全部)					
4							
5	科目编号	科目名称	日	求和项:借方金额	求和项:贷方金额	求和项:借方余额	求和项:贷方余额
6	⊟1002	⊟银行存款	11		46,900.00	-	46,900.00
7			14		600.00	-	600.00
8			19		2,700.00	-	2,700.00
9			21	14,230.00	1,000.00	13,230.00	-
10			23		1,000.00	-	1,000.00
11	11		26		3,000.00	-	3,000.00
12			02		17,060.00	-	17,060.00
13			03		2,000.00	-	2,000.00
14			04		18,720.00	-	18,720.00
15			05		9,800.00	-	9,800.00
16			06		2,000.00	-	2,000.00
17			07	106,470.00	3,000.00	103,470.00	-
18		银行存款 汇总		**120,700.00**	**107,780.00**	**12,920.00**	-
19	1002 汇总			**120,700.00**	**107,780.00**	**12,920.00**	-
20	总计			**120,700.00**	**107,780.00**	**12,920.00**	-

图 3 - 14 筛选“银行存款”科目总分类账

5. 自动更新数据透视表。

步骤 1　选定“总分类账”工作表。

步骤 2　选择“数据透视表工具—分析—数据”命令组，选择“刷新”命令即可。

【小提示】

在 Excel 中利用数据透视表建立总分类账，建议在选择建立数据透视表的数据源区域时，尽可能地将数据源范围扩大，以便数据源发生变化时可以随时更新数据透视表。如果数据源范围选择得较小，则可以通过执行“数据透视表工具—分析—数据”命令组中的“更改数据源”重新选择数据源即可。

子任务 3.2　建立科目汇总表

任务要求

1. 掌握科目汇总表的格式；
2. 能够利用数据透视表建立科目汇总表。

任务资料

在“大连百大公司会计核算”工作簿，在总分类账的基础上利用数据透视表建立科目汇总表。

任务实施

步骤 1　打开“大连百大公司会计核算”工作簿，选择“总分类账”工作表。

步骤 2　选择“数据透视表工具—分析—数据透视表”命令组，选择“选项”下拉列表中的“显示报表筛选页”命令，打开“显示报表筛选页”对话框，如图 3－15 所示。

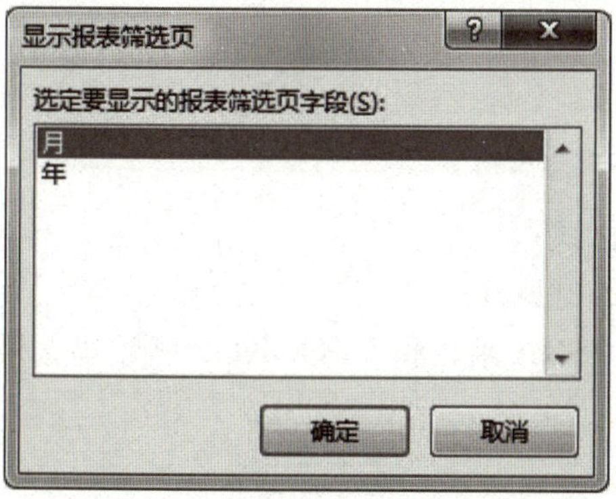

图 3－15　“显示报表筛选页”对话框

步骤 3　在“显示报表筛选页”对话框中，选择“月”选项，单击“确定”按钮，系统自动新建一个名称为“12”的工作表，在“12”工作表中形成一个与“总分类账”相同的工作表。

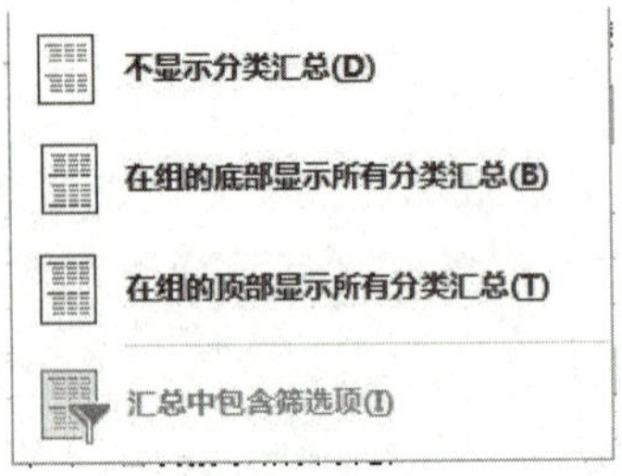

图 3-16　分类汇总下拉列表框

步骤 4　在“数据透视表字段”任务窗格中取消“日”“借方余额”“贷方余额”的选择状态。

步骤 5　选择“数据透视表工具—设计—布局”命令组，单击“分类汇总”下拉列表中的“不显示分类汇总”命令，如图 3-16 所示。

步骤 6　工作表“12”变为如图 3-17 所示的格式，即科目汇总表。

步骤 7　将工作表“12”重命名为“科目汇总表”即可。

	A	B	C	D
1	年	(全部)		
2	月	12		
3				
4	科目编号	科目名称	求和项:借方金额	求和项:贷方金额
5	⊟1001	库存现金	46,900.00	50,600.00
6	⊟1002	银行存款	105,300.00	105,540.00
7	⊟4101	盈余公积		3,112.37
8	⊟5101	制造费用	22,024.00	22,024.00
9	⊟5101	制造费用	2,000.00	
10	⊟6602	管理费用	31,002.00	31,002.00
11	⊟2202	应付账款	17,000.00	
12	⊟6603	财务费用	1,060.00	1,060.00
13	⊟5001	生产成本	102,224.00	49,734.40
14	⊟1403	原材料	22,000.00	66,600.00
15	⊟1221	其他应收款	4,000.00	2,000.00
16	⊟2221	应交税费	10,460.00	23,720.31
17	⊟6001	主营业务收入	208,600.00	208,600.00
18	⊟2211	应付职工薪酬	47,140.00	53,466.00
19	⊟1122	应收账款	121,128.00	6,180.00
20	⊟6601	销售费用		4,000.00
21	⊟2231	应付利息	3,000.00	1,000.00
22	⊟2203	预收账款	8,000.00	
23	⊟6051	其他业务收入	19,000.00	19,000.00
24	⊟6402	其他业务成本	17,000.00	17,000.00
25	⊟1601	固定资产	20,000.00	

图 3-17　生成的科目汇总表

子任务 3.3　编制科目余额表

任务要求

1. 掌握科目余额表的格式；
2. 掌握科目余额表的编制原理；
2. 能够利用 IF 函数、ISNA 函数和 VLOOKUP 函数建立科目余额表。

任务资料

1. 在“大连百大公司会计核算”工作簿插入一个空白工作表，并将工作表重命名为“科目余额表”，并按如图 3-18 所示的格式设计科目余额表。设置“期初余额”“本期发生额”“期末余额”列（C:H 列）的数字格式为“会计专用”，2 位小数，货币符号为“无”。

大连百大公司科目余额表							
科目代码	会计科目	期初余额		本期发生额		期末余额	
		借方	贷方	借方	贷方	借方	贷方
1001	库存现金						
1002	银行存款						
1012	其他货币资金						
1101	交易性金融资产						
1121	应收票据						
1122	应收账款						
1123	预付账款						
1131	应收股利						
1221	其他应收款						
1231	坏账准备						
1402	在途物资						
1403	原材料						
1406	库存商品						
1471	存货跌价准备						
1511	长期股权投资						
1601	固定资产						
1602	累计折旧						
1604	在建工程						
1701	无形资产						
1801	长期待摊费用						
1901	待处理财产损溢						
2001	短期借款						
2232	应付股利						
2201	应付票据						
2202	应付账款						
2203	预收账款						
2211	应付职工薪酬						
2221	应交税费						
2231	应付利息						
2241	其他应付款						
2502	应付债券						
2501	长期借款						
4001	实收资本						
4002	资本公积						
4101	盈余公积						
4103	本年利润						
4104	利润分配						
5001	生产成本						
5101	制造费用						
6001	主营业务收入						
6051	其他业务收入						
6111	投资收益						
6301	营业外收入						
6401	主营业务成本						
6402	其他业务成本						
6403	税金及附加						
6601	销售费用						
6602	管理费用						
6603	财务费用						
6701	资产减值损失						
6711	营业外支出						
6801	所得税费用						
6901	以前年度损益调整						
	合计						

图 3－18　科目余额表格式

2. 根据给定的上期科目余额表的期末余额和科目余额表的编制原理，完成本期科目余额表期初余额的编制。

【小提示】

由于科目余额表中的会计科目固定，本期科目余额表的期初余额可从上期科目余额表中的期末余额调用。直接引用公式为“＝［被引用工作簿名称］被引用工作表名称！被引用单元格”，如果数据在同一个工作簿中，则“被引用工作簿名称”可以省略。

3. 根据科目汇总表的借方金额和贷方金额，编制科目余额表的本期发生额。

【小提示】

科目余额表中本期发生额需要从本期科目汇总表中调用。由于每个会计期间发生的经济业务不完全相同，因此根据科目汇总表自动生成的会计科目并不固定。从本期科目汇总表中调用数据时，不能直接调用，需要借助 IF 函数、ISNA 函数和 VLOOKUP 函数间接调用。

本期借方发生额公式：=IF(ISNA(VLOOKUP("查找的会计科目",科目汇总表,2,FALSE)),0,VLOOKUP("查找的会计科目",科目汇总表,2,FALSE))。

本期贷方发生额公式：=IF(ISNA(VLOOKUP("查找的会计科目",科目汇总表,3,FALSE)),0,VLOOKUP("查找的会计科目",科目汇总表,3,FALSE))。

其中：

(1) ISNA 函数用于判断 VLOOKUP 函数的返回值是否为错误值"#N/A"(即值不存在)。如果为错误值，返回 TRUE 值，否则返回 FALSE 值。

(2) IF 函数用于判断 ISNA 返回值，如果为 TRUE，则返回 0，否则使用 VLOOKUP 函数在科目汇总表中进行查找。

4. 计算科目余额表的期末余额。

【小提示】

科目余额表中所有的会计科目分为资产类、负债类、所有者权益类、成本类和损益类五类。根据会计核算规则，科目余额表期末余额的计算公式为：

资产类和成本类会计科目期末余额=期初余额+本期借方发生额−本期贷方发生额

负债类和所有者权益类会计科目期末余额=期初余额+本期贷方发生额−本期借方发生额

损益类会计科目无余额。

任务实施

1. 在“大连百大公司会计核算”工作簿中建立“科目余额表”工作表，并按要求进行设计。

步骤 1　打开“大连百大公司会计核算”工作簿，插入一个新的工作表，并命名为“科目余额表”。

步骤 2　在“科目余额表”工作表中，选定 A1:H1 单元格区域，单击“合并后居中”命令，在 A1 单元格中输入“大连百大公司科目余额表”，并设置为加粗、16 磅。

步骤 3　按图 3-18 所示设计“科目余额表”工作表的格式。

步骤 4　按图 3-18 所示输入科目代码和相应的会计科目名称。

步骤 5　选择 C:H 列，设置单元格格式数字分类为“会计专用”，小数位为 2，货币符号为“无”。

步骤 6　选择 C57 单元格，输入公式“=SUM（C4:C56）”，按 Enter 键确认公式输入。

步骤 7　选择 C57 单元格，按住鼠标左键拖动填充柄至 H57，对 D57:H57 进行快速填充。至此，科目余额表建立完成。

2. 根据给定的上期科目余额表的期末余额和科目余额表的编制原理，完成本期科目余额表期初余额的编制。

步骤 1　打开“期初余额表”工作簿。

步骤 2　选择“大连百大公司会计核算”工作簿，选定“科目余额表”工作表中的 C4 单元格。

步骤 3　在 C4 单元格输入“=”，将鼠标移动到“期初余额表”工作簿，单击“2019 年 11 月”工作表的 G4 单元格，按 Enter 键，系统自动将“期初余额表”工作簿中的“2019 年 11 月”工作表中的 G4 单元格数据直接调用到“科目余额表”的 C4 单元格，如图 3－19 所示。

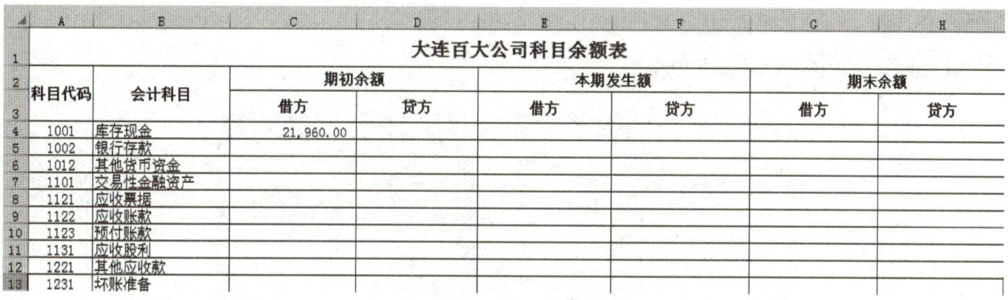

大连百大公司科目余额表

科目代码	会计科目	期初余额		本期发生额		期末余额	
		借方	贷方	借方	贷方	借方	贷方
1001	库存现金	21,960.00					
1002	银行存款						
1012	其他货币资金						
1101	交易性金融资产						
1121	应收票据						
1122	应收账款						
1123	预付账款						
1131	应收股利						
1221	其他应收款						
1231	坏账准备						

图 3－19　通过直接调用得到期初余额的结果

步骤 4　使用步骤 3 的方法，建立其他会计科目期初余额的链接。至此，2019 年 12 月份科目余额表的期初余额编制完成。

3. 根据科目汇总表的借方金额和贷方金额，编制科目余额表的本期发生额。

步骤 1　打开“科目余额表”工作表，选定 E4 单位格。

步骤 2　单击编辑栏上的“插入函数”按钮，在打开的“插入函数”对话框中选择逻辑函数中的 IF 函数，打开“函数参数”对话框。

步骤 3　将光标定位于 IF 函数的 Logical _ test 文本框，如图 3－20 所示，单击左上角的下拉列表框中的 ISNA 函数，弹出 ISNA 函数参数对话框，如图 3－21 所示。

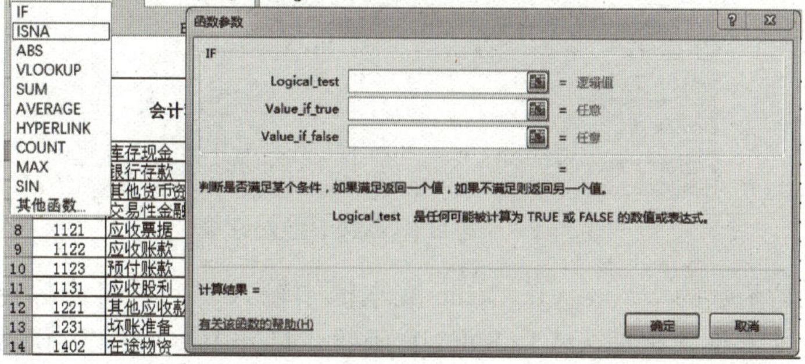

图 3－20　在 IF 函数的 Logical _ test 文本框选择 ISNA 函数

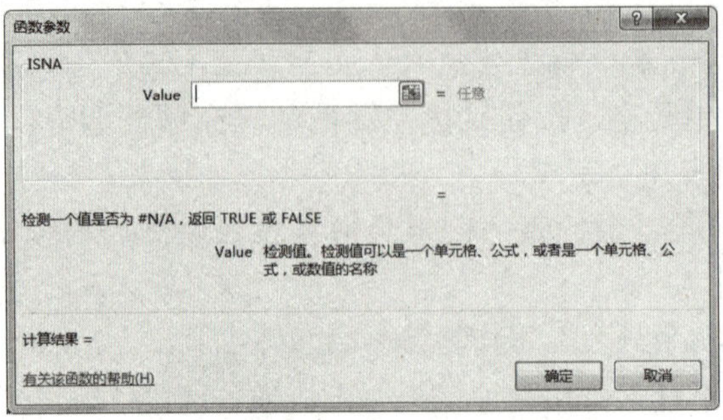

图 3-21　ISNA 函数参数对话框

步骤 4　将光标定位在 ISNA 函数的 Value 文本框，按步骤 3 操作单击下拉列表框中的 VLOOKUP 函数，打开 VLOOKUP 函数参数对话框。

步骤 5　在 VLOOKUP 函数参数对话框的 Lookup_value 文本框输入要查找的会计科目“"库存现金"”，在 Table_array 文本框中输入“科目汇总表！B5:D38”（也可以直接选取工作表区域），在 Col_index_num 文本框中输入“2”，在 Range_lookup 文本框中输入“FALSE”，如图 3-22 所示。

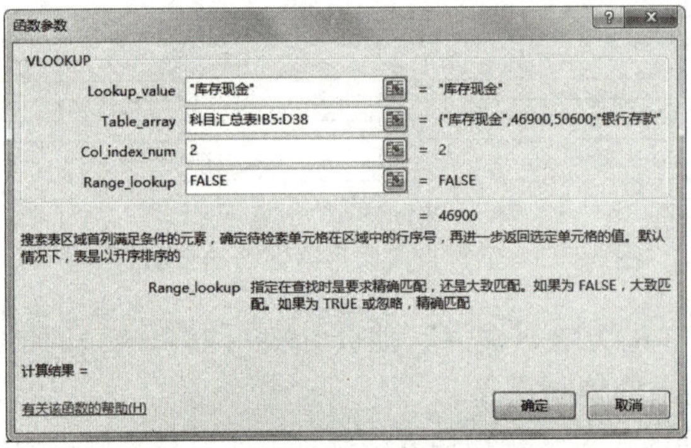

图 3-22　VLOOKUP 函数参数对话框

步骤 6　单击编辑栏上的 IF 函数，返回 IF 函数参数对话框，如图 3-23 所示。

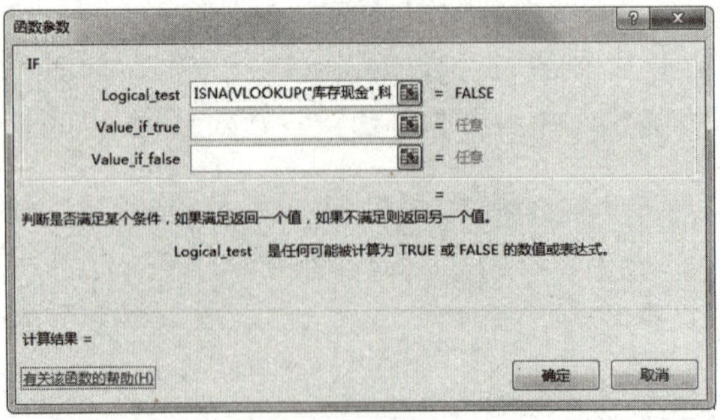

图 3-23　返回 IF 函数参数对话框

步骤 7　在 IF 函数的 Value_if_true 文本框中输入“0”，将光标定位于 IF 函数的 Value_if_false 文本框，再插入 VLOOKUP 函数，打开 VLOOKUP 函数参数对话框。

步骤 8　重复步骤 5 的操作，单击“确定”按钮，则在 E4 单元格显示本月“库存现金”科目的借方发生额，如图 3－24 所示。

	A	B	C	D	E	F	G	H
1	大连百大公司科目余额表							
2	科目代码	会计科目	期初余额		本期发生额		期末余额	
3			借方	贷方	借方	贷方	借方	贷方
4	1001	库存现金	21,960.00		46,900.00			
5	1002	银行存款						
6	1012	其他货币资金						
7	1101	交易性金融资产						
8	1121	应收票据						
9	1122	应收账款						
10	1123	预付账款						
11	1131	应收股利						
12	1221	其他应收款						
13	1231	坏账准备						
14	1402	在途物资						

图 3－24　显示本期发生额的计算结果

步骤 9　使用以上方法，将其他会计科目的借方本期发生额和贷方本期发生额与科目汇总表建立动态链接。

【小提示】

在设计本期发生额公式时，不得使用快速填充功能，因为每次查找的会计科目名称不同，而且会计科目类别也不同，有些会计科目没有发生额。

4. 计算科目余额表的期末余额。

步骤 1　选择“科目余额表”工作表，选定 G4 单元格。

步骤 2　在 G4 单元格输入公式“＝C4＋E4－F4”，表示“资产类和成本类会计科目的期末余额＝期初借方金额＋借方本期发生额－贷方本期发生额”，如图 3－25 所示，按 Enter 键完成输入，在 G4 单元格显示计算结果。

	A	B	C	D	E	F	G	H
2	科目代码	会计科目	期初余额		本期发生额		期末余额	
3			借方	贷方	借方	贷方	借方	贷方
4	1001	库存现金	21,960.00		46,900.00	50,600.00	=C4+E4-F4	
5	1002	银行存款	1,308,640.00		124,300.00	107,140.00		
6	1012	其他货币资金	-		-	-		
7	1101	交易性金融资产	-		-	-		
8	1121	应收票据	15,000.00		-	-		
9	1122	应收账款	42,000.00		137,592.00	-		
10	1123	预付账款	11,000.00		-	-		
11	1131	应收股利	-		-	-		
12	1221	其他应收款	-		4,000.00	2,000.00		

图 3－25　“库存现金”科目的期末余额借方公式

步骤 3　选定 G4 单元格，右击鼠标，在弹出的快捷菜单中选择“复制”命令。

步骤 4　选定其他资产类和成本类会计科目的借方期末余额的单元格区域，在选定的任意一个单元格上右击鼠标，在弹出的快捷菜单中选择“粘贴”命令。系统将自动计算期末余额，结果如图 3－26 所示。

步骤 5　按上述操作步骤计算负债类和所有者权益类会计科目贷方期末余额，公式为：期末余额＝期初贷方余额＋贷方本期发生额－借方本期发生额。

大连百大公司科目余额表							
科目代码	会计科目	期初余额		本期发生额		期末余额	
		借方	贷方	借方	贷方	借方	贷方
1001	库存现金	21,960.00		46,900.00	50,600.00	18,260.00	
1002	银行存款	1,308,640.00		124,300.00	107,140.00	1,325,800.00	
1012	其他货币资金	-		-	-		
1101	交易性金融资产	-		-	-	-	
1121	应收票据	15,000.00		-	-	15,000.00	
1122	应收账款	42,000.00		137,592.00	-	179,592.00	
1123	预付账款	11,000.00		-	-	11,000.00	
1131	应收股利	-		-	-	-	
1221	其他应收款	-		4,000.00	2,000.00	2,000.00	
1231	坏账准备		-	-	897.96		
1402	在途物资	-		-	-	-	
1403	原材料	976,000.00		22,000.00	66,600.00	931,400.00	
1406	库存商品	260,000.00		49,734.40	136,800.00	172,934.40	
1461	存货跌价准备		-	-	3,000.00		
1524	长期股权投资	600,000.00		-	-	600,000.00	
1601	固定资产	4,500,000.00		20,000.00	-	4,520,000.00	

图 3-26　资产类和成本类会计科目借方期末余额部分计算结果

任务总结

本任务介绍了如何利用 Excel 建立总分类账、科目汇总表和科目余额表。通过本任务的学习，学生可利用数据透视表建立总分类账、科目汇总表和科目余额表，为进一步编制会计报表积累资料。

任务实训

一、实训的目的和要求

1. 掌握会计账簿的相关概念；
2. 能够利用数据透视表建立总分类；
3. 能够利用数据透视表建立科目汇总表；
4. 能够利用函数编制科目余额表。

二、实训内容

1. 在“大连星河科技公司会计核算”工作簿中，根据“会计凭证表”工作表生成总分类账，要求如下：

(1) 设置“求和项：借方金额”“求和项：贷方金额”的汇总方式为“求和”，数字格式为“会计专用”，小数位 2 位，货币符号为“无”。

(2) 添加计算字段“借方余额”和“贷方余额”，并设置计算公式，数字格式为“会计专用”，小数位 2 位，货币符号为“无”。

(3) 隐藏所有科目编号汇总行，并添加标题“大连星河科技公司总分类账”，适当进行修饰美化。

2. 在“大连星河科技公司会计核算”工作簿中，根据“会计凭证表”工作表生成科目汇总表，并设置借方金额、贷方金额的汇总方式为“求和”，数字格式为“会计专用”，小数位 2 位，货币符号为“无”。

3. 在“大连星河科技公司会计核算”工作簿中，新建一个空白工作表，重命名为“科目余额表”。按子任务 3.3 中图 3-18 的格式建立科目余额表。

4. 根据给定的上期科目余额表、本期科目汇总表和科目余额表的编制原理，完成本期科目余额表的编制。

习题

一、填空题

1. 按照在经济管理中的用途划分，会计账簿可以分为________、________和________三种。

2. ________表是指根据一定期间发生的所有经济业务，按照相同的会计科目进行归类并定期汇总出每个会计科目的借方本期发生额合计和贷方本期发生额合计的一种表格。

3. ________表是指用来记录本期所有会计科目的发生额和余额的表格。

4. ________是指以会计凭证为依据，在具有专门格式的账页中全面、连续、系统、综合地记录经济业务的簿籍。

5. 在不同工作簿间建立数据的直接链接，直接引用的公式是________。

二、简答题

1. 简述会计账簿的含义和作用。

2. 简述会计账簿的分类。

任务 4

应用 Excel 编制会计报表

● 重点和难点

1. 资产负债表的编制；
2. 利润表的编制。

学习目标

【知识目标】

1. 了解会计报表的相关概念；
2. 掌握建立并编制资产负债表的方法；
3. 掌握建立并编制利润表的方法。

【技能目标】

1. 能够建立和编制资产负债表；
2. 能够建立和编制利润表。

任务概述

编制会计报表是会计账务处理的最终环节，是会计工作的定期总结。会计报表是在会计凭证、会计账簿、科目汇总表和科目余额表等会计资料的基础上编制的。通过本任务的学习，学生可在已建立的总分类账、科目汇总表和科目余额表的基础上，掌握资产负债表、利润表的建立和编制。

知识积累

4.1 会计报表的含义和作用

会计报表是综合反映企业经营成果、财务状况以及现金流量信息的书面文件。它是会计核算的最终结果，也是会计核算工作的成果总结。

会计报表向投资者、债权人、政府及其机构等会计报表使用者提供有用的经济决策信息。编制会计报表的作用体现在以下几个方面：

（1）会计报表提供的经济信息是企业加强和改善经营管理的重要依据。

（2）会计报表提供的经济信息是国家经济管理部门进行宏观调控和管理的依据。

（3）会计报表提供的经济信息是投资者和债权人决策的依据。

4.2　会计报表的分类

4.2.1　按照反映内容的不同划分

按反映内容的不同，会计报表可以分为动态会计报表和静态会计报表。

动态会计报表是反映一定时期内资金耗费和资金收回情况的报表。例如，利润表是反映企业一定时期内经营成果的报表。

静态会计报表是综合反映一定时点资产、负债和所有者权益的会计报表。例如，资产负债表是反映一定时点企业资产总额和权益总额的报表，从企业资产总量方面反映企业的财务状况，从而反映企业资产的变现能力和偿债能力。

4.2.2　按照编制时间的不同划分

会计报表按编制时间的不同，可以分为月报、季报、半年报和年报。

4.2.3　按编制单位的不同划分

按编制单位的不同，会计报表可以分为单位会计报表和汇总会计报表。

单位会计报表是指由企业在自身会计核算的基础上，对账簿记录进行加工而编制的会计报表，以反映企业本身的财务状况和经营成果。

汇总会计报表是指由企业主管部门或上级机关，根据所属单位报送的会计报表，连同本单位会计报表汇总编制的综合性会计报表。

4.3　资产负债表

4.3.1　资产负债表的含义

资产负债表是反映企业某一特定日期财务状况的会计报表，它是根据资产、负债和所有者权益三者之间的平衡关系，把日常经营活动的信息按照一定的分类标准和顺序加工而成的。它表明企业某一特定日期所拥有或控制的经济资源、所承担的现时义务和所有者对净资产的要求权。

4.3.2　资产负债表的格式

资产负债表有账户式和报告式两种格式。在我国会计实务中，多采用账户式资产负债表。

1. 账户式资产负债表

账户式资产负债表是根据平衡公式“资产＝负债＋所有者权益”将报表分成左右两部分，左边反映资产情况，右边反映负债和所有者权益情况，按其构成项目依据流动性（变现能力由强到弱）分类，并使左右两部分总额相等。账户式资产负债表的格式如表 4－1 所示。

表4-1 资产负债表（账户式）

编制单位： 年 月 日 单位：元

资产	行次	金额	负债及所有者权益	行次	金额
流动资产			流动负债		
货币资金			短期借款		
……			……		
非流动资产			长期负债		
……			……		
资产总计			负债及所有者权益总计		

2. 报告式资产负债表

报告式资产负债表是按照资产、负债、所有者权益的顺序自上而下排列的报表格式，其格式如表4-2所示。

表4-2 资产负债表（报告式）

编制单位： 年 月 日 单位：元

资产	金额
流动资产	
非流动资产	
资产合计	
负债	
流动负债	
非流动负债	
负债合计	
所有者权益	
实收资本	
资本公积	
盈余公积	
未分配利润	
所有者权益合计	

4.4 利润表

企业经营一定期间后，需要了解资产、负债及所有者权益情况，这直接关系企业经营的好坏。利润表可以反映企业的经营成果，它是企业会计报表中的重要报表之一。

4.4.1 利润表的含义

利润表是反映企业一定期间内生产经营成果的会计报表。利润表是把一定时期内的营业收入与相关的营业费用进行对比，以计算出企业的净利润，反映企业生产经营的收入情况及费用耗费情况，表明企业一定时期内的生产经营成果。利润是企业经营业绩的综合体现，也是进行利润分配的主要依据。

4.4.2　利润表的格式

目前，使用较普遍的利润表有多步式和单步式两种格式。在我国会计实务中，一般采用多步式利润表。

1. 多步式利润表

多步式利润表是经过计算营业利润、利润总额等多个步骤，最后计算出净利润的利润表，其格式如表 4-3 所示。

表 4-3　利润表（多步式）

编制单位：　　　　　　　　　　　　年　　月　　　　　　　　　　　　单位：元

项目	本月数	本年累计数
一、营业收入		
减：营业成本		
税金及附加		
销售费用		
管理费用		
财务费用		
其中：利息费用		
利息收入		
资产减值损失		
加：其他损益		
投资收益（损失以“—”号填列）		
公允价值变动收益（损失以“—”号填列）		
资产处置收益（损失以“—”号填列）		
二、营业利润		
加：营业外收入		
减：营业外支出		
三、利润总额		
减：所得税费用		
四、净利润		

2. 单步式利润表

单步式利润表是通过将所有收入扣除所有费用后一次性计算净利润而编制的利润表，其格式如表 4-4 所示。

表 4-4　利润表（单步式）

编制单位：　　　　　　　　　　　　年　　月　　　　　　　　　　　　单位：元

项目	行次	本月数	本年累计数
一、收入			

续表

项目	行次	本月数	本年累计数
营业收入			
公允价值变动收益			
投资收益			
营业外收入			
收入合计			
二、费用			
营业成本			
税金及附加			
销售费用			
管理费用			
财务费用			
资产减值损失			
营业外支出			
所得税费用			
费用合计			
三、净利润			

子任务 4.1 编制资产负债表

任务要求

1. 掌握资产负债表的编制原理；
2. 能够建立“资产负债表”工作表；
3. 能够编制资产负债表。

任务资料

1. 在“大连百大公司会计核算”工作簿中插入一个空白工作表，并将新的工作表重命名为“资产负债表”。

2. 按图 4-1 所示的格式建立资产负债表，要求如下：

(1) 设置 B:C 和 E:F 列数字格式为“会计专用”，小数位 2 位，货币符号为“无”。

(2) 设置 B33 单元格公式为“=IF(B32=E32,"平衡","不平衡")”，判断资产类项目期初合计是否与负债和所有者权益类项目合计相等。若相等，显示“平衡”；若不相等，显示“不平衡”。

(3) 设置 C33 单元格公式为“=IF(C32=F32,"平衡","不平衡")”，判断资产类项目期末合计是否与负债和所有者权益类项目期末合计相等。若相等，显示“平衡”；若不相等，显示“不平衡”。

1			资　产　负　债　表			
2	编制单位：大连百大公司		年　　月　　日			单位：元
3	资产	期初数	期末数	负债及所有者权益	期初数	期末数
4	流动资产			流动负债		
5	货币资金			短期借款		
6	交易性金融资产			交易性金融负债		
7	应收票据			应付票据		
8	应收账款			应付账款		
9	预付账款			预收账款		
10	其他应收款			应付职工薪酬		
11	存货			应交税费		
12	合同资产			其他应付款		
13	持有待售资产			应付利息		
14	一年内到期的非流动资产			一年内到期的非流动负债		
15	其他流动资产			其他流动负债		
16	流动资产合计			流动负债合计		
17	非流动资产			非流动负债		
18	债权投资			长期借款		
19	其他债权投资			应付债券		
20	长期应收款			长期应付款		
21	长期股权投资			递延所得税负债		
22	其他非流动金融资产			其他非流动负债		
23	固定资产			非流动负债合计		
24	在建工程			负债合计		
25	无形资产			所有者权益		
26	长期待摊费用			实收资本（或股本）		
27	其他非流动资产			资本公积		
28	非流动资产合计			其他综合收益		
29				盈余公积		
30				未分配利润		
31				所有者权益合计		
32	资产总计			负债和所有者权益总计		

图 4－1　资产负债表格式

3. 根据资产负债表编制原理，以“科目余额表”工作表为基础数据，通过直接链接调用和间接链接调用功能填制资产负债表。

【小提示】

在建立好的科目余额表的基础上，可以很容易地编制出资产负债表。资产负债表各项目是根据各账户的余额加或减之后填列的。

资产负债表各项目本期期初余额即上期期末余额，可以直接从上期资产负债表中获得，可以参照科目余额表期初余额填制。本任务由于没有给出上期资产负债表，因此可以根据本期科目余额表的期初余额填制。

资产负债表各项目期末余额的数据主要通过以下几种方式获得：

（1）根据总账科目余额直接填列，如应收票据、短期借款。

（2）根据总账科目余额计算填列，如“货币资金＝库存现金＋银行存款＋其他货币资金”。

（3）根据明细科目余额计算填列，如应付账款、预付账款。

（4）根据总账科目和明细科目的期末余额计算填列，如长期借款、应付债券。

（5）根据科目余额减去其备抵项目后的净额填列，如应收账款、固定资产和无形资产等。

依据资产负债表各项目的数据方式，可以采用数据链接直接引用方式引用科目余额表、明细分类账等工作表中的相关数据编制资产负债表，也可采用 SUMIF 函数和 VLOOKUP 函数间接调用科目余额表等其他工作表的相关数据编制资产负债表。

4. 设置资产负债表中的“流动资产合计”“非流动资产合计”“资产总计”“流动负债合计”“非流动负债合计”“所有者权益合计”“负债和所有者权益总计”单元格公式。

任务实施

1. 在“大连百大公司会计核算”工作簿中插入一个空白工作表，并将新的工作表重命名为“资产负债表”。

打开“大连百大公司会计核算”工作簿，插入一个空白工作表，重命名为“资产负债表”，具体操作过程略。

2. 建立如图 4-1 所示的资产负债表。

步骤 1 参照图 4-1 的格式建立资产负债表，在各单元格输入指定的数据，由于操作简单，具体操作过程略。

步骤 2 选定 B:C 和 E:F 列，右击鼠标，在弹出的快捷菜单中选择“设置单元格格式”命令，选择“数字”选项卡，设置分类为“会计专用”，并在右侧设置小数位数为“2”，货币符号为“无”，单击“确定”按钮。

步骤 3 选定 B33 单元格，输入公式“=IF(B32=E32,"平衡","不平衡")”，按 Enter 键确认输入。

步骤 4 选定 C33 单元格，输入公式“=IF(C32=F32,"平衡","不平衡")”，按 Enter 键确认输入。

步骤 5 参照图 4-1 的样式对资产负债表进行修饰和调整，并设置边框。

3. 根据资产负债表编制原理，以“科目余额表”工作表为基础数据，通过直接链接调用和间接链接调用功能填制资产负债表。

步骤 1 打开“大连百大公司会计核算”工作簿，选定“资产负债表”工作表。

步骤 2 在“资产负债表”工作表中选定 C5 单元格，为“货币资金”项目的期末余额取数。输入“=”，单击“科目余额表”工作表标签，单击 G4 单元格，再输入“+”，单击“科目余额表”中的 G5 单元格，再输入“+”，单击 G6 单元格。

步骤 3 按 Enter 键，系统自动返回“资产负债表”工作表，并在 C5 单元格显示计算结果。选定 C5 单元格，此时在编辑栏中显示 C5 单元格的计算公式“=科目余额表！G4+科目余额表！G5+科目余额表！G6”，结果如图 4-2 所示。

C5 =科目余额表!G4+科目余额表!G5+科目余额表!G6

	A	B	C	D	E	F
1			资　产　负　债　表			
2	编制单位：大连百大公司		年　　月　　日			单位：元
3	资产	期初数	期末数	负债及所有者权益	期初数	期末数
4	流动资产			流动负债		
5	货币资金		1,344,060.00	短期借款		
6	交易性金融资产			交易性金融负债		
7	应收票据			应付票据		
8	应收账款			应付账款		
9	预付账款			预收账款		
10	其他应收款			应付职工薪酬		
11	存货			应交税费		
12	合同资产			其他应付款		
13	持有待售资产			应付利息		
14	一年内到期的非流动资产			一年内到期的非流动负债		
15	其他流动资产			其他流动负债		
16	流动资产合计			流动负债合计		

图 4-2 设置“货币资金”项目期末余额取数公式后的计算结果

步骤 4　参照步骤 2 和步骤 3 将其他除合计项之外的项目填制完成。

4. 设置资产负债表中的合计项公式。

步骤 1　选定 C16 单元格，选择“公式—函数库”命令组，单击“自动求和”命令。

步骤 2　选择求和范围 C5:C15，编辑栏显示公式“=SUM（C5:C15)”，按 Enter 键确认公式输入。

步骤 3　参照步骤 2，设置其他的合计项公式。至此，资产负债表编制完成，结果如图 4-3 所示。

	A	B	C	D	E	F
1			资　产　负　债　表			
2	编制单位：大连百大公司		2019年12月31日			单位：元
3	资产	期初数	期末数	负债及所有者权益	期初数	期末数
4	流动资产			流动负债		
5	货币资金	1,330,600.00	1,336,060.00	短期借款	400,000.00	400,000.00
6	交易性金融资产			交易性金融负债		
7	应收票据	15,000.00	15,000.00	应付票据	65,000.00	65,000.00
8	应收账款	42,000.00	168,108.00	应付账款	17,000.00	-
9	预付账款	11,000.00	11,000.00	预收账款	8,000.00	-
10	其他应收款	-	2,000.00	应付职工薪酬	12,800.00	19,126.00
11	存货	1,236,000.00	1,150,702.04	应交税费	9,800.00	43,620.31
12	合同资产			其他应付款		
13	持有待售资产			应付利息	2,000.00	-
14	一年内到期的非流动资产			一年内到期的非流动负债		
15	其他流动资产			其他流动负债		
16	流动资产合计	2,634,600.00	2,682,870.04	流动负债合计	514,600.00	527,746.31
17	非流动资产			非流动负债		
18	债权投资			长期借款		
19	其他债权投资			应付债券		
20	长期应收款			长期应付款		
21	长期股权投资	600,000.00	600,000.00	递延所得税负债		
22	其他非流动金融资产			其他非流动负债		
23	固定资产	3,480,000.00	3,482,000.00	非流动负债合计		
24	在建工程			负债合计	514,600.00	527,746.31
25	无形资产	500,000.00	500,000.00	所有者权益		
26	长期待摊费用			实收资本（或股本）	5,000,000.00	5,000,000.00
27	其他非流动资产			资本公积	200,000.00	200,000.00
28	非流动资产合计	4,580,000.00	4,582,000.00	其他综合收益		
29				盈余公积	1,460,000.00	1,463,112.37
30				未分配利润	40,000.00	74,011.36
31				所有者权益合计	6,700,000.00	6,737,123.73
32	资产总计	7,214,600.00	7,264,870.04	负债和所有者权益总计	7,214,600.00	7,264,870.04

图 4-3　编制完成的资产负债表

子任务 4.2　编制利润表

任务要求

1. 掌握利润表的编制原理；
2. 能够建立“利润表”工作表；
3. 能够编制利润表。

任务资料

1. 在“大连百大公司会计核算”工作簿中插入一个空白工作表，并将新的工作表重命名为“利润表”。

2. 按如图4-4所示的格式建立利润表，要求如下：

（1）设置B:C列的数字格式为“会计专用”，小数位2位，货币符号为“无”。

（2）设置B17单元格公式为“=B4－B5－B6－B7－B8－B9－B12＋B13＋B14＋B15＋B16”，B20单元格公式为“=B17＋B18－B19”，B22单元格公式为“=B20－B21”。

利 润 表		
编制单位：大连百大公司	2019年12月	单位：元
项 目	本月数	本年累计数
一、营业收入		
减：营业成本		
税金及附加		
销售费用		
管理费用		
财务费用		
其中：利息费用		
利息收入		
资产减值损失		
加：其他损益		
投资收益（损失以“-”号填列）		
公允价值变动收益（损失以“-”号填列）		
资产处置收益（损失以“-”号填列）		
二、营业利润		
加：营业外收入		
减：营业外支出		
三、利润总额		
减：所得税费用		
四、净利润		

图4-4 利润表格式

3. 在“利润表”工作表中，以“科目余额表”为基础数据，填列利润表中的本月数。

【小提示】

填列利润表中的本月数，同样要建立利润表与科目余额表的链接，可以使用直接链接调用或应用VLOOKUP函数进行间接链接调用。

任务实施

1. 在“大连百大公司会计核算”工作簿中插入一个空白工作表，并将新的工作表重命名为“利润表”。

打开“大连百大公司会计核算”工作簿，插入一个空白工作表，重命名为“利润表”，具体操作过程略。

2. 按如图4-4所示的格式建立利润表。

步骤1 参照图4-4的格式建立利润表，在各单元格输入指定的数据，由于操作简单，具体操作过程略。

步骤2 选定B:C列，右击鼠标，在弹出的快捷菜单中选择“设置单元格格式”命令，选择“数字”选项卡，设置分类为“会计专用”，并在右侧设置小数位数为“2”，货币符号为“无”，单击“确定”按钮。

步骤3 选定B17单元格，输入公式“=B4－B5－B6－B7－B8－B9－B12＋B13＋

B14+B15+B16”，按 Enter 键确认输入，完成营业利润的计算。

步骤 4　选定 B20 单元格，输入公式“=B17+B18−B19”，按 Enter 键确认输入，完成利润总额的计算。

步骤 5　选定 B22 单元格，输入公式“=B20−B21”，按 Enter 键确认输入，完成净利润的计算。

步骤 6　对利润表进行修饰和调整，并设置边框。

3. 在“利润表”工作表中，以“科目余额表”为基础数据，填列利润表中的本月数。

步骤 1　在“利润表”工作表中选定 B4 单元格，选择“公式—函数库”命令组，单击“查找与引用”下拉框中的 VLOOKUP 函数命令，打开 VLOOKUP 函数参数对话框，如图 4－5 所示。

步骤 2　在 VLOOKUP 函数参数对话框的 Lookup _ value 文本框中输入“"主营业务收入"”，在 Table _ array 文本框中输入范围“科目余额表！B4:H56”（或者直接选取该工作表相应区域），在 Col _ index _ num 文本框中输入“5”（表示选取贷方本期发生额），在 Range _ lookup 文本框中输入“FALSE”（表示大致匹配），如图 4－6 所示。

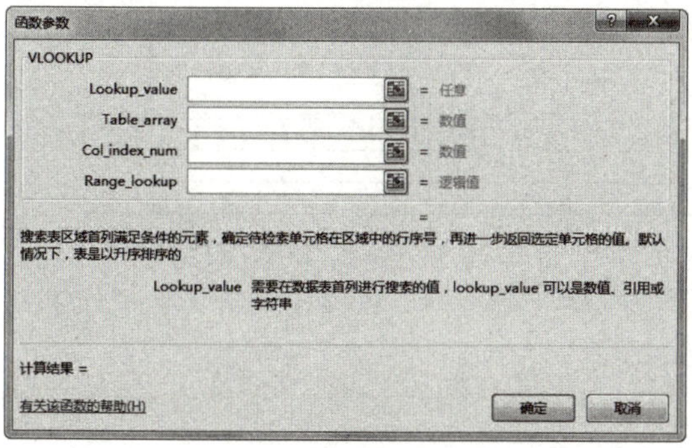

图 4－5　VLOOKUP“函数参数”对话框

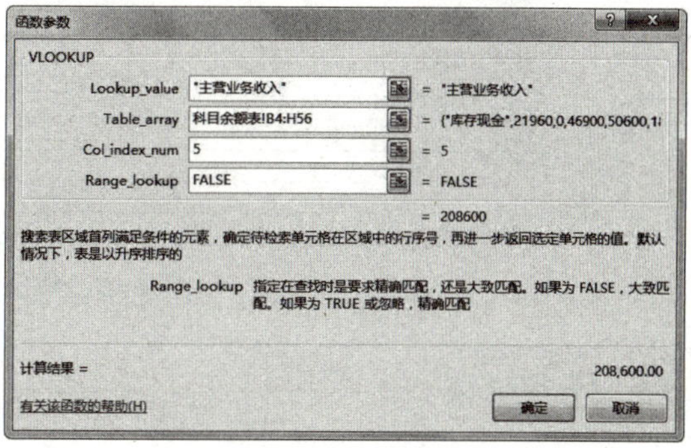

图 4－6　设置 VLOOKUP 函数参数

步骤 3　在编辑栏输入“+”，然后参照步骤 2 的操作，在编辑栏中输入“VLOOKUP("其他业务收入",科目余额表!B4:H56,5,FALSE)”，结果如图 4－7 所示。

	A	B	C
1	利　润　表		
2	编制单位：大连百大公司	2019年12月	单位：元
3	项　　目	本月数	本年累计数
4	一、营业收入	227,600.00	
5	减：营业成本		
6	税金及附加		
7	销售费用		
8	管理费用		
9	财务费用		
10	其中：利息费用		
11	利息收入		
12	资产减值损失		
13	加：其他损益		
14	投资收益（损失以“-”号填列）		
15	公允价值变动收益（损失以“-”号填列）		
16	资产处置收益（损失以“-”号填列）		
17	二、营业利润	227,600.00	
18	加：营业外收入		
19	减：营业外支出		
20	三、利润总额	227,600.00	
21	减：所得税费用		
22	四、净利润	227,600.00	

图 4－7　利润表项目取数后的计算结果

步骤 4　按步骤 2 和步骤 3 的操作过程设置其他单元格的公式，最终结果如图 4－8 所示。

	A	B	C
1	利　　润　　表		
2	编制单位：大连百大公司	2019年12月	单位：元
3	项　　　　目	本月数	本年累计数
4	一、营业收入	227,600.00	
5	减：营业成本	153,800.00	
6	税金及附加	3,522.40	
7	销售费用	4,000.00	
8	管理费用	31,002.00	
9	财务费用	1,060.00	
10	其中：利息费用		
11	利息收入	-	
12	资产减值损失	3,897.96	
13	加：其他损益		
14	投资收益（损失以“-”号填列）		
15	公允价值变动收益（损失以“-”号填列）		
16	资产处置收益（损失以“-”号填列）		
17	二、营业利润	30,317.64	
18	加：营业外收入	12,000.00	
19	减：营业外支出	1,872.00	
20	三、利润总额	40,445.64	
21	减：所得税费用	11,321.91	
22	四、净利润	29,123.73	

图 4－8　编制完成后的利润表

任务总结

本任务介绍了如何利用 Excel 编制会计报表。具体包括：会计报表的相关概念；利用 Excel 建立资产负债表；利用 Excel 中的 VLOOKUP 函数建立利润表。通过本任务的学习，学生可掌握资产负债表和利润表的建立及编制过程。

任务实训

一、实训的目的和要求

1. 掌握会计报表的相关概念；
2. 掌握资产负债表和利润表的建立方法；
3. 能够编制资产负债表；
4. 能够编制利润表。

二、实训内容

1. 在“大连星河科技公司会计核算”工作簿，根据“科目余额表”工作表，参照大连百大公司资产负债表的格式建立和编制大连星河科技公司资产负债表。

2. 在“大连星河科技公司会计核算”工作簿，根据“科目余额表”工作表，参考大连百大公司利润表的格式建立和编制大连星河科技公司利润表。

习题

一、填空题

1. 按编制时间的不同，会计报表可以分为________、________、________和________。

2. 按编制单位的不同，会计报表可以分为________会计报表和________会计报表。

3. 按反映内容的不同，会计报表可以分为________会计报表和________会计报表。

4. 资产负债表通常有________和________两种格式。在我国会计实务中，多采用________资产负债表。

5. 目前使用较普遍的利润表格式有________和________两种。在我国会计实务中，一般采用________利润表。

二、简答题

1. 简述会计报表的含义和作用。

2. 简述会计报表的分类。

3. 简述资产负债表的含义和格式。

4. 简述利润表的含义和格式。

任务 5
应用 Excel 核算和管理工资

● 重点和难点

1. 员工工资表的制作；
2. 工资项目的计算；
3. 工资数据的查询与统计。

学习目标

【知识目标】

1. 了解员工工资核算标准；
2. 掌握员工工资表的建立过程；
3. 掌握员工工资表各工资项目的计算。

【技能目标】

1. 能够制作员工工资表；
2. 能够计算员工工资表各工资项目；
3. 能够查询、汇总分析工资数据；
4. 能够打印工资发放条。

任务概述

工资是企业在一定时间内直接支付给本单位员工的劳动报酬，也是企业进行各种费用计提的基础。工资管理是企业管理的重要组成部分，是财务部门最基本的业务之一，不仅关系到每个员工的切身利益，也是直接影响产品成本核算的重要因素。手工进行工资核算，需要占用财务人员大量的精力和时间，并且容易出错，采用计算机进行工资核算可以有效提高准确性和工作效率。通过本任务的学习，学生可掌握工资表的建立以及工资项目的计算，了解 Excel 在工资核算中的处理流程。

子任务 5.1　建立员工工资表

任务要求

1. 掌握员工工资表的格式；

2. 能够制作员工工资表。

任务资料

大连百大公司是一家小型工业企业，主要有管理部、生产部和销售部三个部门。该公司主要有管理人员、生产工人、销售人员三种员工类别。每个员工的工资项目有基本工资、岗位工资、住房补贴、奖金、事假扣款、病假扣款、养老保险扣款和医疗保险扣款等。除基本工资因人而异外（要求必须输入），其他工资项目将根据员工类别和部门确定，而且随时间的变化而变化。

2019 年 12 月员工基本工资情况和出勤情况如表 5－1 所示。

表 5－1　2019 年 12 月员工基本工资情况和出勤情况

员工编号	姓名	部门	性别	员工类别	基本工资（元）	事假天数	病假天数
1001	周星星	管理部	男	管理人员	4 400		
1002	张子仪	管理部	女	管理人员	4 500	3	
1003	李明	管理部	男	管理人员	3 800		3
1004	龚丽	管理部	女	管理人员	3 300		
1005	王亚	管理部	女	管理人员	4 300		
1006	刘军	管理部	男	管理人员	5 300		
2001	祝钧	管理部	男	管理人员	3 500		
2002	杨达	生产部	男	生产工人	2 900		
2003	牛良	生产部	男	生产工人	2 900	16	
2004	马涛	生产部	男	生产工人	2 900		
2005	侯清	生产部	女	生产工人	2 900		
3001	吕丹	销售部	女	销售人员	2 900		
3002	赵本善	销售部	男	销售人员	4 500		15
3003	范伟	销售部	男	销售人员	2 900		
3004	程龙	销售部	男	销售人员	3 500		
3005	张东建	销售部	男	销售人员	4 500		

2019 年 12 月销售人员的销售总额情况如表 5－2 所示。

表 5－2　2019 年 12 月销售人员的销售总额情况

职员编号	姓名	部门	性别	员工类别	销售总额（万元）
3001	吕丹	销售部	女	销售人员	35
3002	赵本善	销售部	男	销售人员	42
3003	范伟	销售部	男	销售人员	15
3004	程龙	销售部	男	销售人员	36
3005	张东建	销售部	男	销售人员	34

1. 新建一个文件名为“大连百大公司工资核算”的工作簿，将 Sheet1 工作表重命名为“员工工资表”。

2. 建立如图 5－1 所示的员工工资表，并录入员工基本工资数据。

	A	B	C	D	E	F	G	H	I	J	K	L	M	N	O	P	Q	R	S	T	U	V
1	员工编号	姓名	部门	性别	员工类别	基本工资	岗位工资	住房补贴	奖金	应发合计	事假天数	事假扣款	病假天数	病假扣款	其他扣款	扣款合计	养老保险	医疗保险	应扣社保合计	应发工资	代扣税	实发合计
2	1001	周星星	管理部	男	管理人员	4,400.00																
3	1002	张子仪	管理部	女	管理人员	4,500.00					3											
4	1003	李明	管理部	男	管理人员	3,800.00							3									
5	1004	龚丽	管理部	女	管理人员	3,300.00																
6	1005	王亚	管理部	女	管理人员	4,300.00																
7	1006	刘军	管理部	男	管理人员	5,300.00																
8	2001	祝钧	管理部	男	管理人员	3,500.00																
9	2002	杨达	生产部	男	生产工人	2,900.00																
10	2003	牛良	生产部	男	生产工人	2,900.00					16											
11	2004	马涛	生产部	男	生产工人	2,900.00																
12	2005	侯清	生产部	女	生产工人	2,900.00																
13	3001	吕丹	销售部	女	销售人员	2,900.00																
14	3002	赵本善	销售部	男	销售人员	4,500.00							15									
15	3003	范伟	销售部	男	销售人员	2,900.00																
16	3004	程龙	销售部	男	销售人员	3,500.00																
17	3005	张东建	销售部	男	销售人员	4,500.00																

图 5-1 员工工资表格式

3. 设置员工工资数据。将 F:J 列、L 列、N:V 列的数字格式设置为“会计专用”，小数位 2 位，货币符号为“无”，并进行适当调整和修饰。

4. 在“大连百大公司工资核算”工作簿插入一个新的工作表，并命名为“销售总额表”。

5. 按如图 5－2 所示格式建立“销售总额表”工作表，并录入员工销售额信息。

	A	B	C	D	E	F
1	员工编号	姓名	部门	性别	员工类别	12月销售额(万元)
2	3001	吕丹	销售部	女	销售人员	35.00
3	3002	赵本善	销售部	男	销售人员	42.00
4	3003	范伟	销售部	男	销售人员	15.00
5	3004	程龙	销售部	男	销售人员	36.00
6	3005	张东建	销售部	女	销售人员	34.00

图 5－2　销售总额表格式

6. 对“销售总额表”工作表进行格式修饰，并将 F 列的数字格式设置为“会计专用”，小数位 2 位，货币符号为“无”。

任务实施

1. 新建一个文件名为“大连百大公司工资核算”的工作簿，将 Sheet1 工作表重命名为“员工工资表”。

步骤 1　打开 Excel 电子表格软件，新建一个工作簿，另存为“大连百大公司工资核算 . xlsx”。

步骤 2　选择 Sheet1 工作表，双击标签名，背景反白，输入工作表名称“员工工资表”，按 Enter 键确认。

2. 建立如图 5－1 所示的员工工资表，并录入员工基本工资数据。

步骤 1　打开“大连百大公司工资核算”工作簿，选择“员工工资表”工作表。

步骤 2　在“员工工资表”工作表中，按图 5－1 所示依次录入员工编号、姓名、部门、性别、员工类别、基本工资、岗位工资、住房补贴、奖金、应发合计、事假天数、事假扣款、病假天数、病假扣款、其他扣款、扣款合计、养老保险、医疗保险、应扣社保合计、应发工资、代扣税以及实发合计。

步骤 3　在“员工工资表”工作表中，按图 5－1 所示依次录入员工基本工资信息。操作过程略。

3. 设置员工工资数据。将 F:J 列、L 列、N:V 列的数字格式设置为“会计专用”，小数位 2 位，货币符号为“无”，并进行适当调整和修饰。

步骤 1　在“员工工资表”工作表中，依次选择 F:J 列、L 列、N:V 列，右击鼠标，在弹出的快捷菜单中选择“设置单元格格式”命令，打开“设置单元格格式”对话框，在对话框中选择“数字”选项卡，在下方的分类中选择“会计专用”，设置小数位数为“2”，货币符号为“无”，单击“确定”按钮。

步骤 2　在“员工工资表”工作表中，设置字体、字形、字号、行高、列宽以及边框等，对工作表进行格式调整和修饰（操作过程略）。

4. 在“大连百大公司工资核算”工作簿插入一个新的工作表，并命名为“销售总额表”。

打开“大连百大公司工资核算”工作簿，选择“开始—单元格”命令组，再选择“插入”下拉列表中的“插入工作表”命令，系统自动在当前工作表前插入一个空白工作表。双击新插入工作表标签名，背景反白，输入“销售总额表”，按 Enter 键完成。

5. 按如图 5-2 所示格式建立“销售总额表”工作表，并录入员工销售额信息。

在“销售总额表”工作表中，按如图 5-2 所示格式录入相关信息（操作过程略）。

6. 对“销售总额表”工作表进行格式修饰，并将 F 列的数字格式设置为“会计专用”，小数位 2 位，货币符号为“无”。

步骤 1 打开“销售总额表”工作表，设置字体、字形、字号、行高、列宽以及边框等，对工作表进行格式调整和修饰（操作过程略）。

步骤 2 在“销售总额表”工作表中，选定 F 列，右击鼠标，在快捷菜单中选择“设置单元格格式”命令，在对话框中选择“数字”选项卡，在分类列表框中选择“会计专用”，并设置小数位数为“2”，货币符号为“无”。

子任务 5.2 计算员工工资项目

任务要求

1. 掌握用函数计算工资项目的方法；
2. 能够计算员工工资项目。

任务资料

在大连百大公司员工工资数据表中，除员工编号、姓名、部门、性别、员工类别、基本工资、病假天数、事假天数项目外，其他项目按如下标准发放：

（1）岗位工资：根据员工类别发放，管理人员为 4 000 元，生产工人为 3 500 元，销售人员为 4 500 元。

（2）住房补贴：根据员工类别发放，管理人员为 1 000 元，生产工人为 800 元，销售人员为 900 元。

（3）奖金：根据部门的效益确定，本月管理部奖金为 2 000 元，生产部奖金为 2 500 元，销售部奖金与个人销售额有关，完成基本销售额 30 万元的，奖金为 500 元，超额完成的，按超出金额的 1%提成，未完成基本销售额的，没有奖金。

（4）事假扣款：规定如果事假少于 14 天，将应发工资平均到每天（每月按 22 天计算），按天扣款；如果事假多于 14 天，扣除应发工资的 80%。

（5）病假扣款：规定如果病假少于 14 天，工人扣款 500 元，非工人扣款 800 元；如果病假多于 14 天，工人扣款 800 元，非工人扣款 1 200 元。

（6）养老保险扣款：按基本工资与岗位工资之和的 8%扣除。

（7）医疗保险扣款：按基本工资与岗位工资之和的 2%扣除。

（8）个人所得税：依据个人所得税税率表（见表 5－3）进行扣除。

表 5－3 个人所得税税率表

级数	月度应纳税所得额	税率（%）	速算扣除数
1	不超过 3 000 元的	3	0
2	超过 3 000 元至 12 000 元的部分	10	210
3	超过 12 000 元至 25 000 元的部分	20	1 410
4	超过 25 000 元至 35 000 元的部分	25	2 660
5	超过 35 000 元至 55 000 元的部分	30	4 410
6	超过 55 000 元至 80 000 元的部分	35	7 160
7	超过 80 000 元的部分	45	15 160

根据上述员工工资项目发放标准，完成如下工资项目的计算：

1. 根据员工类别的不同，设置“岗位工资”项目的计算公式。
2. 根据员工类别的不同，设置“住房补贴”项目的计算公式。
3. 根据各部门的效益，设置“奖金”项目的计算公式。
4. 设置“应发合计”项目的计算公式。
5. 根据事假天数，设置“事假扣款”项目的计算公式。
6. 根据病假天数，设置“病假扣款”项目的计算公式。
7. 设置“扣款合计”项目的计算公式。
8. 根据基本工资和岗位工资之和的百分比计算扣除“养老保险”“医疗保险”项目，并设置“应扣社保合计”项目的计算公式。
9. 设置“应发工资”项目的计算公式。
10. 根据应发工资的数额设置“代扣税”项目的计算公式，并设置“实发合计”项目的计算公式。

任务实施

1. 根据员工类别的不同，设置“岗位工资”项目的计算公式。

步骤 1 打开“员工工资表”工作表，选定 G2 单元格。

步骤 2 在 G2 单元格输入计算“岗位工资”项目的计算公式“=IF(E2="管理人员",4000,IF(E2="生产工人",3500,4500))”，按 Enter 键确定公式输入。选择 G2 单元格，在编辑栏中显示公式，在 G2 单元格显示计算结果，如图 5－3 所示。

【小提示】

G2 单元格计算公式“=IF(E2="管理人员",4000,IF(E2="生产工人",3500,4500))”的意义：先判断 E2 单元格的值是否为“管理人员”，如果为管理人员，则岗位工资为 4 000 元，否则，判断 G2 单元格的值是否为“生产工人”，如果为生产工人，则岗位工资为 3 500 元，否则为销售人员，岗位工资为 4 500 元。

G2 =IF(E2="管理人员",4000,IF(E2="生产工人",3500,4500))

	A	B	C	D	E	F	G	H	I	J
1	员工编号	姓名	部门	性别	员工类别	基本工资	岗位工资	住房补贴	奖金	应发合计
2	1001	周星星	管理部	男	管理人员	4,400.00	4000			
3	1002	张子仪	管理部	女	管理人员	4,500.00				
4	1003	李明	管理部	男	管理人员	3,800.00				
5	1004	龚丽	管理部	女	管理人员	3,300.00				
6	1005	王亚	管理部	女	管理人员	4,300.00				
7	1006	刘军	管理部	男	管理人员	5,300.00				
8	2001	祝钧	管理部	男	管理人员	3,500.00				
9	2002	杨达	生产部	男	生产工人	2,900.00				
10	2003	牛良	生产部	男	生产工人	2,900.00				

图 5-3 设置“岗位工资”项目计算公式

步骤 3 选定 G2 单元格，鼠标指向 G2 单元格右下角的填充柄，按下鼠标左键向下拖动至 G17 单元格，结果如图 5-4 所示。

	A	B	C	D	E	F	G	H	I	J
1	员工编号	姓名	部门	性别	员工类别	基本工资	岗位工资	住房补贴	奖金	应发合计
2	1001	周星星	管理部	男	管理人员	4,400.00	4000			
3	1002	张子仪	管理部	女	管理人员	4,500.00	4000			
4	1003	李明	管理部	男	管理人员	3,800.00	4000			
5	1004	龚丽	管理部	女	管理人员	3,300.00	4000			
6	1005	王亚	管理部	女	管理人员	4,300.00	4000			
7	1006	刘军	管理部	男	管理人员	5,300.00	4000			
8	2001	祝钧	管理部	男	管理人员	3,500.00	4000			
9	2002	杨达	生产部	男	生产工人	2,900.00	3500			
10	2003	牛良	生产部	男	生产工人	2,900.00	3500			
11	2004	马涛	生产部	男	生产工人	2,900.00	3500			
12	2005	侯清	生产部	女	生产工人	2,900.00	3500			
13	3001	吕丹	销售部	女	销售人员	2,900.00	4500			
14	3002	赵本善	销售部	男	销售人员	4,500.00	4500			
15	3003	范伟	销售部	男	销售人员	2,900.00	4500			
16	3004	程龙	销售部	男	销售人员	3,500.00	4500			
17	3005	张东建	销售部	男	销售人员	4,500.00	4500			

图 5-4 “岗位工资”项目计算结果

2. 根据员工类别的不同，设置“住房补贴”项目的计算公式。

步骤 1 打开“员工工资表”工作表，选定 H2 单元格。

步骤 2 在 H2 单元格，输入“住房补贴”项目的计算公式“=IF(E2="管理人员",1000,IF(E2="生产工人",800,900))”，按 Enter 键确定公式输入。选择 H2 单元格，在编辑栏中显示公式，在 H2 单元格显示计算结果，如图 5-5 所示。

H2 =IF(E2="管理人员",1000,IF(E2="生产工人",800,900))

	A	B	C	D	E	F	G	H	I	J
1	员工编号	姓名	部门	性别	员工类别	基本工资	岗位工资	住房补贴	奖金	应发合计
2	1001	周星星	管理部	男	管理人员	4,400.00	4000	1000		
3	1002	张子仪	管理部	女	管理人员	4,500.00	4000			
4	1003	李明	管理部	男	管理人员	3,800.00	4000			
5	1004	龚丽	管理部	女	管理人员	3,300.00	4000			
6	1005	王亚	管理部	女	管理人员	4,300.00	4000			
7	1006	刘军	管理部	男	管理人员	5,300.00	4000			
8	2001	祝钧	管理部	男	管理人员	3,500.00	4000			
9	2002	杨达	生产部	男	生产工人	2,900.00	3500			
10	2003	牛良	生产部	男	生产工人	2,900.00	3500			
11	2004	马涛	生产部	男	生产工人	2,900.00	3500			

图 5-5 设置“住房补贴”项目计算公式

步骤 3 选定 H2 单元格，鼠标指向 H2 单元格右下角的填充柄，按下鼠标左键向下拖动至 H17 单元格，结果如图 5-6 所示。

3. 根据各部门的效益，设置“奖金”项目的计算公式。

步骤 1 设置管理部和生产部的奖金。打开“员工工资表”工作表，选定 I2 单元格。

步骤 2 在 I2 单元格输入“奖金”项目的公式“=IF(C2="管理部",2000,IF(C2="生产部",2500,"销售部"))”，按 Enter 键确定输入。

	A	B	C	D	E	F	G	H	I	J
1	员工编号	姓名	部门	性别	员工类别	基本工资	岗位工资	住房补贴	奖金	应发合计
2	1001	周星星	管理部	男	管理人员	4,400.00	4000	1000		
3	1002	张子仪	管理部	女	管理人员	4,500.00	4000	1000		
4	1003	李明	管理部	男	管理人员	3,800.00	4000	1000		
5	1004	龚丽	管理部	女	管理人员	3,300.00	4000	1000		
6	1005	王亚	管理部	女	管理人员	4,300.00	4000	1000		
7	1006	刘军	管理部	男	管理人员	5,300.00	4000	1000		
8	2001	祝钧	管理部	男	管理人员	3,500.00	4000	1000		
9	2002	杨达	生产部	男	生产工人	2,900.00	3500	800		
10	2003	牛良	生产部	男	生产工人	2,900.00	3500	800		
11	2004	马涛	生产部	男	生产工人	2,900.00	3500	800		
12	2005	侯清	生产部	女	生产工人	2,900.00	3500	800		
13	3001	吕丹	销售部	女	销售人员	2,900.00	4500	900		
14	3002	赵本善	销售部	男	销售人员	4,500.00	4500	900		
15	3003	范伟	销售部	男	销售人员	2,900.00	4500	900		
16	3004	程龙	销售部	男	销售人员	3,500.00	4500	900		
17	3005	张东建	销售部	男	销售人员	4,500.00	4500	900		

图 5-6 “住房补贴”项目计算结果

步骤 3 选定 I2 单元格，鼠标指向 I2 单元格右下角的填充柄，按下鼠标左键拖动至 I17 单元格，结果如图 5-7 所示。

I2 =IF(C2="管理部",2000,IF(C2="生产部",2500,"销售部"))

	A	B	C	D	E	F	G	H	I	J
1	员工编号	姓名	部门	性别	员工类别	基本工资	岗位工资	住房补贴	奖金	应发合计
2	1001	周星星	管理部	男	管理人员	4,400.00	4000	1000	2,000.00	
3	1002	张子仪	管理部	女	管理人员	4,500.00	4000	1000	2,000.00	
4	1003	李明	管理部	男	管理人员	3,800.00	4000	1000	2,000.00	
5	1004	龚丽	管理部	女	管理人员	3,300.00	4000	1000	2,000.00	
6	1005	王亚	管理部	女	管理人员	4,300.00	4000	1000	2,000.00	
7	1006	刘军	管理部	男	管理人员	5,300.00	4000	1000	2,000.00	
8	2001	祝钧	管理部	男	管理人员	3,500.00	4000	1000	2,000.00	
9	2002	杨达	生产部	男	生产工人	2,900.00	3500	800	2,500.00	
10	2003	牛良	生产部	男	生产工人	2,900.00	3500	800	2,500.00	
11	2004	马涛	生产部	男	生产工人	2,900.00	3500	800	2,500.00	
12	2005	侯清	生产部	女	生产工人	2,900.00	3500	800	2,500.00	
13	3001	吕丹	销售部	女	销售人员	2,900.00	4500	900	销售部	
14	3002	赵本善	销售部	男	销售人员	4,500.00	4500	900	销售部	
15	3003	范伟	销售部	男	销售人员	2,900.00	4500	900	销售部	
16	3004	程龙	销售部	男	销售人员	3,500.00	4500	900	销售部	
17	3005	张东建	销售部	男	销售人员	4,500.00	4500	900	销售部	

图 5-7 “奖金”项目计算结果

【小提示】

在“员工工资表”工作表的 I13:I17 单元格显示“销售部”，表示这些人员为销售人员，销售人员的奖金根据本月销售额计算。

步骤 4 选定 I13 单元格，输入销售人员“奖金”项目的计算公式“=IF(AND(C13="销售部",销售总额表!F2>=30),2000+100*(销售总额表!F2-30),0)”，按 Enter 键确定输入，在 I13 单元格显示计算结果，在编辑栏中显示 I13 单元格的计算公式，如图 5-8 所示。

【小提示】

I13 单元格计算公式“=IF(AND(C13="销售部",销售总额表!F2>=30),2000+100*(销售总额表!F2-30),0)”，其中 AND 是逻辑函数，用于判断当“C13="销售部"”和“销售总额表!F2>=30”两个条件均为真值时，IF 函数返回“2000+超额 30 万元后计算的奖金额”，“100”（10000×0.01）表示万元转为元乘以提成比率。

I13 =IF(AND(C13="销售部",销售总额表!F2>=30),2000+100*(销售总额表!F2-30),0)

	A	B	C	D	E	F	G	H	I	J	K	L
1	员工编号	姓名	部门	性别	员工类别	基本工资	岗位工资	住房补贴	奖金	应发合计	事假天数	事假扣款
2	1001	周星星	管理部	男	管理人员	4,400.00	4000	1000	2,000.00			
3	1002	张子仪	管理部	女	管理人员	4,500.00	4000	1000	2,000.00		3	
4	1003	李明	管理部	男	管理人员	3,800.00	4000	1000	2,000.00			
5	1004	龚丽	管理部	女	管理人员	3,300.00	4000	1000	2,000.00			
6	1005	王亚	管理部	女	管理人员	4,300.00	4000	1000	2,000.00			
7	1006	刘军	管理部	男	管理人员	5,300.00	4000	1000	2,000.00			
8	2001	祝钧	管理部	男	管理人员	3,500.00	4000	1000	2,000.00			
9	2002	杨达	生产部	男	生产工人	2,900.00	3500	800	2,500.00			
10	2003	牛良	生产部	男	生产工人	2,900.00	3500	800	2,500.00		16	
11	2004	马涛	生产部	男	生产工人	2,900.00	3500	800	2,500.00			
12	2005	侯清	生产部	女	生产工人	2,900.00	3500	800	2,500.00			
13	3001	吕丹	销售部	女	销售人员	2,900.00	4500	900	2500			
14	3002	赵本善	销售部	男	销售人员	4,500.00	4500	900				
15	3003	范伟	销售部	男	销售人员	2,900.00	4500	900				
16	3004	程龙	销售部	男	销售人员	3,500.00	4500	900				
17	3005	张东建	销售部	男	销售人员	4,500.00	4500	900				

图 5-8 销售人员“奖金”项目中的计算公式及结果

步骤 5 选定 I13 单元格，鼠标指向 I13 单元格右下角的填充柄，按下鼠标左键拖动至 I17 单元格，结果如图 5-9 所示。

	A	B	C	D	E	F	G	H	I	J	K	L
1	员工编号	姓名	部门	性别	员工类别	基本工资	岗位工资	住房补贴	奖金	应发合计	事假天数	事假扣款
2	1001	周星星	管理部	男	管理人员	4,400.00	4000	1000	2,000.00			
3	1002	张子仪	管理部	女	管理人员	4,500.00	4000	1000	2,000.00		3	
4	1003	李明	管理部	男	管理人员	3,800.00	4000	1000	2,000.00			
5	1004	龚丽	管理部	女	管理人员	3,300.00	4000	1000	2,000.00			
6	1005	王亚	管理部	女	管理人员	4,300.00	4000	1000	2,000.00			
7	1006	刘军	管理部	男	管理人员	5,300.00	4000	1000	2,000.00			
8	2001	祝钧	管理部	男	管理人员	3,500.00	4000	1000	2,000.00			
9	2002	杨达	生产部	男	生产工人	2,900.00	3500	800	2,500.00			
10	2003	牛良	生产部	男	生产工人	2,900.00	3500	800	2,500.00		16	
11	2004	马涛	生产部	男	生产工人	2,900.00	3500	800	2,500.00			
12	2005	侯清	生产部	女	生产工人	2,900.00	3500	800	2,500.00			
13	3001	吕丹	销售部	女	销售人员	2,900.00	4500	900	2500			
14	3002	赵本善	销售部	男	销售人员	4,500.00	4500	900	3200			
15	3003	范伟	销售部	男	销售人员	2,900.00	4500	900	0			
16	3004	程龙	销售部	男	销售人员	3,500.00	4500	900	2600			
17	3005	张东建	销售部	男	销售人员	4,500.00	4500	900	2400			

图 5-9 销售人员“奖金”项目最终计算结果

4. 设置“应发合计”项目的计算公式。

“应发合计”项目金额为基本工资、岗位工资、住房补贴和奖金的合计数。

步骤 1 打开“员工工资表”工作表，选定 J2 单元格。

步骤 2 在 J2 单元格，输入“应发合计”项目的计算公式“=SUM（F2:I2)”，按 Enter 键确认输入。

步骤 3 选定 J2 单元格，鼠标指向 J2 单元格右下角的填充柄，按下鼠标左键拖动至 J17 单元格，结果如图 5-10 所示。

J2 =SUM(F2:I2)

	A	B	C	D	E	F	G	H	I	J	K	L
1	员工编号	姓名	部门	性别	员工类别	基本工资	岗位工资	住房补贴	奖金	应发合计	事假天数	事假扣款
2	1001	周星星	管理部	男	管理人员	4,400.00	4000	1000	2,000.00	11,400.00		
3	1002	张子仪	管理部	女	管理人员	4,500.00	4000	1000	2,000.00	11,500.00	3	
4	1003	李明	管理部	男	管理人员	3,800.00	4000	1000	2,000.00	10,800.00		
5	1004	龚丽	管理部	女	管理人员	3,300.00	4000	1000	2,000.00	10,300.00		
6	1005	王亚	管理部	女	管理人员	4,300.00	4000	1000	2,000.00	11,300.00		
7	1006	刘军	管理部	男	管理人员	5,300.00	4000	1000	2,000.00	12,300.00		
8	2001	祝钧	管理部	男	管理人员	3,500.00	4000	1000	2,000.00	10,500.00		
9	2002	杨达	生产部	男	生产工人	2,900.00	3500	800	2,500.00	9,700.00		
10	2003	牛良	生产部	男	生产工人	2,900.00	3500	800	2,500.00	9,700.00	16	
11	2004	马涛	生产部	男	生产工人	2,900.00	3500	800	2,500.00	9,700.00		
12	2005	侯清	生产部	女	生产工人	2,900.00	3500	800	2,500.00	9,700.00		
13	3001	吕丹	销售部	女	销售人员	2,900.00	4500	900	2,500.00	10,800.00		
14	3002	赵本善	销售部	男	销售人员	4,500.00	4500	900	3,200.00	13,100.00		
15	3003	范伟	销售部	男	销售人员	2,900.00	4500	900	-	8,300.00		
16	3004	程龙	销售部	男	销售人员	3,500.00	4500	900	2,600.00	11,500.00		
17	3005	张东建	销售部	男	销售人员	4,500.00	4500	900	2,400.00	12,300.00		

图 5-10 “应发合计”项目计算结果

5. 根据事假天数，设置“事假扣款”项目的计算公式。

步骤 1 打开“员工工资表”工作表，选定 L2 单元格。

步骤 2 在 L2 单元格输入“事假扣款”项目的计算公式“=IF(K2>14,J2*0.8,J2/22*K2)”，按 Enter 键确认输入。

步骤 3 选定 L2 单元格，鼠标指向 L2 单元格右下角的填充柄，按下鼠标左键拖动至 L17 单元格，结果如图 5-11 所示。

	A	B	C	D	E	F	G	H	I	J	K	L
1	员工编号	姓名	部门	性别	员工类别	基本工资	岗位工资	住房补贴	奖金	应发合计	事假天数	事假扣款
2	1001	周星星	管理部	男	管理人员	4,400.00	4000	1000	2,000.00	11,400.00		-
3	1002	张子仪	管理部	女	管理人员	4,500.00	4000	1000	2,000.00	11,500.00	3	1,568.18
4	1003	李明	管理部	男	管理人员	3,800.00	4000	1000	2,000.00	10,800.00		-
5	1004	龚丽	管理部	女	管理人员	3,300.00	4000	1000	2,000.00	10,300.00		-
6	1005	王亚	管理部	女	管理人员	4,300.00	4000	1000	2,000.00	11,300.00		-
7	1006	刘军	管理部	男	管理人员	5,300.00	4000	1000	2,000.00	12,300.00		-
8	2001	祝钧	管理部	男	管理人员	3,500.00	4000	1000	2,000.00	10,500.00		-
9	2002	杨达	生产部	男	生产工人	2,900.00	3500	800	2,500.00	9,700.00		-
10	2003	牛良	生产部	男	生产工人	2,900.00	3500	800	2,500.00	9,700.00	16	7,760.00
11	2004	马涛	生产部	男	生产工人	2,900.00	3500	800	2,500.00	9,700.00		-
12	2005	侯清	生产部	女	生产工人	2,900.00	3500	800	2,500.00	9,700.00		-
13	3001	吕丹	销售部	女	销售人员	2,900.00	4500	900	2,500.00	10,800.00		-
14	3002	赵本善	销售部	男	销售人员	4,500.00	4500	900	3,200.00	13,100.00		-
15	3003	范伟	销售部	男	销售人员	2,900.00	4500	900	-	8,300.00		-
16	3004	程龙	销售部	男	销售人员	3,500.00	4500	900	2,600.00	11,500.00		-
17	3005	张东建	销售部	男	销售人员	4,500.00	4500	900	2,400.00	12,300.00		-

图 5-11 “事假扣款”项目计算结果

【小提示】

L2 单元格的计算公式“=IF(K2>14,J2*0.8,J2/22*K2)”，表示使用 IF 函数判断 K2 单元格，也就是事假天数是否大于 14 天，如果为真值，则返回应发合计（J2 单元格）的 80%的值，否则，返回应发合计（J2 单元格）的值除以每月工作日数 22 再乘以事假天数的值。

6. 根据病假天数，设置“病假扣款”项目的计算公式。

步骤 1 打开“员工工资表”工作表，选定 N2 单元格。

步骤 2 在 N2 单元格输入“病假扣款”项目的计算公式“=IF(M2=0,0,IF(M2<=14,IF(E2="生产工人",500,800),IF(E2="生产工人",800,1200)))”，按 Enter 键确认输入。

步骤 3 选定 N2 单元格，鼠标指向 N2 单元格右下角的填充柄，按下鼠标左键拖动至 N17 单元格，结果如图 5-12 所示。

7. 设置“扣款合计”项目的计算公式。

“扣款合计”项目金额为事假扣款、病假扣款、其他扣款的合计数。其中，其他扣款由用户手工输入。

步骤 1 打开“员工工资表”工作表，选定 P2 单元格。

步骤 2 在 P2 单元格输入“扣款合计”项目的计算公式“=SUM (L2,N2,O2)”，按 Enter 键确认输入。

步骤 3 选定 P2 单元格，鼠标指向 P2 单元格右下角的填充柄，按下鼠标左键拖动至 P17 单元格，结果如图 5-13 所示。

8. 根据基本工资和岗位工资之和的百分比计算扣除“养老保险”“医疗保险”项目，

N2 =IF(M2=0,0,IF(M2<=14,IF(E2="生产工人", 500,800),IF(E2="生产工人",800,1200)))

	A	B	C	D	E	F	G	H	I	J	K	L	M	N
1	员工编号	姓名	部门	性别	员工类别	基本工资	岗位工资	住房补贴	奖金	应发合计	事假天数	事假扣款	病假天数	病假扣款
2	1001	周星星	管理部	男	管理人员	4,400.00	4000	1000	2,000.00	11,400.00		-		-
3	1002	张子仪	管理部	女	管理人员	4,500.00	4000	1000	2,000.00	11,500.00	3	1,568.18		-
4	1003	李明	管理部	男	管理人员	3,800.00	4000	1000	2,000.00	10,800.00		-	3	800.00
5	1004	龚丽	管理部	女	管理人员	3,300.00	4000	1000	2,000.00	10,300.00		-		-
6	1005	王亚	管理部	女	管理人员	4,300.00	4000	1000	2,000.00	11,300.00		-		-
7	1006	刘军	管理部	男	管理人员	5,300.00	4000	1000	2,000.00	12,300.00		-		-
8	2001	祝钧	管理部	男	管理人员	3,500.00	4000	1000	2,000.00	10,500.00		-		-
9	2002	杨达	生产部	男	生产工人	2,900.00	3500	800	2,500.00	9,700.00		-		-
10	2003	牛良	生产部	男	生产工人	2,900.00	3500	800	2,500.00	9,700.00	16	7,760.00		-
11	2004	马涛	生产部	男	生产工人	2,900.00	3500	800	2,500.00	9,700.00		-		-
12	2005	侯清	生产部	女	生产工人	2,900.00	3500	800	2,500.00	9,700.00		-		-
13	3001	吕丹	销售部	女	销售人员	2,900.00	4500	900	2,500.00	10,800.00		-		-
14	3002	赵本善	销售部	男	销售人员	4,500.00	4500	900	3,200.00	13,100.00		-	15	1,200.00
15	3003	范伟	销售部	男	销售人员	2,900.00	4500	900	-	8,300.00		-		-
16	3004	程龙	销售部	男	销售人员	3,500.00	4500	900	2,600.00	11,500.00		-		-
17	3005	张东建	销售部	男	销售人员	4,500.00	4500	900	2,400.00	12,300.00		-		-

图 5－12　“病假扣款”项目计算结果

=SUM(L2,N2,O2)

B	C	D	E	F	G	H	I	J	K	L	M	N	O	P
姓名	部门	性别	员工类别	基本工资	岗位工资	住房补贴	奖金	应发合计	事假天数	事假扣款	病假天数	病假扣款	其他扣款	扣款合计
周星星	管理部	男	管理人员	4,400.00	4000	1000	2,000.00	11,400.00		-		-		-
张子仪	管理部	女	管理人员	4,500.00	4000	1000	2,000.00	11,500.00	3	1,568.18		-		1,568.18
李明	管理部	男	管理人员	3,800.00	4000	1000	2,000.00	10,800.00		-	3	800.00		800.00
龚丽	管理部	女	管理人员	3,300.00	4000	1000	2,000.00	10,300.00		-		-		-
王亚	管理部	女	管理人员	4,300.00	4000	1000	2,000.00	11,300.00		-		-		-
刘军	管理部	男	管理人员	5,300.00	4000	1000	2,000.00	12,300.00		-		-		-
祝钧	管理部	男	管理人员	3,500.00	4000	1000	2,000.00	10,500.00		-		-		-
杨达	生产部	男	生产工人	2,900.00	3500	800	2,500.00	9,700.00		-		-		-
牛良	生产部	男	生产工人	2,900.00	3500	800	2,500.00	9,700.00	16	7,760.00		-		7,760.00
马涛	生产部	男	生产工人	2,900.00	3500	800	2,500.00	9,700.00		-		-		-
侯清	生产部	女	生产工人	2,900.00	3500	800	2,500.00	9,700.00		-		-		-
吕丹	销售部	女	销售人员	2,900.00	4500	900	2,500.00	10,800.00		-		-		-
赵本善	销售部	男	销售人员	4,500.00	4500	900	3,200.00	13,100.00		-	15	1,200.00		1,200.00
范伟	销售部	男	销售人员	2,900.00	4500	900	-	8,300.00		-		-		-
程龙	销售部	男	销售人员	3,500.00	4500	900	2,600.00	11,500.00		-		-		-
张东建	销售部	男	销售人员	4,500.00	4500	900	2,400.00	12,300.00		-		-		-

图 5－13　“扣款合计”项目计算结果

并设置“应扣社保合计”项目的计算公式。

步骤 1　打开“员工工资表”工作表，选定 Q2 单元格。

步骤 2　设置“养老保险”项目计算公式。在 Q2 单元格输入“养老保险”项目的计算公式“＝（F2＋G2）＊0.08”，按 Enter 键确认输入。

【小提示】

Q2 单元格计算公式“＝（F2＋G2）＊0.08”，表示“养老保险”项目按基本工资与岗位工资合计数的 8%提取。

步骤 3　选定 Q2 单元格，鼠标指向 Q2 单元格右下角的填充柄，按下鼠标左键拖动至 Q17 单元格。

步骤 4　设置“医疗保险”项目计算公式。选定 R2 单元格，输入“医疗保险”项目的计算公式“＝（F2＋G2）＊0.02”，按 Enter 键确认输入。

步骤 5　选定 R2 单元格，鼠标指向 R2 单元格右下角的填充柄，按下鼠标左键拖动至 R17 单元格。

步骤 6　设置“应扣社保合计”项目计算公式。选定 S2 单元格，输入“应扣社保合计”项目的计算公式“＝Q2＋R2”，按 Enter 键确认输入。

【小提示】

应扣社保合计金额为养老保险和医疗保险的合计数。

步骤 7　选定 S2 单元格，鼠标指向 S2 单元格右下角的填充柄，按下鼠标左键拖动至 S17 单元格。“养老保险”“医疗保险”“应扣社保合计”项目的计算结果如图 5 - 14 所示。

	H	I	J	K	L	M	N	O	P	Q	R	S
1	住房补贴	奖金	应发合计	事假天数	事假扣款	病假天数	病假扣款	其他扣款	扣款合计	养老保险	医疗保险	应扣社保合计
2	1000	2,000.00	11,400.00		-		-		-	672.00	168.00	840.00
3	1000	2,000.00	11,500.00	3	1,568.18		-		1,568.18	680.00	170.00	850.00
4	1000	2,000.00	10,800.00		-	3	800.00		800.00	624.00	156.00	780.00
5	1000	2,000.00	10,300.00		-		-		-	584.00	146.00	730.00
6	1000	2,000.00	11,300.00		-		-		-	664.00	166.00	830.00
7	1000	2,000.00	12,300.00		-		-		-	744.00	186.00	930.00
8	1000	2,000.00	10,500.00		-		-		-	600.00	150.00	750.00
9	800	2,500.00	9,700.00		-		-		-	512.00	128.00	640.00
10	800	2,500.00	9,700.00	16	7,760.00		-		7,760.00	512.00	128.00	640.00
11	800	2,500.00	9,700.00		-		-		-	512.00	128.00	640.00
12	800	2,500.00	9,700.00		-		-		-	512.00	128.00	640.00
13	900	2,500.00	10,800.00		-		-		-	592.00	148.00	740.00
14	900	3,200.00	13,100.00		-	15	1,200.00		1,200.00	720.00	180.00	900.00
15	900	-	8,300.00		-		-		-	592.00	148.00	740.00
16	900	2,600.00	11,500.00		-		-		-	640.00	160.00	800.00
17	900	2,400.00	12,300.00		-		-		-	720.00	180.00	900.00

图 5 - 14　“养老保险”“医疗保险”“应扣社保合计”项目的计算结果

9. 设置“应发工资”项目的计算公式。

“应发工资”项目金额为应发合计减去扣款合计和应扣社保合计的金额。

步骤 1　打开“员工工资表”工作表，选定 T2 单元格。

步骤 2　在 T2 单元格输入“应发工资”项目的计算公式“＝J2－P2－S2”，按 Enter 键确认输入。

步骤 3　选定 T2 单元格，鼠标指向 T2 单元格右下角的填充柄，按下鼠标左键拖动至 T17 单元格，结果如图 5 - 15 所示。

	H	I	J	K	L	M	N	O	P	Q	R	S	T
1	住房补贴	奖金	应发合计	事假天数	事假扣款	病假天数	病假扣款	其他扣款	扣款合计	养老保险	医疗保险	应扣社保合计	应发工资
2	1000	2,000.00	11,400.00		-		-		-	672.00	168.00	840.00	10,560.00
3	1000	2,000.00	11,500.00	3	1,568.18		-		1,568.18	680.00	170.00	850.00	9,081.82
4	1000	2,000.00	10,800.00		-	3	800.00		800.00	624.00	156.00	780.00	9,220.00
5	1000	2,000.00	10,300.00		-		-		-	584.00	146.00	730.00	9,570.00
6	1000	2,000.00	11,300.00		-		-		-	664.00	166.00	830.00	10,470.00
7	1000	2,000.00	12,300.00		-		-		-	744.00	186.00	930.00	11,370.00
8	1000	2,000.00	10,500.00		-		-		-	600.00	150.00	750.00	9,750.00
9	800	2,500.00	9,700.00		-		-		-	512.00	128.00	640.00	9,060.00
10	800	2,500.00	9,700.00	16	7,760.00		-		7,760.00	512.00	128.00	640.00	1,300.00
11	800	2,500.00	9,700.00		-		-		-	512.00	128.00	640.00	9,060.00
12	800	2,500.00	9,700.00		-		-		-	512.00	128.00	640.00	9,060.00
13	900	2,500.00	10,800.00		-		-		-	592.00	148.00	740.00	10,060.00
14	900	3,200.00	13,100.00		-	15	1,200.00		1,200.00	720.00	180.00	900.00	11,000.00
15	900	-	8,300.00		-		-		-	592.00	148.00	740.00	7,560.00
16	900	2,600.00	11,500.00		-		-		-	640.00	160.00	800.00	10,700.00
17	900	2,400.00	12,300.00		-		-		-	720.00	180.00	900.00	11,400.00

图 5 - 15　“应发工资”项目的计算结果

10. 根据应发工资的金额设置“代扣税”项目的计算公式，并设置“实发合计”项目的计算公式。

步骤 1　打开“员工工资表”工作表，选定 U2 单元格。

步骤 2　在 U2 单元格输入“代扣税”项目的计算公式“＝IF(U2－5000＜＝0,0,IF(U2－5000＜＝3000,(U2－5000)*0.03, IF(U2－5000＜＝12000,(U2－5000)*0.1－210,IF(U2－5000＜＝25000,(U2－5000)*0.2－1410, IF(U2－5000＜＝35000,(U2－5000)*0.25－2660,IF(U2－5000＜＝55000,(U2－5000)*0.3－4410,IF(U2－5000＜＝80000,(U2－5000)*0.35－

7160,IF(U2－5000＞85000,(U2－5000)*0.45－15160,"复核应发工资"))))))))”，按 Enter 键确认输入。

步骤 3 选定 U2 单元格，鼠标指向 U2 单元格右下角的填充柄，按下鼠标左键拖动至 U17 单元格，结果如图 5－16 所示。

	G	H	I	J	K	L	M	N	O	P	Q	R	S	T	U
1	岗位工资	住房补贴	奖金	应发合计	事假天数	事假扣款	病假天数	病假扣款	其他扣款	扣款合计	养老保险	医疗保险	应扣社保合计	应发工资	代扣税
2	4000	1000	2,000.00	11,400.00		-		-		-	672.00	168.00	840.00	10,560.00	346.00
3	4000	1000	2,000.00	11,500.00	3	1,568.18		-		1,568.18	680.00	170.00	850.00	9,081.82	198.18
4	4000	1000	2,000.00	10,800.00		-	3	800.00		800.00	624.00	156.00	780.00	9,220.00	212.00
5	4000	1000	2,000.00	10,300.00		-		-		-	584.00	146.00	730.00	9,570.00	247.00
6	4000	1000	2,000.00	11,300.00		-		-		-	664.00	166.00	830.00	10,470.00	337.00
7	4000	1000	2,000.00	12,300.00		-		-		-	744.00	186.00	930.00	11,370.00	427.00
8	4000	1000	2,000.00	10,500.00		-		-		-	600.00	150.00	750.00	9,750.00	265.00
9	3500	800	2,500.00	9,700.00		-		-		-	512.00	128.00	640.00	9,060.00	196.00
10	3500	800	2,500.00	9,700.00	16	7,760.00		-		7,760.00	512.00	128.00	640.00	1,300.00	-
11	3500	800	2,500.00	9,700.00		-		-		-	512.00	128.00	640.00	9,060.00	196.00
12	3500	800	2,500.00	9,700.00		-		-		-	512.00	128.00	640.00	9,060.00	196.00
13	4500	900	2,500.00	10,800.00		-		-		-	592.00	148.00	740.00	10,060.00	296.00
14	4500	900	3,200.00	13,100.00		-	15	1,200.00		1,200.00	720.00	180.00	900.00	11,000.00	390.00
15	4500	900	-	8,300.00		-		-		-	592.00	148.00	740.00	7,560.00	76.80
16	4500	900	2,600.00	11,500.00		-		-		-	640.00	160.00	800.00	10,700.00	360.00
17	4500	900	2,400.00	12,300.00		-		-		-	720.00	180.00	900.00	11,400.00	430.00

图 5－16 “代扣税”项目的计算结果

步骤 4 选定 V2 单元格，输入“实发工资”项目的计算公式“＝T2－U2”，按 Enter 键确认输入。

步骤 5 选定 V2 单元格，鼠标指向 V2 单元格右下角的填充柄，按下鼠标左键拖动至 V17 单元格，结果如图 5－17 所示。

	G	H	I	J	K	L	M	N	O	P	Q	R	S	T	U	V
1	岗位工资	住房补贴	奖金	应发合计	事假天数	事假扣款	病假天数	病假扣款	其他扣款	扣款合计	养老保险	医疗保险	应扣社保合计	应发工资	代扣税	实发合计
2	4000	1000	2,000.00	11,400.00		-		-		-	672.00	168.00	840.00	10,560.00	346.00	10,214.00
3	4000	1000	2,000.00	11,500.00	3	1,568.18		-		1,568.18	680.00	170.00	850.00	9,081.82	198.18	8,883.64
4	4000	1000	2,000.00	10,800.00		-	3	800.00		800.00	624.00	156.00	780.00	9,220.00	212.00	9,008.00
5	4000	1000	2,000.00	10,300.00		-		-		-	584.00	146.00	730.00	9,570.00	247.00	9,323.00
6	4000	1000	2,000.00	11,300.00		-		-		-	664.00	166.00	830.00	10,470.00	337.00	10,133.00
7	4000	1000	2,000.00	12,300.00		-		-		-	744.00	186.00	930.00	11,370.00	427.00	10,943.00
8	4000	1000	2,000.00	10,500.00		-		-		-	600.00	150.00	750.00	9,750.00	265.00	9,485.00
9	3500	800	2,500.00	9,700.00		-		-		-	512.00	128.00	640.00	9,060.00	196.00	8,864.00
10	3500	800	2,500.00	9,700.00	16	7,760.00		-		7,760.00	512.00	128.00	640.00	1,300.00	-	1,300.00
11	3500	800	2,500.00	9,700.00		-		-		-	512.00	128.00	640.00	9,060.00	196.00	8,864.00
12	3500	800	2,500.00	9,700.00		-		-		-	512.00	128.00	640.00	9,060.00	196.00	8,864.00
13	4500	900	2,500.00	10,800.00		-		-		-	592.00	148.00	740.00	10,060.00	296.00	9,764.00
14	4500	900	3,200.00	13,100.00		-	15	1,200.00		1,200.00	720.00	180.00	900.00	11,000.00	390.00	10,610.00
15	4500	900	-	8,300.00		-		-		-	592.00	148.00	740.00	7,560.00	76.80	7,483.20
16	4500	900	2,600.00	11,500.00		-		-		-	640.00	160.00	800.00	10,700.00	360.00	10,340.00
17	4500	900	2,400.00	12,300.00		-		-		-	720.00	180.00	900.00	11,400.00	430.00	10,970.00

图 5－17 “实发工资”项目的计算结果

子任务 5.3 查询与统计分析员工工资

任务要求

1. 能够使用筛选功能对员工工资进行查询；
2. 能够使用 VLOOKUP 函数对员工工资进行查询；
2. 能够使用数据透视表对员工工资进行统计分析；

任务资料

根据子任务 5.1 建立的员工工资数据清单，按下列要求完成员工工资的查询与统计分析：

1. 在“员工工资表”工作表中，利用筛选功能查询李明的工资信息。

2. 在“员工工资表”工作表中，利用筛选功能查询销售部的员工工资信息。

3. 在“员工工资表”工作表中，利用筛选功能查询销售人员中基本工资高于 3 000 元的员工工资信息。

4. 在“员工工资表”工作表中，利用筛选功能查询本月请假的员工工资信息，包括事假和病假两种情况。

5. 使用数据透视表和数据透视图功能统计各部门实发工资汇总数据。

6. 在“大连百大公司工资核算”工作簿中新建一个空白工作表，将工作表重命名“工资查询”。在新建的“工资查询”工作表中按如图 5 - 18 所示建立工资查询表，要求在姓名下方的 A2 单元格输入员工姓名后，在对应的其他单元格显示该员工的工资项目数据，如输入“李明”，结果如图 5 - 19 所示。

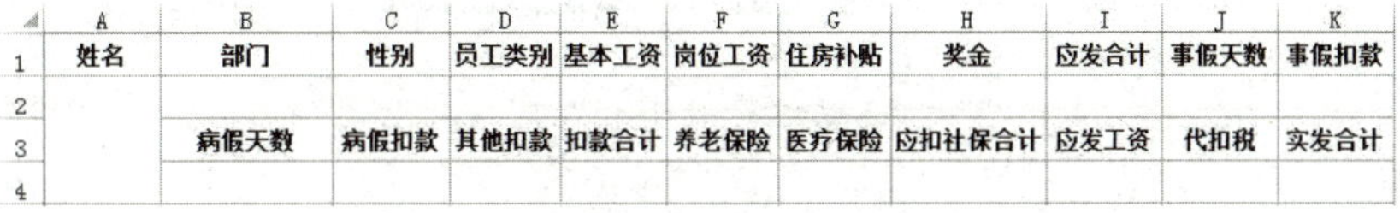

	A	B	C	D	E	F	G	H	I	J	K
1	姓名	部门	性别	员工类别	基本工资	岗位工资	住房补贴	奖金	应发合计	事假天数	事假扣款
2											
3		病假天数	病假扣款	其他扣款	扣款合计	养老保险	医疗保险	应扣社保合计	应发工资	代扣税	实发合计
4											

图 5 - 18 “工资查询”工作表的格式

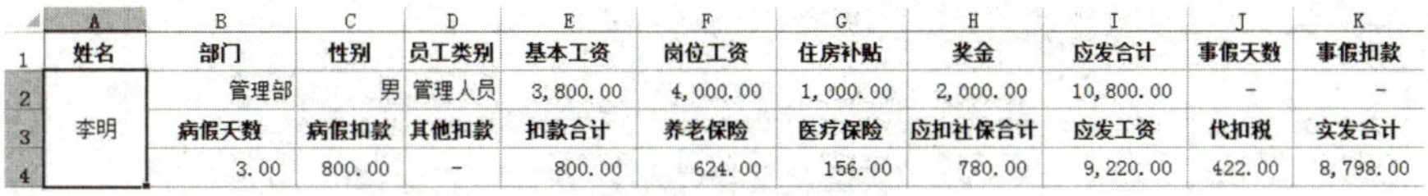

	A	B	C	D	E	F	G	H	I	J	K
1	姓名	部门	性别	员工类别	基本工资	岗位工资	住房补贴	奖金	应发合计	事假天数	事假扣款
2	李明	管理部	男	管理人员	3,800.00	4,000.00	1,000.00	2,000.00	10,800.00	-	-
3		病假天数	病假扣款	其他扣款	扣款合计	养老保险	医疗保险	应扣社保合计	应发工资	代扣税	实发合计
4		3.00	800.00	-	800.00	624.00	156.00	780.00	9,220.00	422.00	8,798.00

图 5 - 19 “李明”工资信息查询结果

任务实施

1. 在“员工工资表”工作表中，利用筛选功能查询李明的工资信息。

步骤 1 打开“大连百大公司工资核算”工作簿，选择“员工工资表”工作表。

步骤 2 在“员工工资表”工作表中，选定员工工资数据清单任意单元格，选择“数据—排序和筛选”命令组，单击“筛选”按钮。

步骤 3 单击“员工工资表”工作表中“姓名”标题列右侧下拉列表，取消“全选”，再单击“李明”，结果如图 5 - 20 所示。

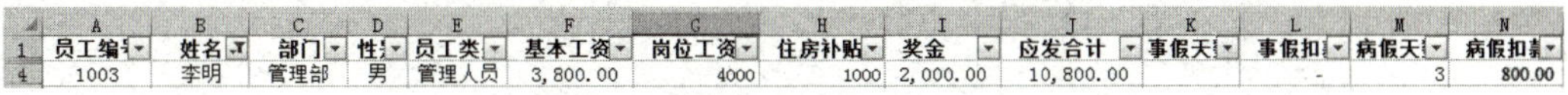

	A	B	C	D	E	F	G	H	I	J	K	L	M	N
1	员工编号	姓名	部门	性别	员工类	基本工资	岗位工资	住房补贴	奖金	应发合计	事假天	事假扣	病假天	病假扣款
4	1003	李明	管理部	男	管理人员	3,800.00	4000	1000	2,000.00	10,800.00		-	3	800.00

图 5 - 20 利用筛选功能查询李明工资信息结果

【小提示】

步骤 3 也可以使用如下方法操作，单击“姓名”标题列右侧下拉列表中的“文本筛选”下级菜单中的“等于”命令，如图 5 - 21 所示。

在弹出的“自定义自动筛选方式”对话框中，在“姓名”项下选择“等于”，在文本框中输入“李明”，如图 5 - 22 所示，单击“确定”按钮，工作表显示如图 5 - 20 所示的查询结果。

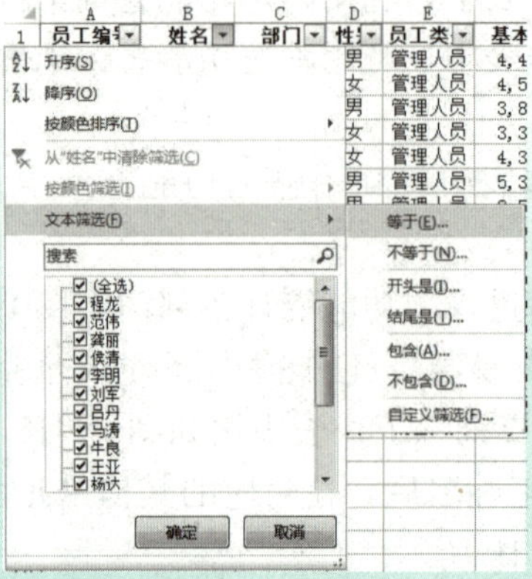

图 5-21　自动筛选方式下文本筛选的二级菜单

图 5-22　“自定义自动筛选方式”对话框

2. 在“员工工资表”工作表中，利用筛选功能查询销售部的员工工资信息。

步骤 1　打开“大连百大公司工资核算”工作簿，选择“员工工资表”工作表。

步骤 2　在“员工工资表”工作表中，选定员工工资数据清单任意单元格，选择“数据—排序和筛选”命令组，单击“筛选”按钮。

步骤 3　单击“员工工资表”工作表中“部门”标题列右侧下拉列表，取消“全选”，再单击“销售部”，结果如图 5-23 所示。

	A	B	C	D	E	F	G	H	I	J
1	员工编	姓名	部门	性	员工类	基本工资	岗位工资	住房补贴	奖金	应发合计
13	3001	吕丹	销售部	女	销售人员	2,900.00	4500	900	2,500.00	10,800.00
14	3002	赵本善	销售部	男	销售人员	4,500.00	4500	900	3,200.00	13,100.00
15	3003	范伟	销售部	男	销售人员	2,900.00	4500	900	-	8,300.00
16	3004	程龙	销售部	男	销售人员	3,500.00	4500	900	2,600.00	11,500.00
17	3005	张东建	销售部	男	销售人员	4,500.00	4500	900	2,400.00	12,300.00

图 5-23　利用筛选功能查询销售部员工工资信息结果

3. 在“员工工资表”工作表中，利用筛选功能查询销售人员中基本工资高于 3 000 元的员工工资信息。

步骤 1　打开“大连百大公司工资核算”工作簿，选择“员工工资表”工作表。

步骤 2　在“员工工资表”工作表中，选定员工工资数据清单任意单元格，选择“数据—排序和筛选”命令组，单击“筛选”按钮。

步骤 3　单击“员工工资表”工作表中“员工类别”标题列右侧下拉列表，取消“全选”，再单击“销售人员”，结果如图 5-24 所示。

步骤 4　在步骤 3 查询结果的基础上，单击“员工工资表”工作表中“基本工资”标

1	员工编	姓名	部门	性	员工类	基本工资	岗位工资	住房补贴	奖金	应发合计
13	3001	吕丹	销售部	女	销售人员	2, 900. 00	4500	900	2, 500. 00	10, 800. 00
14	3002	赵本善	销售部	男	销售人员	4, 500. 00	4500	900	3, 200. 00	13, 100. 00
15	3003	范伟	销售部	男	销售人员	2, 900. 00	4500	900	-	8, 300. 00
16	3004	程龙	销售部	男	销售人员	3, 500. 00	4500	900	2, 600. 00	11, 500. 00
17	3005	张东建	销售部	男	销售人员	4, 500. 00	4500	900	2, 400. 00	12, 300. 00

图 5-24 利用筛选功能查询员工类别为“销售人员”的工资信息结果

题列右侧下拉列表中的“数字筛选”二级菜单中的“大于”命令，在弹出的“自定义自动筛选方式”对话框中，在基本工资大于文本框中输入“3000”，如图 5-25 所示，单击“确定”按钮，显示如图 5-26 所示的工资信息查询结果。

图 5-25 “自定义自动筛选方式”对话框

1	员工编	姓名	部门	性	员工类	基本工资	岗位工资	住房补贴	奖金	应发合计
14	3002	赵本善	销售部	男	销售人员	4, 500. 00	4500	900	3, 200. 00	13, 100. 00
16	3004	程龙	销售部	男	销售人员	3, 500. 00	4500	900	2, 600. 00	11, 500. 00
17	3005	张东建	销售部	男	销售人员	4, 500. 00	4500	900	2, 400. 00	12, 300. 00

图 5-26 利用筛选功能查询“销售人员”基本工资大于 3 000 元的工资信息结果

4. 在“员工工资表”工作表中，利用筛选功能查询本月请假的员工工资信息，包括事假和病假两种情况。

步骤 1 打开“大连百大公司工资核算”工作簿，选择“员工工资表”工作表。

步骤 2 在“员工工资表”工作表下方预留一个空白行，然后将“员工工资表”工作表的标题复制到第 19 行，如图 5-27 所示。

	A	B	C	D	E	F	G	H	I	J	K	L	M	N
1	员工编号	姓名	部门	性别	员工类别	基本工资	岗位工资	住房补贴	奖金	应发合计	事假天数	事假扣款	病假天数	病假扣款
2	1001	周星星	管理部	男	管理人员	4, 400. 00	4000	1000	2, 000. 00	11, 400. 00		-		-
3	1002	张子仪	管理部	女	管理人员	4, 500. 00	4000	1000	2, 000. 00	11, 500. 00	3	1,568.18		-
4	1003	李明	管理部	男	管理人员	3, 800. 00	4000	1000	2, 000. 00	10, 800. 00		-	3	800.00
5	1004	龚丽	管理部	女	管理人员	3, 300. 00	4000	1000	2, 000. 00	10, 300. 00		-		-
6	1005	王亚	管理部	女	管理人员	4, 300. 00	4000	1000	2, 000. 00	11, 300. 00		-		-
7	1006	刘军	管理部	男	管理人员	5, 300. 00	4000	1000	2, 000. 00	12, 300. 00		-		-
8	2001	祝钧	管理部	男	管理人员	3, 500. 00	4000	1000	2, 000. 00	10, 500. 00		-		-
9	2002	杨达	生产部	男	生产工人	2, 900. 00	3500	800	2, 500. 00	9, 700. 00		-		-
10	2003	牛良	生产部	男	生产工人	2, 900. 00	3500	800	2, 500. 00	9, 700. 00	16	7,760.00		-
11	2004	马涛	生产部	男	生产工人	2, 900. 00	3500	800	2, 500. 00	9, 700. 00		-		-
12	2005	侯清	生产部	女	生产工人	2, 900. 00	3500	800	2, 500. 00	9, 700. 00		-		-
13	3001	吕丹	销售部	女	销售人员	2, 900. 00	4500	900	2, 500. 00	10, 800. 00		-		-
14	3002	赵本善	销售部	男	销售人员	4, 500. 00	4500	900	3, 200. 00	13, 100. 00		-	15	1,200.00
15	3003	范伟	销售部	男	销售人员	2, 900. 00	4500	900	-	8, 300. 00		-		-
16	3004	程龙	销售部	男	销售人员	3, 500. 00	4500	900	2, 600. 00	11, 500. 00		-		-
17	3005	张东建	销售部	男	销售人员	4, 500. 00	4500	900	2, 400. 00	12, 300. 00		-		-
18														
19	员工编号	姓名	部门	性别	员工类别	基本工资	岗位工资	住房补贴	奖金	应发合计	事假天数	事假扣款	病假天数	病假扣款
20														
21														

图 5-27 在“员工工资表”下方复制标题行的结果

步骤 3 在 K20 单元格输入查询条件“＞0”，表示查询事假天数大于 0 的结果；在 M21 单元格输入查询条件“＞0”，表示查询病假天数大于 0 的结果，如图 5-28 所示。

	A	B	C	D	E	F	G	H	I	J	K	L	M
1	员工编号	姓名	部门	性别	员工类别	基本工资	岗位工资	住房补贴	奖金	应发合计	事假天数	事假扣款	病假天数
2	1001	周星星	管理部	男	管理人员	4, 400. 00	4000	1000	2, 000. 00	11, 400. 00		-	
3	1002	张子仪	管理部	女	管理人员	4, 500. 00	4000	1000	2, 000. 00	11, 500. 00	3	1,568.18	
4	1003	李明	管理部	男	管理人员	3, 800. 00	4000	1000	2, 000. 00	10, 800. 00		-	3
5	1004	龚丽	管理部	女	管理人员	3, 300. 00	4000	1000	2, 000. 00	10, 300. 00		-	
6	1005	王亚	管理部	女	管理人员	4, 300. 00	4000	1000	2, 000. 00	11, 300. 00		-	
7	1006	刘军	管理部	男	管理人员	5, 300. 00	4000	1000	2, 000. 00	12, 300. 00		-	
8	2001	祝钧	管理部	男	管理人员	3, 500. 00	4000	1000	2, 000. 00	10, 500. 00		-	
9	2002	杨达	生产部	男	生产工人	2, 900. 00	3500	800	2, 500. 00	9, 700. 00		-	
10	2003	牛良	生产部	男	生产工人	2, 900. 00	3500	800	2, 500. 00	9, 700. 00	16	7,760.00	
11	2004	马涛	生产部	男	生产工人	2, 900. 00	3500	800	2, 500. 00	9, 700. 00		-	
12	2005	侯清	生产部	女	生产工人	2, 900. 00	3500	800	2, 500. 00	9, 700. 00		-	
13	3001	吕丹	销售部	女	销售人员	2, 900. 00	4500	900	2, 500. 00	10, 800. 00		-	
14	3002	赵本善	销售部	男	销售人员	4, 500. 00	4500	900	3, 200. 00	13, 100. 00		-	15
15	3003	范伟	销售部	男	销售人员	2, 900. 00	4500	900	-	8, 300. 00		-	
16	3004	程龙	销售部	男	销售人员	3, 500. 00	4500	900	2, 600. 00	11, 500. 00		-	
17	3005	张东建	销售部	男	销售人员	4, 500. 00	4500	900	2, 400. 00	12, 300. 00		-	
18													
19	员工编号	姓名	部门	性别	员工类别	基本工资	岗位工资	住房补贴	奖金	应发合计	事假天数	事假扣款	病假天数
20											>0		
21													>0

图 5-28　输入高级筛选条件的结果

【小提示】

如果将查询条件放在同一行，即在 K20 单元格输入“＞0”，在 M20 单元格输入“＞0”，则表示查询事假天数大于 0，并且病假天数也大于 0 的结果。

如果将查询条件分别放在不同行，则表示查询事假天数大于 0，或者病假天数大于 0 的结果，即事假天数或病假天数大于 0 的结果，也就是本月有事假或病假的员工信息。

步骤 4　选定“员工工资表”数据清单的任意一个单元格，选择“数据—排序和筛选”命令组，单击“高级”按钮，弹出“高级筛选”对话框，按如图 5-29 所示选择列表区域和条件区域，单击“确定”按钮，结果如图 5-30 所示。

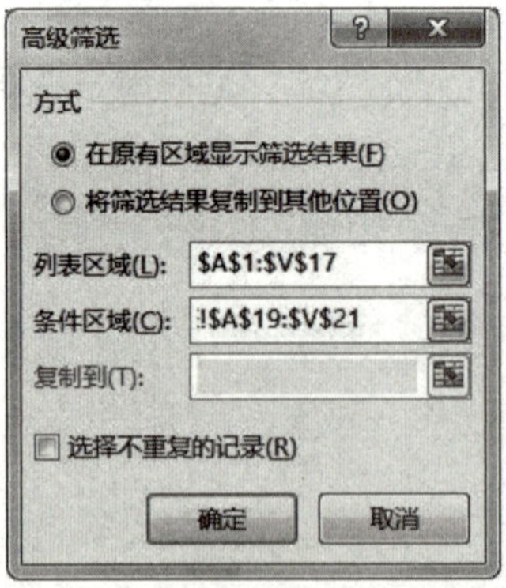

图 5-29　“高级筛选”对话框

	A	B	C	D	E	F	G	H	I	J	K	L	M	N
1	员工编号	姓名	部门	性别	员工类别	基本工资	岗位工资	住房补贴	奖金	应发合计	事假天数	事假扣款	病假天数	病假扣款
3	1002	张子仪	管理部	女	管理人员	4, 500. 00	4000	1000	2, 000. 00	11, 500. 00	3	1,568.18		-
4	1003	李明	管理部	男	管理人员	3, 800. 00	4000	1000	2, 000. 00	10, 800. 00		-	3	800.00
10	2003	牛良	生产部	男	生产工人	2, 900. 00	3500	800	2, 500. 00	9, 700. 00	16	7,760.00		-
14	3002	赵本善	销售部	男	销售人员	4, 500. 00	4500	900	3, 200. 00	13, 100. 00		-	15	1,200.00
18														
19	员工编号	姓名	部门	性别	员工类别	基本工资	岗位工资	住房补贴	奖金	应发合计	事假天数	事假扣款	病假天数	病假扣款
20											>0			
21													>0	

图 5-30　采用高级筛选功能查询本月请假的员工工资信息结果

5. 使用数据透视表和数据透视图功能统计各部门实发工资汇总数据。

步骤 1　打开“大连百大公司工资核算”工作簿，选择“员工工资表”工作表。

步骤 2　在“员工工资表”工作表中，选定员工工资数据清单任意单元格，选择“插入—表格”命令组，单击“数据透视表”按钮，弹出“创建数据透视表”对话框，在对话框中选择“表/区域”为“员工工资表！$A$1:$V$17”，选择放置数据透视表的位置为“新工作表”，如图 5-31 所示，单击“确定”按钮创建一个新的数据透视表工作表，并显示“数据透视表字段”任务窗格，如图 5-32 所示。

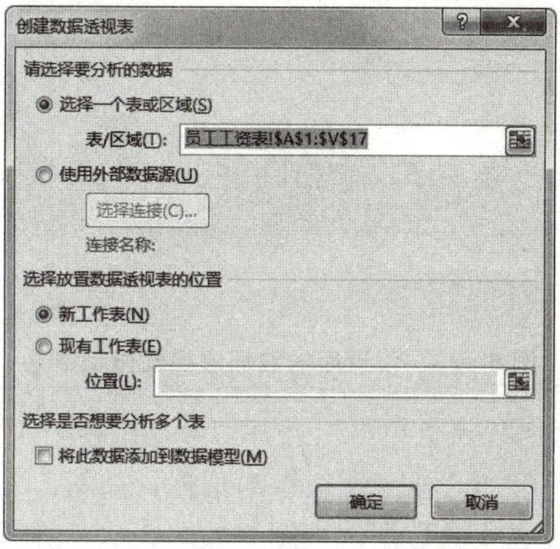

图 5-31　“创建数据透视表”对话框

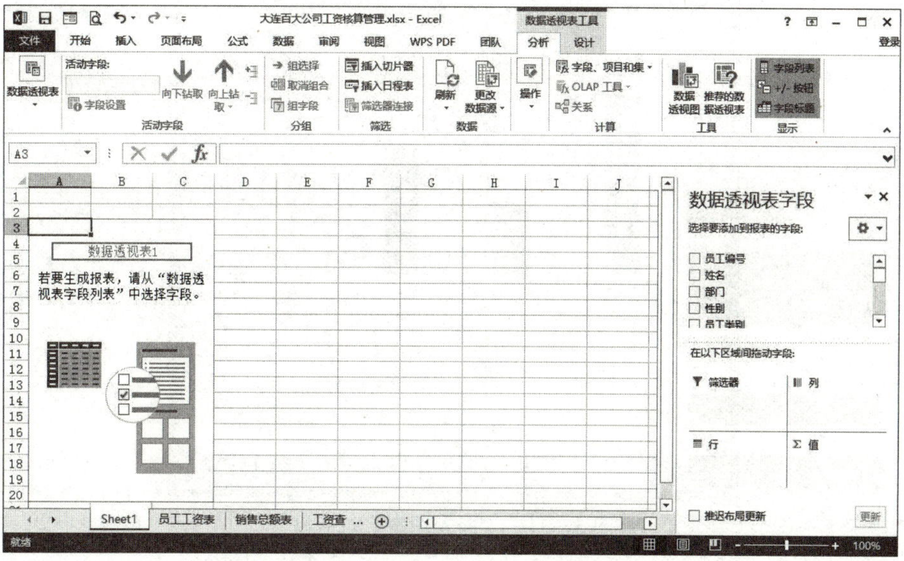

图 5-32　“数据透视表字段”任务窗格

步骤 3　在“数据透视表字段”任务窗格，将“部门”字段拖动至行标签，将实发工资拖动至值标签。在生成的数据透视表任意位置单击，选择“数据透视表工具—设计—布局”命令组，单击“报表布局”下拉列表中的“以表格形式显示”命令，结果如图 5-33 所示。

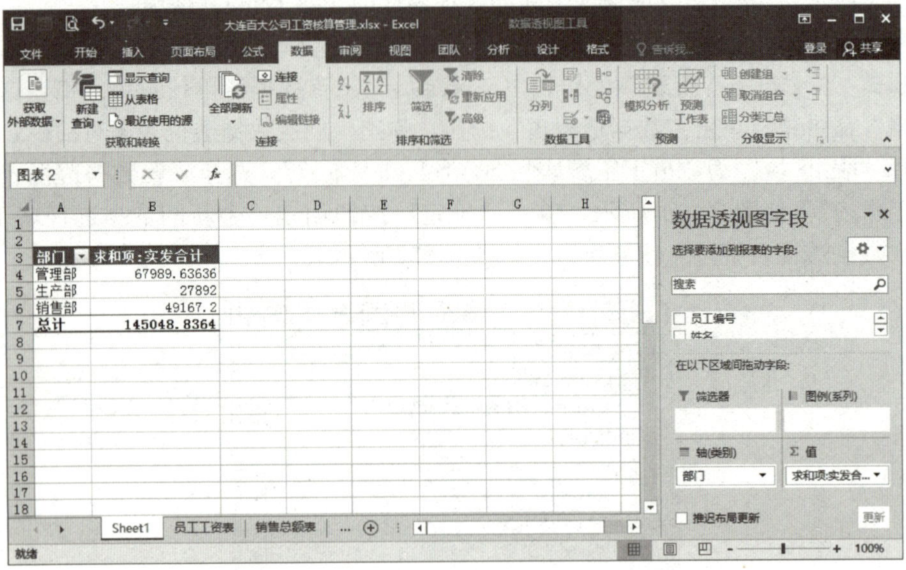

图 5-33 设置后的数据透视表显示结果

步骤 4 在生成的数据透视表上单击，选择“数据透视表工具—分析—工具”命令组，单击“数据透视图”按钮，弹出“插入图表”对话框，如图 5-34 所示，单击“确定”按钮，系统自动根据数据透视表生成数据透视图，如图 5-35 所示。

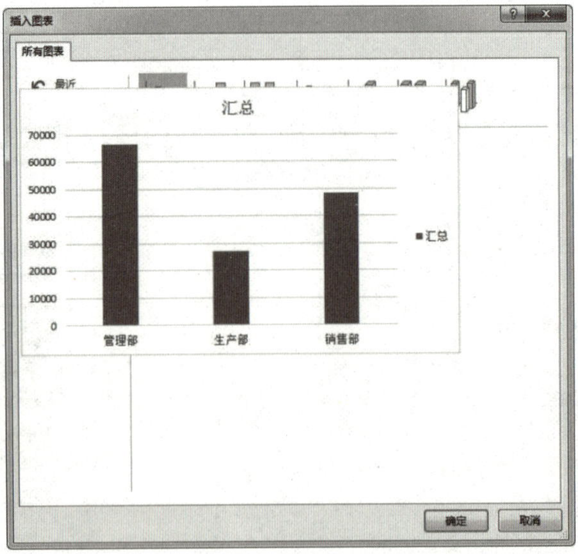

图 5-34 “插入图表”对话框

6. 在“大连百大公司工资核算”工作簿中新建一个空白工作表，将工作表重命名“工资查询”。在新建的“工资查询”工作表中按如图 5-18 所示建立工资查询表，要求在姓名下方的 A2 单元格输入员工姓名后，在对应的其他单元格显示该员工的工资项目数据。

步骤 1 在“大连百大公司工资核算”工作簿中新建一张工作表，并将其重命名为“工资查询”。

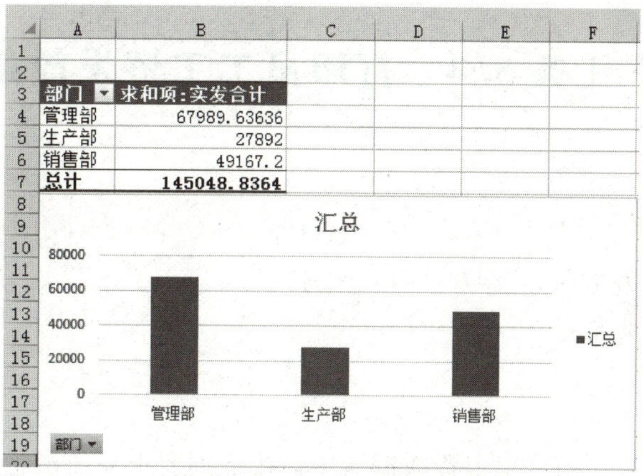

图 5-35　按部门生成实发工资汇总的数据透视图

步骤 2　在“工资查询”工作表中，按图 5-18 所示输入各个工资项目。

步骤 3　在“工资查询”工作表中，选定 B2 单元格，输入查询 A2 单元格（姓名）的公式“=IF(ISNA(VLOOKUP($A$2,员工工资表!$B$2:$V$17,2,FALSE)),"",VLOOKUP($A$2,员工工资表!$B$2:$V$17,2,FALSE))”，按 Enter 键确认输入。

【小提示】

B2 单元格的公式使用 VLOOKUP 函数在“员工工资表！$B$2:$V$17”区域内查找$A$2 单元格的值，也就是在员工工资表中查询输入的姓名。为了防止输入的姓名不存在或为空值时找不到工资数据，系统会提示“#N/A”错误，在公式中使用 IF 函数判断 ISNA 返回值是否为“#N/A”错误，如果为真值，则返回空值，否则，查询并返回查询区域的第 2 列也就是部门的值。

另外，B2 单元格公式的输入也可以使用插入函数，利用“函数参数”对话框进行设置，具体操作过程略。

步骤 4　复制 B2 单元格的公式，选定 C2 单元格，点击鼠标右键进行粘贴。双击 C2 单元格，修改公式，将第 2 列修改为第 3 列，也就是查询到 A2 单元格姓名，则返回查找区域第 3 列的值，即性别列的值。

步骤 5　重复步骤 4 的操作，依次修改单元格 D2:K2 以及 B4:K4 单元格公式，注意返回值列（操作过程略）。

步骤 6　测试查询。在 A2 单元格输入姓名“李明”，按 Enter 键确认输入，显示的查询结果如图 5-36 所示。

	A	B	C	D	E	F	G	H	I	J	K
1	姓名	部门	性别	员工类别	基本工资	岗位工资	住房补贴	奖金	应发合计	事假天数	事假扣款
2	李明	管理部	男	管理人员	3,800.00	4,000.00	1,000.00	2,000.00	10,800.00	-	-
3		病假天数	病假扣款	其他扣款	扣款合计	养老保险	医疗保险	应扣社保合计	应发工资	代扣税	实发合计
4		3.00	800.00	-	800.00	624.00	156.00	780.00	9,220.00	422.00	8,798.00

图 5-36　“李明”工资信息查询结果

子任务 5.4 打印员工工资发放条

任务要求

1. 能够生成工资发放条；
2. 能够打印工资发放条。

任务资料

根据子任务 5.1 建立的员工工资数据清单，按下列要求完成员工工资发放条的打印：

1. 生成员工工资发放条，如图 5－37 所示。

	A	B	C	D	E	F	G	H	I	J	K	L
1	月份	员工编号	姓名	部门	性别	员工类别	基本工资	岗位工资	住房补贴	奖金	应发合计	事假天数
2	2019年12月	1001	周星星	管理部	男	管理人员	4, 400. 00	4000	1000	2, 000. 00	11, 400. 00	
3												
4												
5	月份	员工编号	姓名	部门	性别	员工类别	基本工资	岗位工资	住房补贴	奖金	应发合计	事假天数
6	2019年12月	1002	张子仪	管理部	女	管理人员	4, 500. 00	4000	1000	2, 000. 00	11, 500. 00	3
7												
8												
9	月份	员工编号	姓名	部门	性别	员工类别	基本工资	岗位工资	住房补贴	奖金	应发合计	事假天数
10	2019年12月	1003	李明	管理部	男	管理人员	3, 800. 00	4000	1000	2, 000. 00	10, 800. 00	
11												
12												
13	月份	员工编号	姓名	部门	性别	员工类别	基本工资	岗位工资	住房补贴	奖金	应发合计	事假天数
14	2019年12月	1004	龚丽	管理部	女	管理人员	3, 300. 00	4000	1000	2, 000. 00	10, 300. 00	
15												
16												

图 5－37 工资发放条

2. 打印工资发放条。

任务实施

1. 生成员工工资发放条。

步骤 1 打开“大连百大公司工资核算”工作簿，新增一个空白工作表，并重命名为“工资发放条”。

步骤 2 复制“员工工资表”工作表的数据到“工资发放条”工作表。

步骤 3 在“工资发放条”工作表，选择 A 列，右击鼠标，在快捷菜单中选择“插入”命令，在最前面插入一个空白列，并在 A1 单元格输入“月份”，在 A2 单元格输入“2019 年 12 月”。

步骤 4 选定 A2 单元格，使用快速填充功能将 A2 单元格的值填充到 A3:A17 区域。

步骤 5 在“工资发放条”工作表的第 3 行前插入 3 个空白行。复制员工工资表的标题（工作表第 1 行），将其粘贴到第 5 行，如图 5－38 所示。

步骤 6 重复步骤 5 的操作过程，进行插入行与粘贴标题操作，结果如图 5－39 所示。

2. 打印工资发放条。

步骤 1 打开“大连百大公司工资核算”工作簿，选择“工资发放条”工作表。

步骤 2 选择要打印的工资发放条区域范围，选择“文件—打印”命令，打开如图 5－40 所示的打印窗口。

	A	B	C	D	E	F	G	H	I	J	K	L	M
1	月份	员工编号	姓名	部门	性别	员工类别	基本工资	岗位工资	住房补贴	奖金	应发合计	事假天数	事假扣款
2	2019年12月	1001	周星星	管理部	男	管理人员	4,400.00	4000	1000	2,000.00	11,400.00		-
3													
4													
5	月份	员工编号	姓名	部门	性别	员工类别	基本工资	岗位工资	住房补贴	奖金	应发合计	事假天数	事假扣款
6	2019年12月	1002	张子仪	管理部	女	管理人员	4,500.00	4000	1000	2,000.00	11,500.00	3	1,568.18
7	2019年12月	1003	李明	管理部	男	管理人员	3,800.00	4000	1000	2,000.00	10,800.00		-
8	2019年12月	1004	龚丽	管理部	女	管理人员	3,300.00	4000	1000	2,000.00	10,300.00		-
9	2019年12月	1005	王亚	管理部	女	管理人员	4,300.00	4000	1000	2,000.00	11,300.00		-
10	2019年12月	1006	刘军	管理部	男	管理人员	5,300.00	4000	1000	2,000.00	12,300.00		-
11	2019年12月	2001	祝钧	管理部	男	管理人员	3,500.00	4000	1000	2,000.00	10,500.00		-
12	2019年12月	2002	杨达	生产部	男	生产工人	2,900.00	3500	800	2,500.00	9,700.00		-
13	2019年12月	2003	牛良	生产部	男	生产工人	2,900.00	3500	800	2,500.00	9,700.00	16	7,760.00

图 5-38　粘贴标题后的工资发放条

	A	B	C	D	E	F	G	H	I	J	K	L
1	月份	员工编号	姓名	部门	性别	员工类别	基本工资	岗位工资	住房补贴	奖金	应发合计	事假天数
2	2019年12月	1001	周星星	管理部	男	管理人员	4,400.00	4000	1000	2,000.00	11,400.00	
3												
4												
5	月份	员工编号	姓名	部门	性别	员工类别	基本工资	岗位工资	住房补贴	奖金	应发合计	事假天数
6	2019年12月	1002	张子仪	管理部	女	管理人员	4,500.00	4000	1000	2,000.00	11,500.00	3
7												
8												
9	月份	员工编号	姓名	部门	性别	员工类别	基本工资	岗位工资	住房补贴	奖金	应发合计	事假天数
10	2019年12月	1003	李明	管理部	男	管理人员	3,800.00	4000	1000	2,000.00	10,800.00	
11												
12												
13	月份	员工编号	姓名	部门	性别	员工类别	基本工资	岗位工资	住房补贴	奖金	应发合计	事假天数
14	2019年12月	1004	龚丽	管理部	女	管理人员	3,300.00	4000	1000	2,000.00	10,300.00	
15												
16												

图 5-39　生成工资发放条

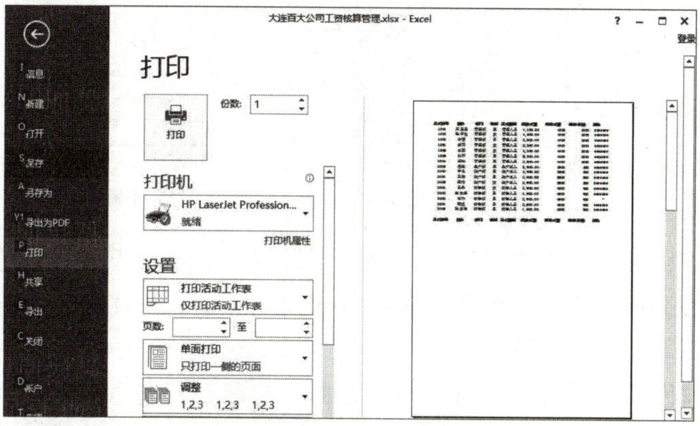

图 5-40　打印窗口

步骤 3　在打印窗口，选择要使用的打印机，再选择“设置”下方的“打印活动工作表”下拉框中的“打印选定区域”，单击“打印”按钮即可。

任务总结

本任务介绍了如何利用 Excel 进行企业员工工资核算和管理，主要介绍了员工工资表的建立；利用函数和公式计算工资项目；利用自动筛选、高级筛选以及 VLOOKUP 函数进行员工工资数据查询；利用数据透视表和数据透视图对员工工资数据进行统计分析。通过本任务的学习，学生可利用 Excel 对企业员工工资进行核算和管理。

任务实训

一、实训的目的和要求

1. 掌握员工工资表的格式设计；
2. 能够建立员工工资表；

3. 能够根据企业工资核算标准计算员工工资表工资项目；

4. 能够查询与统计分析员工工资表数据。

二、实训内容

1. 新建“大连星河科技公司工资核算”工作簿，选定Sheet1工作表，重命名为“工资核算表”。

2. 新增一个空白工资表，重命名为“销售情况统计表”，并按如图5－41所示的格式进行适当修饰。

	A	B	C	D	E	F
1	销售情况统计表					
2						单位：万元
3	职员编号	姓名	部门	性别	员工类别	销售总额
4	101	于晖	管理部	男	管理人员	0
5	102	王李鑫	管理部	女	管理人员	0
6	103	王钰鑫	管理部	男	管理人员	0
7	104	王萌萌	管理部	女	管理人员	0
8	105	邓淇真	管理部	女	管理人员	0
9	106	石铭杰	管理部	男	管理人员	0
10	201	丛玉隆	管理部	男	管理人员	0
11	202	乔晓莹	生产部	男	生产工人	0
12	203	任少广	生产部	男	生产工人	0
13	204	任连庆	生产部	男	生产工人	0
14	205	刘才元	生产部	女	生产工人	0
15	206	刘倩	生产部	女	生产工人	0
16	207	孙可望	生产部	男	生产工人	0
17	208	孙佳兴	生产部	男	生产工人	0
18	301	李成矩	销售部	男	销售人员	30
19	302	李安达	销售部	男	销售人员	45

图5－41　大连星河科技公司销售情况统计表

3. 选定“工资核算表”工作表，按如图5－42所示的格式建立大连星河科技公司工资核算表，并输入公司员工的职员编号、姓名、部门、性别、员工类别、基本工资、事假天数和病假天数等，且要求“部门”“员工类别”列采取数据验证下拉列表输入。

4. 按如下标准设置大连星河科技公司除基本工资项目外其他工资项目的计算公式，结果如图5－43所示：

（1）岗位工资：根据员工类别进行发放，管理人员为1 200元，生产工人为600元，销售人员为800元。

（2）住房补贴：根据员工类别进行发放，管理人员为500元，生产工人为300元，销售人员为400元。

（3）奖金：根据部门的效益确定，本月管理部奖金为600元，生产部奖金为700元，销售部奖金与个人销售额有关，完成基本销售额20万元的，奖金为600元，超额完成的，按超出金额的1%提成，未完成基本销售额的，没有奖金。销售情况如图5－41所示。

（4）事假扣款：规定将应发工资平均到每天（每月按22天计算），按天扣款。

（5）病假扣款：规定如果病假少于14天，工人扣款500元，非工人扣款800元；如果病假多于14天，工人扣款800元，非工人扣款1 200元。

（6）养老保险扣款：按基本工资与岗位工资之和的8%扣除。

（7）医疗保险扣款：按基本工资与岗位工资之和的2%扣除。

（8）个人所得税：依据个人所得税税率表（见表5－3）进行扣除。

	月份	职员编号	姓名	部门	性别	员工类别	基本工资	岗位工资	住房补贴	奖金	应发合计	事假天数	事假扣款	病假天数	病假扣款	其他扣款	扣款合计	养老保险	医疗保险	应扣社保合计	应发工资	代扣税	实发合计
2	2020年1月	101	于晖	管理部	男	管理人员	4,400.00							2									
3	2020年1月	102	王李鑫	管理部	女	管理人员	4,500.00					2											
4	2020年1月	103	王钰鑫	管理部	男	管理人员	3,800.00																
5	2020年1月	104	王萌萌	管理部	女	管理人员	3,300.00							8									
6	2020年1月	105	邓淇真	管理部	女	管理人员	4,300.00					7											
7	2020年1月	106	石铭杰	管理部	男	管理人员	5,300.00																
8	2020年1月	201	从玉隆	管理部	男	管理人员	3,500.00							15									
9	2020年1月	202	乔晓莹	生产部	男	生产工人	2,900.00																
10	2020年1月	203	任少广	生产部	男	生产工人	2,900.00																
11	2020年1月	204	任连庆	生产部	男	生产工人	2,900.00					2											
12	2020年1月	205	刘才元	生产部	女	生产工人	2,900.00																
13	2020年1月	206	刘倩	生产部	女	生产工人	2,900.00																
14	2020年1月	207	孙可望	生产部	男	生产工人	4,500.00							7									
15	2020年1月	208	孙佳兴	生产部	男	生产工人	2,900.00																
16	2020年1月	301	李成矩	销售部	男	销售人员	3,500.00					10											
17	2020年1月	302	李安达	销售部	男	销售人员	4,500.00							14									

图 5-42　大连星河科技公司工资核算表格式

	月份	职员编号	姓名	部门	性别	员工类别	基本工资	岗位工资	住房补贴	奖金	应发合计	事假天数	事假扣款	病假天数	病假扣款	其他扣款	扣款合计	养老保险	医疗保险	应扣社保合计	应发工资	代扣税	实发合计
2	2020年1月	101	于晖	管理部	男	管理人员	4,400.00	1,200.00	500.00	600.00	6,700.00		-	2	-		-	448.00	112.00	560.00	6,140.00	34.20	6,105.80
3	2020年1月	102	王李鑫	管理部	女	管理人员	4,500.00	1,200.00	500.00	600.00	6,800.00	2	647.62		1,200.00		1,847.62	456.00	114.00	570.00	4,382.38	-	4,382.38
4	2020年1月	103	王钰鑫	管理部	男	管理人员	3,800.00	1,200.00	500.00	600.00	6,100.00		-		-		-	400.00	100.00	500.00	5,600.00	18.00	5,582.00
5	2020年1月	104	王萌萌	管理部	女	管理人员	3,300.00	1,200.00	500.00	600.00	5,600.00		-	8	-		-	360.00	90.00	450.00	5,150.00	4.50	5,145.50
6	2020年1月	105	邓淇真	管理部	女	管理人员	4,300.00	1,200.00	500.00	600.00	6,600.00	7	2,200.00		1,200.00		3,400.00	440.00	110.00	550.00	2,650.00	-	2,650.00
7	2020年1月	106	石铭杰	管理部	男	管理人员	5,300.00	1,200.00	500.00	600.00	7,600.00		-		-		-	520.00	130.00	650.00	6,950.00	58.50	6,891.50
8	2020年1月	201	从玉隆	管理部	男	管理人员	3,500.00	1,200.00	500.00	600.00	5,800.00		-	15	-		-	376.00	94.00	470.00	5,330.00	9.90	5,320.10
9	2020年1月	202	乔晓莹	生产部	男	生产工人	2,900.00	600.00	300.00	700.00	4,500.00		-		-		-	280.00	70.00	350.00	4,150.00	-	4,150.00
10	2020年1月	203	任少广	生产部	男	生产工人	2,900.00	600.00	300.00	700.00	4,500.00		-		-		-	280.00	70.00	350.00	4,150.00	-	4,150.00
11	2020年1月	204	任连庆	生产部	男	生产工人	2,900.00	600.00	300.00	700.00	4,500.00	2	428.57		800.00		1,228.57	280.00	70.00	350.00	2,921.43	-	2,921.43
12	2020年1月	205	刘才元	生产部	女	生产工人	2,900.00	600.00	300.00	700.00	4,500.00		-		-		-	280.00	70.00	350.00	4,150.00	-	4,150.00
13	2020年1月	206	刘倩	生产部	女	生产工人	2,900.00	600.00	300.00	700.00	4,500.00		-		-		-	280.00	70.00	350.00	4,150.00	-	4,150.00
14	2020年1月	207	孙可望	生产部	男	生产工人	4,500.00	600.00	300.00	700.00	6,100.00		-	7	-		-	408.00	102.00	510.00	5,590.00	17.70	5,572.30
15	2020年1月	208	孙佳兴	生产部	男	生产工人	2,900.00	600.00	300.00	700.00	4,500.00		-		-		-	280.00	70.00	350.00	4,150.00	-	4,150.00
16	2020年1月	301	李成矩	销售部	男	销售人员	3,500.00	800.00	400.00	1,600.00	6,300.00	10	3,000.00		1,200.00		4,200.00	344.00	86.00	430.00	1,670.00	-	1,670.00
17	2020年1月	302	李安达	销售部	男	销售人员	4,500.00	800.00	400.00	3,100.00	8,800.00		-	14	-		-	424.00	106.00	530.00	8,270.00	117.00	8,153.00

图 5-43　工资核算表的计算结果

5. 在“工资核算表”工作表中，应用自动筛选和高级筛选功能实现工资数据查询，要求如下：

(1) 查询基本工资在 4 000 元以上的员工工资信息。

(2) 查询管理部基本工资在 4 000 元以上的员工工资信息。

6. 激活一个工作表，重命名为“工资查询”，按如图 5－44 所示的格式应用 VLOOKUP 函数实现工资数据查询。

	A	B	C	D	E	F	G	H	I	J	K
1	姓名	部门	性别	员工类别	基本工资	岗位工资	住房补贴	奖金	应发合计	事假天数	事假扣款
2	于晖	管理部	男	管理人员	4,400.00	1,200.00	500.00	600.00	6,700.00	-	-
3		病假天数	病假扣款	其他扣款	扣款合计	养老保险	医疗保险	应扣社保合计	应发工资	代扣税	实发合计
4		2.00	-	-	-	448.00	112.00	560.00	6,140.00	34.20	6,105.80

图 5－44 使用 VLOOKUP 函数查询工资信息

7. 根据工资核算表，建立按部门和员工类别统计实发合计的数据透视表和数据透视图。效果如图 5－45 所示。

	A	B	C	D	E
1	求和项:实发合计	部门			
2	员工类别	管理部	生产部	销售部	总计
3	管理人员	36652.10952			36652.10952
4	生产工人		29359		29359
5	销售人员			3060.47619	3060.47619
6	总计	36652.10952	29359	3060.47619	69071.58571

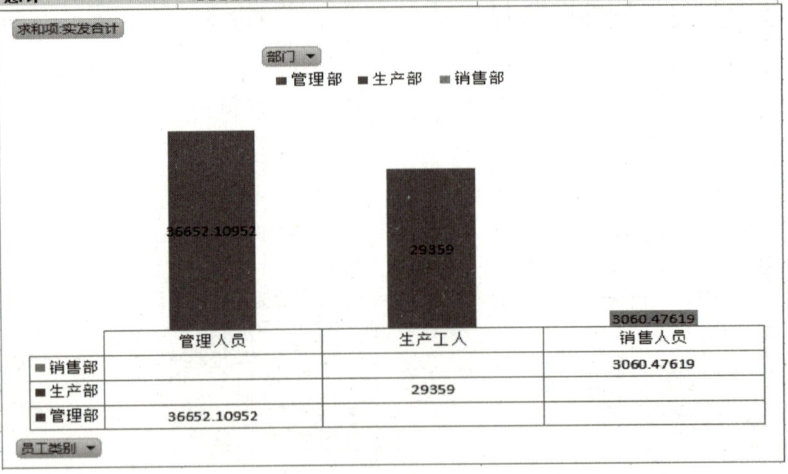

图 5－45 员工工资数据统计结果

8. 打开“大连星河科技公司工资核算”工作簿，新增空白工作表，重命名为“工资发放条”，按图 5－39 所示的格式建立工资发放条。

习题

制作好本月工资表后，当下月需要建立工资表时，如何使用本月的工资表？需要进行哪些局部更改？

任务 6

应用 Excel 管理固定资产

● 重点和难点

1. 固定资产卡片账的建立；
2. 固定资产折旧的计算。

学习目标

【知识目标】

1. 了解企业固定资产的相关概念；
2. 掌握固定资产卡片账的建立过程；
3. 掌握固定资产折旧的计算过程。

【技能目标】

1. 能够建立固定资产卡片账；
2. 能够计算固定资产折旧；
3. 能够计算固定资产的账面价值。

任务概述

固定资产是企业的生产资料，由于其特殊性，在企业管理中拥有举足轻重的地位。固定资产对企业财务状况的影响较大，在使用过程中，固定资产价值将以折旧的方式转移到产品成本之中，因此固定资产折旧是固定资产管理的重要组成部分。通过本任务的学习，学生可了解并掌握 Excel 在固定资产管理与核算中的处理流程。

知识积累

6.1 固定资产的概念

固定资产是指同时具有下列特征的有形资产：

(1) 为生产商品、提供劳务、出租或经营管理而持有。

(2) 使用寿命超过一个会计年度。使用寿命，是指企业使用固定资产的预计期间，或者该固定资产所能生产产品或提供劳务的数量。

基于重要性原则，如果同时满足上述两个条件，但单位价值偏低，则只能确认为低值易耗品而非固定资产，因此，固定资产还有一个隐含特点就是单位价值较高。

6.2 固定资产的重要性

固定资产在企业资产管理中拥有举足轻重的地位，一般而言，其重要性体现在以下几个方面：

（1）固定资产是生产资料，是物质生产的基础。

固定资产属于生产资料，生产资料是劳动者用以影响或改变劳动对象的性能或形态的物质资料，如机器设备、房屋和运输工具等。生产资料是物质生产的基础，在企业经济活动中处于十分重要的地位。

（2）固定资产单位价值高，所占资金比重大。

与流动资产相比，固定资产的购置或取得通常要花费较大的代价。在绝大多数企业中，固定资产所占的资金在资金总额中占有较大的比重，是企业家底的“大头”。由于经济价值高的特点，固定资产对企业财务状况的反映也有很大影响，任何固定资产计价或记录上的错误都有可能在较大程度上改变企业的真实财务状况。

（3）固定资产的折旧计提对成本费用的影响较大。

在使用过程中，固定资产的价值应以折旧的形式逐渐转移到产品或服务成本中去。固定资产的价值较高，即使其折旧计提几乎贯穿整个使用期间，在某一会计期间计入产品或成本中的折旧额依然较大，所以固定资产的折旧计提方法是否合适、折旧额的计算是否正确，将在很大程度上影响当期的成本费用水平以及固定资产的净值。

（4）固定资产管理工作的难度较大，问题较多。

由于企业的固定资产种类多、数量大、使用分散且使用期限较长，在使用和管理中容易发生遗失、损坏或失盗等事件。

6.3 固定资产的分类

企业的固定资产种类很多，根据不同的分类标准，可以分成不同的类别。企业应当选择适当的分类标准对固定资产进行分类，以满足经营管理的需要。

6.3.1 按经济用途分类

固定资产按经济用途不同，可以分为生产用固定资产和非生产用固定资产。生产用固定资产是指直接服务于企业生产经营过程的固定资产。非生产用固定资产是指不直接服务于生产经营过程的固定资产。

固定资产按经济用途分类，可以分类反映企业生产经营用固定资产和非生产经营用固定资产之间的组成变化情况，借以考核和分析企业固定资产的管理和利用情况，从而促进固定资产的合理配置，充分发挥其效用。

6.3.2 按使用情况分类

固定资产按使用情况不同，可分为使用中的固定资产、未使用的固定资产和不需用的固定资产。使用中的固定资产是指正在使用的经营性和非经营性固定资产。由于季节性经营或修理等原因，暂时停止使用的固定资产仍属于使用中的固定资产；企业出租给其他单位使用的固定资产以及内部替换使用的固定资产，也属于使用中的固定资产。未使用的固定资产是指已完工或已购建但尚未交付使用的固定资产以及因改建、扩建等原因停止使用的固定资产，如企业购建的尚待安装的固定资产、因经营任务变更而停止使用的固定资产等。不需用的固定资产是指本企业多余或不适用，需要调配处理的固定资产。

固定资产按使用情况不同进行分类，有利于企业掌握固定资产的使用情况，便于比较分析固定资产的利用效率，挖掘固定资产的使用潜力，促进固定资产的合理使用，同时也便于企业准确合理地计提固定资产折旧。

6.3.3 按所有权分类

固定资产按所有权不同，可分为自有固定资产和租入固定资产。自有固定资产是指企业拥有的可供企业自由支配使用的固定资产；租入固定资产是指企业采用租赁方式从其他单位租入的固定资产。

6.3.4 按经济用途和使用情况分类

固定资产按经济用途和使用情况进行综合分类，可分为生产经营用固定资产、非生产经营用固定资产、租出固定资产、不需用固定资产、未使用固定资产、土地和融资租入固定资产。

由于企业的经营性质不同，经营规模有大有小，对于固定资产可以有不同的分类方法，企业可以根据自己的实际情况和经营管理、会计核算的需要进行分类。

6.4 固定资产折旧

6.4.1 固定资产折旧概述

固定资产折旧是指固定资产在使用过程中逐渐损耗而消失的那部分价值。固定资产损耗的这部分价值应当在固定资产的有效使用年限内进行分摊，形成折旧费用并计入各期成本。根据《企业会计准则》的相关规定，固定资产的各组成部分具有不同使用寿命或者以不同方式为企业提供经济利益，适用不同的折旧率或折旧方法，应当分别将各组成部分确认为单项固定资产。可见，折旧的计提有助于单项固定资产的划分。

1. 固定资产折旧的性质

固定资产的价值随着固定资产的使用而逐渐转移到生产的产品成本中或构成费用，然后通过产品（商品）的销售收回货款，得到补偿。

固定资产的损耗分为有形和无形两种：有形损耗是指固定资产因使用和自然力的影响而引起的使用价值和价值的损失；无形损耗是指由于科学进步等而引起的固定资产的价值损失。

2. 计提折旧的范围

企业使用中的固定资产（包括经营用固定资产、非经营用固定资产、租出固定资产）一般均应计提折旧，包括房屋和建筑物，在用的机器设备、仪器仪表、运输工具，季节性停用、大修理停用的设备，融资租入和以经营租赁方式租出的固定资产。

不计提折旧的固定资产包括未使用、不需用的机器设备，以经营租赁方式租入的固定资产，在建工程项目交付使用前的固定资产，已提足折旧继续使用的固定资产，未提足折旧提前报废的固定资产，国家规定不计提折旧的其他固定资产（如土地等）。提足折旧是指已经提足该项固定资产的应提折旧总额。应提折旧总额为固定资产原值减去预计残值。

6.4.2 固定资产折旧方法

企业一般应按当月提取折旧。当月增加的固定资产，当月不提折旧；当月减少的固定资产，当月照提折旧。

1. 平均年限法

平均年限法又称直线法，是将固定资产的折旧额均衡分摊到各期的一种方法。计算公式为：

年折旧率＝（1－预计净残值率）÷预计使用年限×100％

月折旧率＝年折旧率÷12

月折旧额＝固定资产原值×月折旧率

2. 工作量法

工作量法是根据实际工作量计提折旧额的一种方法。计算公式为：

每一工作量折旧额＝固定资产原值×（1－预计净残值率）÷预计总工作量

某项固定资产月折旧额＝该项固定资产当月工作量×每一工作量折旧额

3. 双倍余额递减法

双倍余额递减法是在不考虑固定资产净残值的情况下，根据每期期初固定资产账面余额和双倍的直线法折旧率计算固定资产折旧的一种方法。计算公式为：

年折旧率＝2÷预计使用年限×100％

月折旧率＝年折旧率÷12

月折旧额＝固定资产账面净值×月折旧率

使用双倍余额递减法计提折旧的固定资产，应当在其折旧年限到期前两年内将固定资产净值（扣除净残值）平均摊销。

4. 年数总和法

年数总和法又称合计年限法，是将固定资产的原值减去净残值后的净额乘以一个逐年递减的分数计算每年折旧额的方法。这个分数的分子代表固定资产尚可使用的年数，分母代表使用年限的逐年数字总和。计算公式为：

年折旧率＝尚可使用的年数÷预计使用年限的年数总和

或者：

$$年折旧率=\left(\begin{matrix}预计使用\\年限\end{matrix}-\begin{matrix}已使用\\年限\end{matrix}\right)\div\left[\begin{matrix}预计使用\\年限\end{matrix}\times\left(\begin{matrix}预计使用\\年限\end{matrix}+1\right)\div 2\right]$$

月折旧率＝年折旧率÷12

月折旧额＝（固定资产原值－预计净残值）×月折旧率

6.4.3 固定资产折旧函数

手工计算固定资产折旧金额的过程非常烦琐，可以利用Excel中提供的函数自动生成固定资产折旧金额。

1. DB 函数

函数用途：返回利用固定余额递减法计算一定日期内资产的折旧值。

使用语法：DB（cost,salvage,life,period,month）。

参数说明如下：

cost：指固定资产的初始购置成本。

salvage：指固定资产的残值（估计残值）。

life：指固定资产的使用年限。

period：指需要计算折旧的日期。使用时，period 必须与 life 使用相同的计量单位。

month：指第一年的月份数，如果 month 自变量被省略，则假定其值为 12。

用法说明：固定余额递减法是指在某一固定比率下计算折旧的方法。DB 函数运用下列公式来计算折旧：（cost－上一期总折旧值）×比率。其中，比率的计算公式为“1－((salvage/cost)^(1/life))”，计算结果四舍五入至小数点后第 3 位。对于第一期的折旧和最后一期的折旧，必须使用特别的计算公式。对于第一期而言，DB 函数使用运算公式：cost×比率×month/12；对于最后一期而言，DB 函数使用运算公式：((cost－前几期折旧值总和)×比率×(12－month))/12。

2. DDB 函数

函数用途：返回指定固定资产在指定日期内按加倍余额递减法或其他指定方法计算所得的折旧值。

使用语法：DDB（cost,salvage,life,period,factor）。

参数说明如下：

cost：指固定资产的初始购置成本

salvage：指固定资产的残值（估计残值）。

life：指固定资产的使用年限。

period：指要计算折旧的日期。使用时，period 必须与 life 使用相同的计量单位。

factor：用来指定余额递减的速率。如果该参数被省略，其假定值是 2（即采用双倍余额递减法）。

3. SLN 函数

函数用途：返回指定固定资产使用直线法计算出的每期折旧金额。

使用语法：SLN（cost,salvage,life）。

参数说明如下：

cost：指固定资产的初始购置成本。

salvage：指固定资产的残值（估计残值）。

life：指固定资产的使用年限。

4. SYD 函数

函数用途：返回指定固定资产在某段日期内按年数总和法计算出的每期折旧金额。

使用语法：SYD（cost,salvage,life,period）。

参数说明如下：

cost：指固定资产的初始购置成本。

salvage：指固定资产的残值（估计残值）。

life：指固定资产的使用年限。

period：指要计算的某段时期。period 必须与 life 使用相同的计量单位。

5. VDB 函数

函数用途：返回指定固定资产在某一时段内的折旧总额，折旧金额是使用倍率递减法计算的。

使用语法：VDB（cost, salvage, life, start-period, end-period, factor, no-switch）。

参数说明如下：

cost：指固定资产的初始购置成本。

salvage：指固定资产的残值（估计残值）。

life：指固定资产的使用年限。

start-period：指定折旧金额的计算是从第几期开始。该参数必须与 life 使用相同的计量单位。

end-period：指定折旧金额的计算算到第几期为止。该参数必须与 life 使用相同的单位。

factor：指定余额递减的速率。如果省略 factor 自变量，则使用默认值 2（即采用倍率递减法）。

on-switch：此参数是个逻辑值参数，用于判断是否要在折旧金额大于递减余额法算出的数额时将折旧切换成采用直线法计算的折旧金额。

子任务 6.1 建立固定资产卡片账

任务要求

1. 能够建立固定资产卡片账；
2. 能够修饰固定资产卡片账；
3. 能够录入与计算固定资产卡片账数据。

知识积累

在我国的会计实务中，企业在日常核算固定资产时常采用卡片账形式。卡片账是将账户的格式印刷在硬质卡片上。严格来说，卡片账也是一种明细活页账，只不过它不是装在活页账中，而是装在卡片箱内。卡片账上详细记录了固定资产的相关信息。卡片账能够对固定资产进行独立的、详尽的记录，帮助企业加强对固定资产的管理。但是，纸质卡片账也存在记录和保存不便的问题。通过 Excel 对固定资产取得的信息进行记录、查询、修改和删除，比纸质卡片账更加准确、快捷、方便，管理也更加安全。

任务资料

1. 建立一个空白工作簿，重命名为“大连百大公司固定资产管理”。

2. 在“大连百大公司固定资产管理”工作簿，将 Sheet1 重命名为“固定资产管理”，并按如图 6－1 所示的格式建立固定资产卡片账，要求如下：

（1）输入固定资产卡片账的标题。

（2）为保证数据输入的有效性，设置 D 列“增加方式”的数据验证性，序列为“在建工程转入,投资者投入,直接购入,部门调拨,捐赠”。

（3）录入固定资产信息。

（4）计算“金额合计”列的数据。

	A	B	C	D	E	F	G	H	I	J
1	购置日期	资产类别	资产名称	增加方式	单位	数量	初始购置成本	金额合计	使用年限	预计净残值
2	2016-06-20	办公设备	计算机	直接购入	台	5	5,000.00	25,000.00	5	300.00
3	2015-12-31	办公设备	激光打印机	直接购入	台	3	3,000.00	9,000.00	5	100.00
4	2018-12-31	办公设备	复印机	直接购入	台	2	25,000.00	50,000.00	5	200.00

图 6－1　固定资产卡片账

3. 对固定资产卡片账进行适当修饰，将标题文本行设置为加粗等，使之美观实用。

任务实施

1. 建立一个空白工作簿，重命名为“大连百大公司固定资产管理”。

打开 Excel 电子表格软件，新建一个工作簿，并另存为“大连百大公司固定资产管理.xlsx”，具体操作过程略。

2. 在“大连百大公司固定资产管理”工作簿，将 Sheet1 重命名为“固定资产管理”，并按要求在工作表中建立固定资产卡片账。

步骤 1　打开“大连百大公司固定资产管理”工作簿，在 Sheet1 工作表标签上右击鼠标，选择“重命名”命令，工作表标签反白显示，输入工作表标签名“固定资产管理”，按 Enter 键确定，结果如图 6－2 所示。

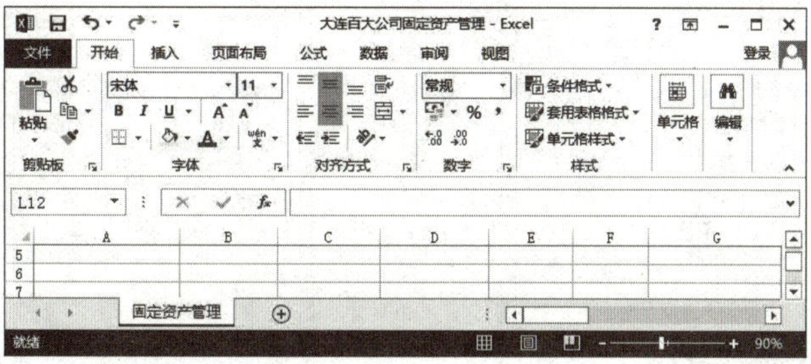

图 6－2　重命名工作表

步骤 2　登记固定资产的相关明细信息：选择 A1 单元格，输入“购置日期”，将列单元格调整为合适的宽度，并将该列单元格调整为日期格式；选择 B1 单元格，输入“资产类别”；选择 C1 单元格，输入“资产名称”。使用相同的方法，登记固定资产的其他信息。在具体实务处理中，为了使固定资产管理更加完善，可以根据实际情况添加明细资料，如图 6－3、图 6－4 所示。

步骤 3　为了方便数据的输入并防止出错，在“增加方式”列设置有效性控制。将光标移到 D2 单元格，在“数据”选项卡的“数据工具”组中，单击“数据验证”按钮（Excel 2016 以“数据验证”替代了 Excel 2010 的“数据有效性”，但基本功能一致），在打开的对话框中单击“允许”旁边的下拉菜单，在该下拉菜单中选择“序列”选项，如图

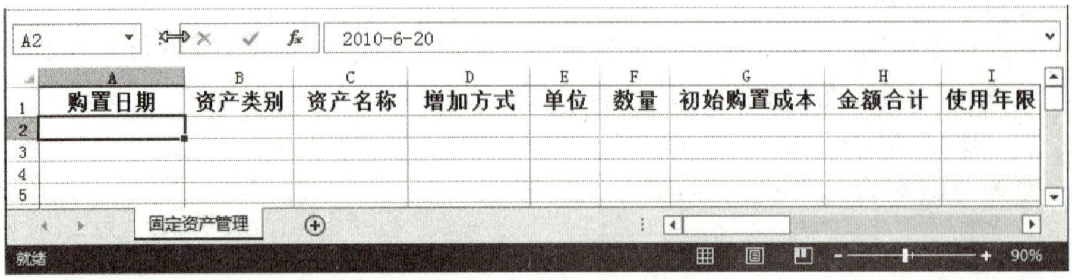

图 6-3　固定资产管理相关明细信息登记（1）

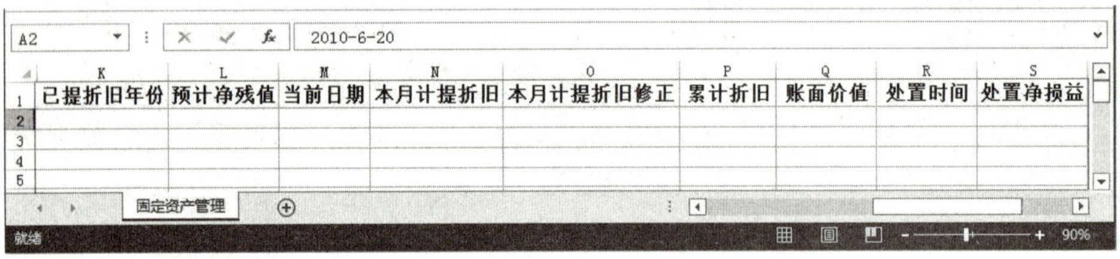

图 6-4　固定资产管理相关明细信息登记（2）

6-5 所示。在“来源”选项中设置固定资产增加方式：“在建工程转入,投资者投入,直接购入,部门调拨,捐赠”（注意，输入增加方式的具体内容时，以英文模式下的“,”进行分隔，不可以采用中文模式下的“，”进行分隔，否则无法按照序列显示具体的增加方式），如图 6-6 所示。单击“确定”按钮后，将 D2 单元格的有效性控制复制到 D 列的其他单元格。

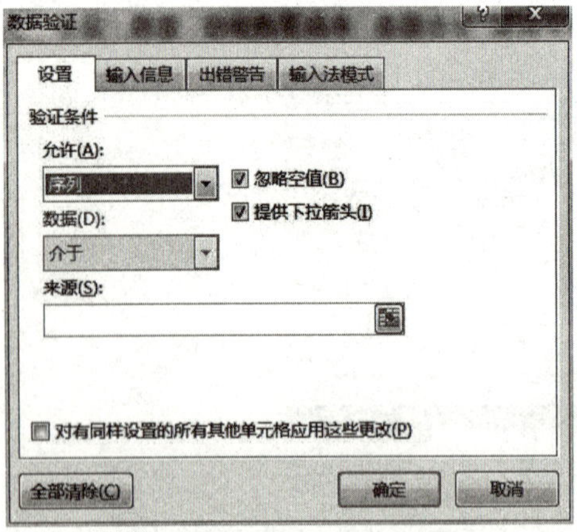

图 6-5　“数据验证”对话框

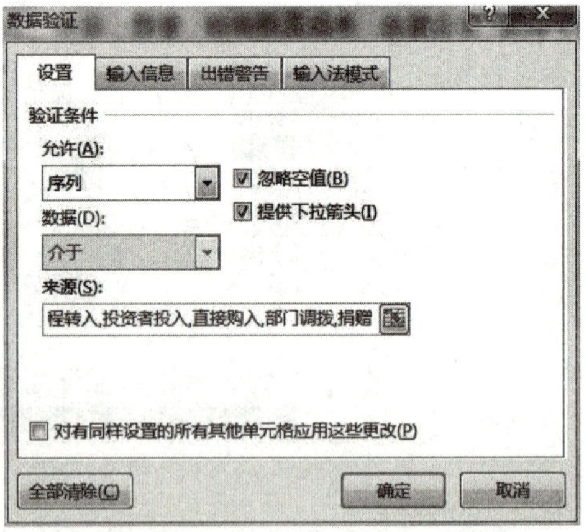

图 6-6　设置固定资产增加方式

步骤 4　输入固定资产的相关信息，结果如图 6-7 所示。

	A	B	C	D	E	F	G	H	I
1	购置日期	资产类别	资产名称	增加方式	单位	数量	初始购置成本	金额合计	预计净残值
2	2016-06-20	办公设备	计算机	直接购入	台	5	5,000.00	25,000.00	300.00
3	2015-12-31	办公设备	激光打印机	直接购入	台	3	3,000.00	9,000.00	100.00
4	2018-12-31	办公设备	复印机	直接购入	台	2	25,000.00	50,000.00	200.00

图 6-7　输入现有固定资产的具体信息

3. 对固定资产卡片账进行适当修饰，将标题文本行设置为加粗等，使之美观实用。相应操作前文已述及，此处不再赘述。

子任务 6.2 计提固定资产折旧

任务要求

1. 掌握计提固定资产折旧的常用方法；
2. 能够计算固定资产折旧。

任务资料

1. 固定资产计提折旧的准备。在“大连百大公司固定资产管理”工作表中按如下要求进行修改和设置：

（1）在 K 列添加“当前日期”，并输入“2019－12－31”。

（2）在 J 列前插入一列“已计提折旧月份”，并计算已计提折旧月份数据。

（3）在 K 列前插入一列“已计提年份”，并计算已计提年份数据。

2. 固定资产折旧的计算。在“大连百大公司固定资产管理”工作表中按如下要求进行固定资产折旧计算：

（1）在 N 列计算本月计提折旧金额。

（2）在 O 列计算本月计提折旧修正金额。

（3）在 P 列计算累计折旧金额。

（4）在 Q 列计算账面价值。

任务实施

1. 固定资产计提折旧的准备。按任务资料中的要求进行修改和设置。

步骤 1 打开“大连百大公司固定资产管理”工作表，建立该工作表的副本，将光标移至 K 列，在“开始”选项卡的“单元格”组中单击“插入”按钮下方的倒三角按钮，弹出下拉列表。在该下拉列表中选择“插入工作表列”，插入“当前日期”列，如图 6－8 所示。假设当前日期为 2019 年 12 月 31 日。

J22

	A	B	C	D	E	F	G	H	I	J	K
1	购置日期	资产类别	资产名称	增加方式	单位	数量	初始购置成本	金额合计	使用年限	预计净残值	当前日期
2	2016-06-20	办公设备	计算机	直接购入	台	5	5,000.00	25,000.00	5	300.00	2019-12-31
3	2015-12-31	办公设备	激光打印机	直接购入	台	3	3,000.00	9,000.00	5	100.00	2019-12-31
4	2018-12-31	办公设备	复印机	直接购入	台	2	25,000.00	50,000.00	5	200.00	2019-12-31

图 6－8 插入“当前日期”列

步骤 2 将光标移至 J 列，按照上述程序，插入“已计提折旧月份”列。单击 J2 单元格，设置单元格公式为“＝ INT （DAYS360(A2,L2) /30)”，并将此公式复制到 J 列的其他单元格，在相关单元格显示具体的已计提折旧月份，如图 6－9 所示。

	A	B	C	D	E	F	G	H	I	J	K	L
1	购置日期	资产类别	资产名称	增加方式	单位	数量	初始购置成本	金额合计	使用年限	已计提折旧月份	预计净残值	当前日期
2	2016-06-20	办公设备	计算机	直接购入	台	5	5,000.00	25,000.00	5	42	300.00	2019-12-31
3	2015-12-31	办公设备	激光打印机	直接购入	台	3	3,000.00	9,000.00	5	48	100.00	2019-12-31
4	2018-12-31	办公设备	复印机	直接购入	台	2	25,000.00	50,000.00	5	12	200.00	2019-12-31

图 6-9　确定已计提折旧月份

【小提示】

(1) 在操作时，注意必须将 A 列和 K 列单元格设置为日期格式。

(2) 函数“DAYS360(A2,L2)”表示计算从固定资产购置日期（认定为固定资产使用日期）开始到当前日期的天数（每月按 30 天计算），函数“DAYS360(A2,L2) /30”表示计算从固定资产使用日期开始到当前日期的月份数，如果该数据不是整数，则在其前面加一条取整函数“INT ()”。

步骤 3　将光标移至 K 列，按照上述程序，插入“已计提折旧年份”列。单击 K2 单元格，设置单元格公式为“＝INT (J2/12)”，并将此公式复制到 K 列的其他单元格，在相关单元格显示已计提折旧年份，如图 6-10 所示。

K2　=INT(J2/12)

	A	B	C	D	E	F	G	H	I	J	K
1	购置日期	资产类别	资产名称	增加方式	单位	数量	初始购置成本	金额合计	使用年限	已计提折旧月份	已提折旧年份
2	2016-06-20	办公设备	计算机	直接购入	台	5	5,000.00	25,000.00	5	42	3
3	2015-12-31	办公设备	激光打印机	直接购入	台	3	3,000.00	9,000.00	5	48	4
4	2018-12-31	办公设备	复印机	直接购入	台	2	25,000.00	50,000.00	5	12	1

图 6-10　确定已计提折旧年份

2. 固定资产折旧的计算。按任务资料中的要求进行计算。

在计提固定资产折旧时，首先，需要确定固定资产计提折旧的方法（这里选择平均年限法计提折旧）；其次，需要考虑当月新增固定资产当月不提折旧；再次，需要考虑折旧已经计提完毕仍继续使用的固定资产不应再计提折旧；最后，需要考虑由于各种原因导致最后一个月计提折旧时，可能会出现固定资产的剩余价值小于按正常公式计算的折旧额，这时的折旧额应为固定资产的剩余价值。

步骤 1　计算本月计提折旧金额。

如图 6-4 所示，N 列反映当月计提的折旧金额。单击 N1 单元格，输入“本月计提折旧”。单击 N2 单元格，设置单元格公式为“＝SLN (L2,L2,I2 * 12)”，并将此公式复制到 N 列的其他单元格，在相关单元格显示本期各个固定资产当期（月）应计提的折旧额，结果如图 6-11 所示。

N2　=SLN(H2,L2,I2*12)

	B	C	D	E	F	G	H	I	J	K	L	M	N
1	资产类别	资产名称	增加方式	单位	数量	初始购置成本	金额合计	使用年限	已计提折旧月份	已提折旧年份	预计净残值	当前日期	本月计提折旧
2	办公设备	计算机	直接购入	台	5	5,000.00	25,000.00	5	42	3	300.00	2019-12-31	411.67
3	办公设备	激光打印机	直接购入	台	3	3,000.00	9,000.00	5	48	4	100.00	2019-12-31	148.33
4	办公设备	复印机	直接购入	台	2	25,000.00	50,000.00	5	12	1	200.00	2019-12-31	830.00

图 6-11　确定本月计提折旧金额

步骤 2　调整本月新增固定资产折旧。

将光标移至 O 列，插入“本月计提折旧修正”列。单击 O2 单元格，设置单元格公式为“=IF (J2=0,0,N2)”，并将此公式复制到 O 列的其他单元格。此公式的含义为：如果“已计提折旧月份”为 0（即当月新增固定资产），则该项固定资产的月折旧额为 0，否则为原月折旧额，如图 6 - 12 所示。

O2　=IF(J2=0,0,N2)

	D	E	F	G	H	I	J	K	L	M	N	O
1	增加方式	单位	数量	初始购置成本	金额合计	使用年限	已计提折旧月份	已提折旧年份	预计净残值	当前日期	本月计提折旧	本月计提折旧修正
2	直接购入	台	5	5,000.00	25,000.00	5	42	3	300.00	2019-12-31	411.67	411.67
3	直接购入	台	3	3,000.00	9,000.00	5	48	4	100.00	2019-12-31	148.33	148.33
4	直接购入	台	2	25,000.00	50,000.00	5	12	1	200.00	2019-12-31	830.00	830.00

图 6 - 12　修正本月计提折旧金额

步骤 3　计算截止到本期的累计折旧金额。

由于本任务中规定的折旧计提方法为直线法，需要根据已提折旧月份和本期计提折旧的修正数额计算出累计折旧的金额。单击 P2 单元格，设置单元格公式为“=J2 * O2”，并将此公式复制到 P 列的其他单元格，在相关单元格显示从计提折旧开始到截至本月的累计折旧金额，结果如图 6 - 13 所示。

P2　=J2*O2

	E	F	G	H	I	J	K	L	M	N	O	P
1	单位	数量	初始购置成本	金额合计	使用年限	已计提折旧月份	已提折旧年份	预计净残值	当前日期	本月计提折旧	本月计提折旧修正	累计折旧
2	台	5	5,000.00	25,000.00	5	42	3	300.00	2019-12-31	411.67	411.67	17,290.00
3	台	3	3,000.00	9,000.00	5	48	4	100.00	2019-12-31	148.33	148.33	7,120.00
4	台	2	25,000.00	50,000.00	5	12	1	200.00	2019-12-31	830.00	830.00	9,960.00

图 6 - 13　计算累计折旧金额

步骤 4　计算固定资产账面价值。

在不考虑固定资产减值准备的情况下，固定资产账面价值=固定资产原价－累计折旧。单击 Q1 单元格，输入“账面价值”。单击 Q2 单元格，设置单元格公式为“=H2－P2”，并将此公式复制到 Q 列的其他单元格，在相关单元格显示固定资产的账面价值，结果如图 6 - 14 所示。

Q2　=H2-P2

	G	H	I	J	K	L	M	N	O	P	Q
1	初始购置成本	金额合计	使用年限	已计提折旧月份	已提折旧年份	预计净残值	当前日期	本月计提折旧	本月计提折旧修正	累计折旧	账面价值
2	5,000.00	25,000.00	5	42	3	300.00	2019-12-31	411.67	411.67	17,290.00	7,710.00
3	3,000.00	9,000.00	5	48	4	100.00	2019-12-31	148.33	148.33	7,120.00	1,880.00
4	25,000.00	50,000.00	5	12	1	200.00	2019-12-31	830.00	830.00	9,960.00	40,040.00

图 6 - 14　计算固定资产账面价值

任务总结

本任务介绍了如何使用 Excel 建立固定资产卡片账、计算固定资产折旧以及常用的固定资产折旧算法与常用函数。通过实例重点介绍了如何使用 Excel 完成固定资产卡片账的建立与关键数据的录入以及固定资产折旧、累计折旧以及账面价值的计算。

任务实训

一、实训的目的和要求

1. 掌握固定资产的相关概念；
2. 掌握固定资产折旧的计算方法与常用函数；
3. 能够使用 Excel 进行固定资产管理与相关计算。

二、实训内容

大连星河科技公司有关固定资产的资料如表6-1所示。

表6-1 大连星河科技公司固定资产概况

项目	金额（元）	预计使用年限	预计净残值率
机器设备	80 000.00	10	0.3%
办公设备	5 000.00	5	0.5%
建筑物	30 000 000.00	20	0.02%

按照表6-1提供的固定资产资料，完成大连星河科技公司固定资产管理的如下实训内容：

1. 建立名为“大连星河科技公司固定资产管理”的工作簿。
2. 激活Sheet1工作表，重命名为“固定资产卡片管理”，并按“大连百大公司固定资产管理”工作表的结构建立固定资产卡片管理工作表。
3. 插入Sheet2工作表，重命名为“固定资产折旧管理”，并按“大连百大公司资产管理”工作表的结构建立此工作表。
4. 利用折旧函数，采用平均年限法、双倍余额递减法、年数总和法计算各项固定资产的年折旧额和月折旧额。
5. 假设截至当年年底各项固定资产已经使用3年整，采用以上方法计算各项固定资产的累计折旧额和账面价值。

习题

一、填空题

1. 固定资产按经济用途不同，可以分为________固定资产和________固定资产。
2. 固定资产按使用情况不同，可分为________固定资产、________固定资产和________固定资产。
3. 固定资产按所有权不同，可分为________固定资产和________固定资产。
4. 固定资产折旧方法主要包括________、________、________、________。
5. ________函数会返回利用固定余额递减法计算一定日期内资产的折旧值。
6. ________函数会返回指定固定资产在指定日期内按加倍余额递减法或其他指定方法计算所得的折旧值。
7. ________函数会返回指定固定资产使用直线法计算出的每期折旧金额。
8. ________函数会返回指定固定资产在某段日期内按年数总和法计算出的每期折旧金额。
9. ________函数会返回指定固定资产在某一时段内的折旧总额，折旧金额是使用倍率递减法计算的。

二、简答题

1. 什么是固定资产？

2. 为什么要进行固定资产管理?
3. 简述固定资产的分类。
4. 简述固定资产折旧的概念及分类。
5. 固定资产折旧的方法有哪些?

任务 7
应用 Excel 管理应收账款

● 重点和难点

1. 建立应收账款明细账；
2. 分析逾期应收账款；
3. 分析应收账款账龄；
4. 计算应收账款坏账准备。

学习目标

【知识目标】

1. 了解应收账款的概念和作用；
2. 了解应收账款管理的重要性；
3. 掌握应收账款明细账的建立过程；
4. 掌握逾期应收账款的分析方法。

【技能目标】

1. 能够建立应收账款明细账；
2. 能够分析和计算逾期应收账款；
3. 能够分析应收账款账龄。

任务概述

应收账款管理，是企业往来管理中最重要的部分。通过本任务的学习，学生可了解并掌握使用 Excel 对企业应收账款进行管理的具体方法，以提升学生应用 Excel 的综合能力，同时大幅提高管理、统计等工作的效率。

知识积累

7.1　应收账款的概念和作用

应收账款，是指企业因销售商品、产品或提供劳务等原因，应向购货单位或接受劳务单位收取的款项，包括代垫的运杂费等。应收账款的实质是因赊销而向客户提供的信用。

企业通过提供商业信用，采取赊销、分期付款等方式可以扩大销售，增强竞争力，获得利润。

应收账款具有增加销售和减少存货的作用，具体如下：

（1）应收账款产生于赊销，而赊销会给企业带来销售收入和利润的增加。

（2）企业持有一定量的产成品存货时，会相应占用资金，形成相关管理成本等，而赊销可避免这些成本的产生。因此当企业产成品存货较多时，一般会赊销，将存货转化为应收账款，节约支出。

7.2　应收账款管理的必要性

随着商品经济的发展，商业信用越来越重要，应收账款管理已经成为企业流动资产管理的重要项目。通过对企业日常管理的调研分析，发现企业经营不善甚至倒闭不是因为缺乏盈利能力，而是因为没有重视应收账款管理。

应收账款管理的目标是：在发挥应收账款扩大销售、减少存货、增加竞争力的同时，制定合理的应收账款信用政策，强化应收账款管理，减少坏账损失。

应收账款管理的基本内容包括客户（即债务人）管理和应收账款账龄分析。

客户管理的具体内容是对现有债务人的还款情况进行分析。客户通常都是货款到期后才付款，有的客户只有被不断催促后才付款，甚至还有些客户蓄意欺诈，根本无意还款。这就要求企业做好客户的甄选工作，做好债权凭证的制作和保管工作，尽可能防范和降低交易风险。

应收账款账龄分析是指根据应收账款入账时间的长短来估计坏账损失的方法。虽然应收账款能否收回以及能收回多少，不一定完全取决于时间的长短，但一般来说，账款拖欠的时间越长，发生坏账的可能性就越大。对应收账款进行具体管理时，利用 Excel 可以极大提高管理人员的工作效率。

7.3　应收账款坏账准备

企业虽然可以通过扩大销售来消化库存，但也会发生各种成本，例如应收账款机会成本、管理成本和坏账成本等，其中坏账是应收账款带来的最大损失，必须加以重视。

我国现行会计制度要求企业应当于每年年度终了，对应收账款进行全面检查，预计各项应收账款可能发生的坏账准备，对预计不能收回的应收账款应当计提坏账准备。企业计提坏账准备的方法由企业自行确定，常用的计提坏账准备的方法是账龄分析法。

采用账龄分析法计提坏账准备时，将不同账龄的应收账款进行分组，将应收账款拖欠时间分为若干区间，计算各个区间上应收账款的金额，并为每个区间估计一个坏账损失百分比；然后用各区间上的应收账款金额乘以各该区间的坏账损失百分比，估计各个区间上的坏账损失；最后，将各区间上的坏账损失估计数求和，即坏账损失的估计总额。采用这种方法，使坏账损失的计算结果更符合客观情况。

我国企业会计制度和会计准则在坏账准备计提比例方面给予企业较大的自主权，主要表现在：一是计提比例不限；二是对不能够收回或收回的可能性不大的应收账款可以全额计提坏账准备。在实际工作中，企业估计坏账准备计提比例时可以考虑以下因素：

（1）函证情况，每次函证发出后，对方是否及时、准确地回函；

（2）历史上应收款项回收的情况，包括回收时间和归还应收账款是否呈现周期性；

（3）债务单位历史上是否存在无法支付的情况；

（4）某一债务单位近期内是否有不良记录；

（5）债务单位目前发生的财务困难与过去已发生的财务困难是否存在类似的情形；

（6）债务单位的债务状况是否有好转的可能性，包括债务单位的产品开发，现有产品的销售、回款，市场需求以及资产质量状况是否呈现出好转态势等；

（7）债务单位所处的经济、政治和法制环境；

（8）债务单位的内部控制、财务、生产、技术管理等情况，以及其他有利于判断可回收性的情况。

子任务 7.1　建立应收账款明细账

任务要求

1. 能够建立应收账款明细账；
2. 能够根据应收账款明细账对应收账款进行统计与计算。

任务资料

在 Excel 中进行应收账款管理，首先要将企业现有应收账款信息登记到工作表中，具体操作如下：

1. 建立工作簿，将工作簿重命名为“大连百大公司应收账款管理”。

2. 打开“大连百大公司应收账款管理”工作簿，将 Sheet1 工作表重命名为“应收账款管理”。

3. 按如图 7－1 所示建立“应收账款管理”工作表，要求如下：

（1）设置“赊销日期”和“到期日”列单元格格式为日期型。

（2）设置“应收金额”列单元格格式为会计专用，货币符号为“无”，小数位为“2”。

（3）计算到期日。

（4）对“应收账款管理”工作表进行适当修饰，使之美观实用。

	A	B	C	D	E
1	大连百大公司应收账款管理				
2	当前日期：2019年12月31日				
3	赊销日期	债务人姓名	应收金额	付款期限（天）	到期日
4	2019年3月10日	云阳公司	2,800.00	25	2019年4月4日
5	2019年4月2日	齐天公司	12,000.00	40	2019年5月12日
6	2019年4月8日	云峰公司	980.00	25	2019年5月3日
7	2019年5月10日	大通公司	12,500.00	60	2019年7月9日
8	2019年6月11日	宁泰公司	32,500.00	60	2019年8月10日
9	2019年7月12日	长治公司	45,450.00	30	2019年8月11日
10	2019年7月25日	宁泰公司	2,400.00	20	2019年8月14日
11	2019年8月13日	大通公司	1,150.00	30	2019年9月12日
12	2019年9月1日	齐天公司	1,000.00	40	2019年10月11日
13	2019年9月22日	云阳公司	3,600.00	35	2019年10月27日
14	2019年10月2日	长治公司	980.00	30	2019年11月1日
15	2019年12月2日	云峰公司	12,350.00	18	2019年12月20日
16	2019年12月15日	齐天公司	8,000.00	20	2020年1月4日
17	2019年12月27日	长治公司	510.00	30	2020年1月26日

图 7－1　应收账款管理工作表格式

4. 统计各债务人的应收账款金额，如图 7－2 所示。

	A	B	C	D	E
1	赊销日期	债务人姓名	应收金额	付款期限（天）	到期日
2	2019年8月13日	大通公司	1,150.00	30	2019年9月12日
3	2019年5月10日	大通公司	12,500.00	60	2019年7月9日
4		大通公司 汇总	13,650.00		
5	2019年7月25日	宁泰公司	2,400.00	20	2019年8月14日
6	2019年6月11日	宁泰公司	32,500.00	60	2019年8月10日
7		宁泰公司 汇总	34,900.00		
8	2019年12月15日	齐天公司	8,000.00	20	2020年1月4日
9	2019年9月1日	齐天公司	1,000.00	40	2019年10月11日
10	2019年4月2日	齐天公司	12,000.00	40	2019年5月12日
11		齐天公司 汇总	21,000.00		
12	2019年12月2日	云峰公司	12,350.00	18	2019年12月20日
13	2019年4月8日	云峰公司	980.00	25	2019年5月3日
14		云峰公司 汇总	13,330.00		
15	2019年9月22日	云阳公司	3,600.00	35	2019年10月27日
16	2019年3月10日	云阳公司	2,800.00	25	2019年4月4日
17		云阳公司 汇总	6,400.00		
18	2019年12月27日	长治公司	510.00	30	2020年1月26日
19	2019年10月2日	长治公司	980.00	30	2019年11月1日
20	2019年7月12日	长治公司	45,450.00	30	2019年8月11日
21		长治公司 汇总	46,940.00		
22		总计	136,220.00		

图 7－2　债务人应收账款金额统计

5. 利用函数 SUMIF 统计各债务人的应收账款，即生成应收账款明细账，如图 7－3 所示。

	A	B	C	D
1	大连百大公司应收账款分类明细账			
2	债务人名称	应收账款合计		
3	长治公司	46,940.00		
4	大通公司	13,650.00		
5	宁泰公司	34,900.00		
6	齐天公司	21,000.00		
7	云峰公司	13,330.00		
8	云阳公司	6,400.00		

图 7－3　应收账款明细账

6. 根据应收账款明细账建立图表进行对比分析，如图 7－4 所示。

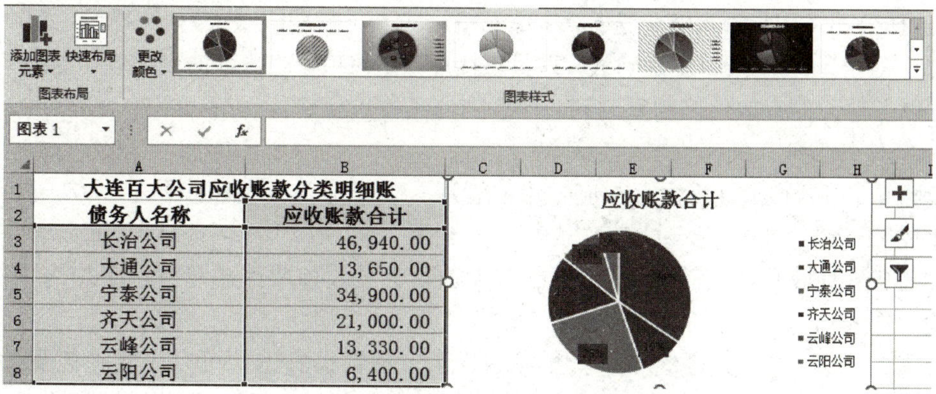

图 7－4　各债务人应收账款分析饼形图

任务实施

1. 建立工作簿，将工作簿重命名为“大连百大公司应收账款管理”。

打开 Excel 电子表格软件，新建一个工作簿，并重命名为“大连百大公司应收账款管理”，操作过程略。

2. 将“大连百大公司应收账款管理”工作簿中的 Sheet1 重命名为“应收账款管理”。

打开“大连百大公司应收账款管理”工作簿，选择 Sheet1 工作表，重命名为“应收账款管理”。

3. 按如图 7－1 所示的格式和有关要求建立“应收账款管理”工作表。

步骤 1　登记应收账款的相关明细信息。选择 A1 单元格，输入“大连百大公司应收账款管理”。选中 A1:E1 单元格区域，单击“合并后居中”按钮合并单元格。将列单元格调整为合适的宽度，选择 A2 单元格，输入“当前日期”，这里默认日期为“2019 年 12 月 31 日”，实际工作中可以使用函数“NOW（）”来确定当前日期，并将该列单元格的格式调整为日期格式中的年月日形式，调整后按 Enter 键确认。

选择 A3 单元格，输入“赊销日期”，登记应收账款产生的日期；选择 B3 单元格，输入“债务人姓名”；选择 C3 单元格，输入“应收金额”；选择 D3 单元格，输入“付款期限（天）”；选择 E3 单元格，输入“到期日”。在具体实务处理中，为了使应收账款管理更加合理、完善，可以根据实际情况添加补充说明资料，结果如图 7－5 所示。

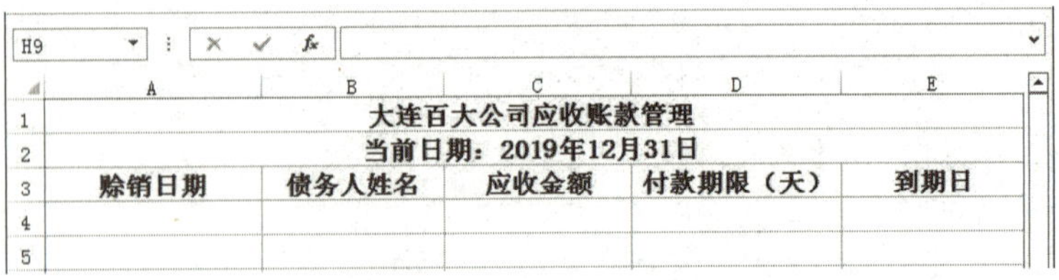

图 7－5　输入应收账款管理信息

步骤 2　输入公司现有应收账款详细信息。选择 A4 单元格，输入具体赊销（应收账款产生）日期，将单元格格式设置为“日期”，选择公司常用日期格式；选择 B4 单元格，输入具体债务人姓名；选择 C4 单元格，输入应收账款金额，将单元格格式设置为“货币”，选择公司常用货币形式；选择 D4 单元格，输入付款期限（天）；选择 E4 元格，输入公式“＝A4＋D4”，按 Enter 键确认，即可直接计算出该项应收账款的到期日，如图 7－6 所示。将以上单元的有效性控制复制到 A～D 列的其他单元格。

4. 统计各债务人的应收账款金额。

步骤 1　打开“大连百大公司应收账款管理”工作簿，将光标移至左下方⊕处，单击鼠标生成 Sheet1，右击 Sheet1 工作表标签，在弹出的快捷菜单中选择“重命名”命令，输入“债务人应收账款金额统计”。复制“大连百大公司应收账款管理”工作表中的数据到当前工作表。

步骤 2　以“债务人姓名”重新排序。为了方便数据筛选，可以先删除该表的表头，即删除“大连百大公司应收账款管理”和“当前日期”两行。单击鼠标选取所有数据，然后选择“开始”选项卡中的“排序和筛选—排序”命令组，如图 7－7 所示。其中，在“主要关键字”项中选择“债务人姓名”，并单击“添加条件”，在出现的“次要关键字”项中选择“赊销日期”，其中“排序依据”默认为“数值”，排列“次序”默认为“升序”，单击“确定”按钮，结果如图 7－8 所示。

	A	B	C	D	E
1	大连百大公司应收账款管理				
2	当前日期：2019年12月31日				
3	赊销日期	债务人姓名	应收金额	付款期限（天）	到期日
4	2019年3月10日	云阳公司	2,800.00	25	2019年4月4日
5	2019年4月2日	齐天公司	12,000.00	40	2019年5月12日
6	2019年4月8日	云峰公司	980.00	25	2019年5月3日
7	2019年5月10日	大通公司	12,500.00	60	2019年7月9日
8	2019年6月11日	宁泰公司	32,500.00	60	2019年8月10日
9	2019年7月12日	长治公司	45,450.00	30	2019年8月11日
10	2019年7月25日	宁泰公司	2,400.00	20	2019年8月14日
11	2019年8月13日	大通公司	1,150.00	30	2019年9月12日
12	2019年9月1日	齐天公司	1,000.00	40	2019年10月11日
13	2019年9月22日	云阳公司	3,600.00	35	2019年10月27日
14	2019年10月2日	长治公司	980.00	30	2019年11月1日
15	2019年12月2日	云峰公司	12,350.00	18	2019年12月20日
16	2019年12月15日	齐天公司	8,000.00	20	2020年1月4日
17	2019年12月27日	长治公司	510.00	30	2020年1月26日

图 7-6　输入大连百大公司现有应收账款详细信息

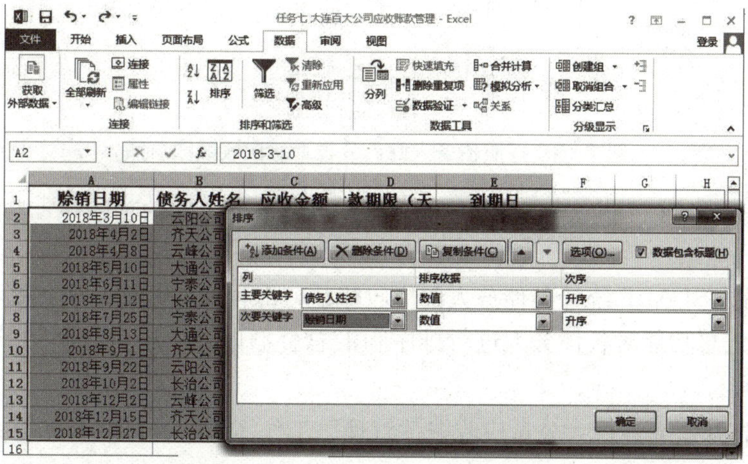

图 7-7　应收账款排序命令设置

	A	B	C	D	E
1	赊销日期	债务人姓名	应收金额	付款期限（天）	到期日
2	2019年5月10日	大通公司	12,500.00	60	2019年7月9日
3	2019年8月13日	大通公司	1,150.00	30	2019年9月12日
4	2019年6月11日	宁泰公司	32,500.00	60	2019年8月10日
5	2019年7月25日	宁泰公司	2,400.00	20	2019年8月14日
6	2019年4月2日	齐天公司	12,000.00	40	2019年5月12日
7	2019年9月1日	齐天公司	1,000.00	40	2019年10月11日
8	2019年12月15日	齐天公司	8,000.00	20	2020年1月4日
9	2019年4月8日	云峰公司	980.00	25	2019年5月3日
10	2019年12月2日	云峰公司	12,350.00	18	2019年12月20日
11	2019年3月10日	云阳公司	2,800.00	25	2019年4月4日
12	2019年9月22日	云阳公司	3,600.00	35	2019年10月27日
13	2019年7月12日	长治公司	45,450.00	30	2019年8月11日
14	2019年10月2日	长治公司	980.00	30	2019年11月1日
15	2019年12月27日	长治公司	510.00	30	2020年1月26日

图 7-8　按照债务人姓名重新排序结果

步骤 3　对各债务人的应收账款金额进行汇总。选中 B1 单元格，然后选择“数据—

分级显示—分类汇总”命令组，弹出“分类汇总”对话框，在对话框中“分类字段”项选择“债务人姓名”，“汇总方式”项选择“求和”，“选定汇总项”项选择“应收金额”，选中“替换当前分类汇总”和“汇总结果显示在数据下方”复选框后，单击“确定”按钮。结果如图 7－9 所示。

	A	B	C	D	E
1	赊销日期	债务人姓名	应收金额	付款期限（天）	到期日
2	2019年8月13日	大通公司	1,150.00	30	2019年9月12日
3	2019年5月10日	大通公司	12,500.00	60	2019年7月9日
4		大通公司 汇总	13,650.00		
5	2019年7月25日	宁泰公司	2,400.00	20	2019年8月14日
6	2019年6月11日	宁泰公司	32,500.00	60	2019年8月10日
7		宁泰公司 汇总	34,900.00		
8	2019年12月15日	齐天公司	8,000.00	20	2020年1月4日
9	2019年9月1日	齐天公司	1,000.00	40	2019年10月11日
10	2019年4月2日	齐天公司	12,000.00	40	2019年5月12日
11		齐天公司 汇总	21,000.00		
12	2019年12月2日	云峰公司	12,350.00	18	2019年12月20日
13	2019年4月8日	云峰公司	980.00	25	2019年5月3日
14		云峰公司 汇总	13,330.00		
15	2019年9月22日	云阳公司	3,600.00	35	2019年10月27日
16	2019年3月10日	云阳公司	2,800.00	25	2019年4月4日
17		云阳公司 汇总	6,400.00		
18	2019年12月27日	长治公司	510.00	30	2020年1月26日
19	2019年10月2日	长治公司	980.00	30	2019年11月1日
20	2019年7月12日	长治公司	45,450.00	30	2019年8月11日
21		长治公司 汇总	46,940.00		
22		总计	136,220.00		

图 7－9　按照债务人姓名分类汇总应收账款总额

通过汇总数据可以看出，长治公司与宁泰公司欠本公司的款项较高，必须对其进行重点管理。

5. 利用函数 SUMIF 统计各债务人的应收账款，即生成应收账款明细账。

除了利用汇总功能对各债务人进行排序和汇总金额以外，还可以利用 SUMIF 函数实现汇总统计。

步骤 1　打开“大连百大公司应收账款管理”工作簿，将光标移至左下方⊕处，单击鼠标生成 Sheet2，右击 Sheet2 工作表签，在弹出的快捷菜单中选择“重命名”命令，输入“应收账款分类明细账”。

步骤 2　选择 A1 单元格，输入“大连百大公司应收账款分类明细账”。选中 A1:B1 单元格区域，单击“合并后居中”按钮合并单元格。将列单元格调整为合适的宽度。选择 A2 单元格，输入“债务人名称”；选择 B2 单元格，输入“应收账款合计”，将该列单元格的格式调整为“货币”形式，如图 7－10 所示。

A1　　大连百大公司应收账款分类明细账

	A	B	C	D
1	大连百大公司应收账款分类明细账			
2	债务人名称	应收账款合计		
3	长治公司			
4	大通公司			
5	宁泰公司			
6	齐天公司			
7	云峰公司			
8	云阳公司			
9				

图 7－10　建立应收账款明细分类账

步骤 3　使用 SUMIF 公式进行汇总。选择 B3 单元格，输入公式“＝SUMIF（应收账款管理！$B$4:$B$17,A3,应收账款管理！$C$4:$C$17)”，具体函数参数如图 7－11 所示，按 Enter 键确认。该公式表示针对“应收账款管理”工作表中的债务人名称进行汇总计算，找到“应收账款汇总明细账”中“长治公司”单元格，针对“长治公司”所涉及的所有“应收金额”进行汇总。

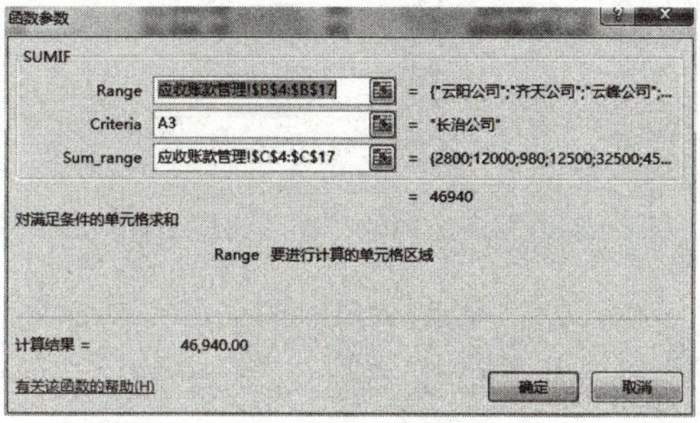

图 7－11　使用 SUMIF 函数进行分类汇总的参数设置

步骤 4　生成汇总数据。将 B3 单元格公式复制到该列其他单元格中，则可快速计算出其他债务人的应收账款合计金额，结果如图 7－12 所示。

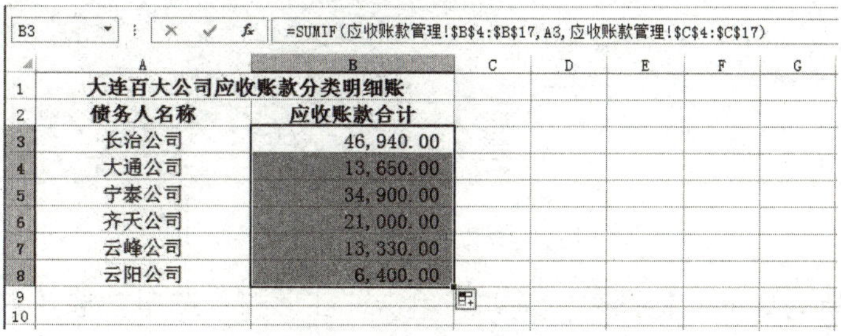

	A	B
1	大连百大公司应收账款分类明细账	
2	债务人名称	应收账款合计
3	长治公司	46,940.00
4	大通公司	13,650.00
5	宁泰公司	34,900.00
6	齐天公司	21,000.00
7	云峰公司	13,330.00
8	云阳公司	6,400.00

图 7－12　复制 SUMIF 公式汇总各债务人所欠金额

通过对比，可以发现利用 SUMIF 函数公式汇总的各债务人应收账款合计金额与利用分类汇总命令计算的应收账款合计金额完全相同，可根据应收账款管理人员的需要自行选择汇总方式。

6. 根据应收账款明细账建立图表进行对比分析。

通过建立饼形图可以更加直观地显示各债务人的应收账款占应收账款总额的百分比。具体操作如下：

步骤 1　在前面编制完成的“应收账款分类明细账”工作表中，执行“插入—图表”命令组，单击“插入饼图或圆环图”按钮，如图 7－13 所示。

步骤 2　可以根据制表要求，选择二维饼图、三维饼图、圆环图以及更多饼图，选择“二维饼图”中的其中一种，系统即可自动生成二维饼图，结果如图 7－14 所示。在图表创建完成后修改其各种属性，以使整个图表更加完善。

通过分析饼形图可以看出，长治公司与宁泰公司所欠本公司的款项分别占应收账款总额的 34％和 26％，必须对这两个公司的应收账款进行重点管理。

除了按要求生成饼图以外，还可以根据需要调整为柱形图、折线图、条形图、面积

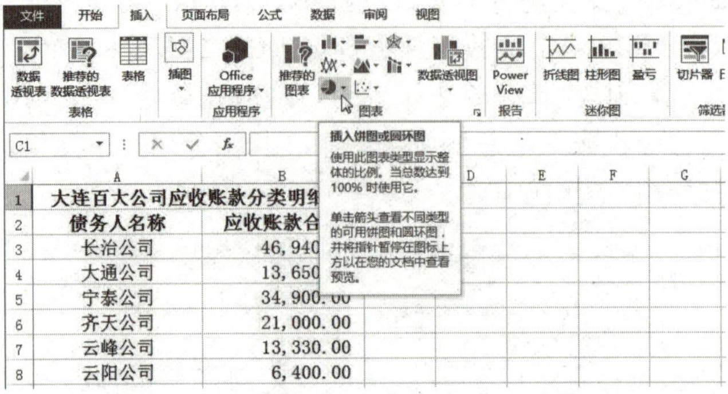

图 7-13　单击图表组中的“插入饼图或圆环图”按钮

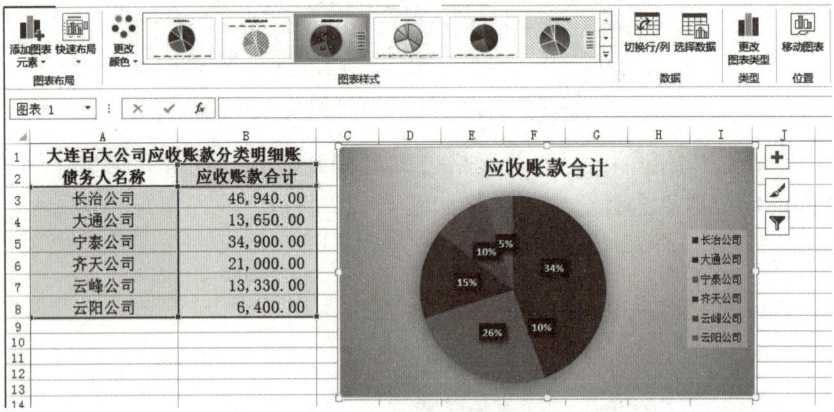

图 7-14　各债务人应收账款分析饼形图

图、散点图以及所需要的其他图表。例如，单击“柱形图”按钮，选择“三维柱形图”中的“簇状柱形图”，即可自动生成三维簇状柱形图，结果如图 7-15 所示。

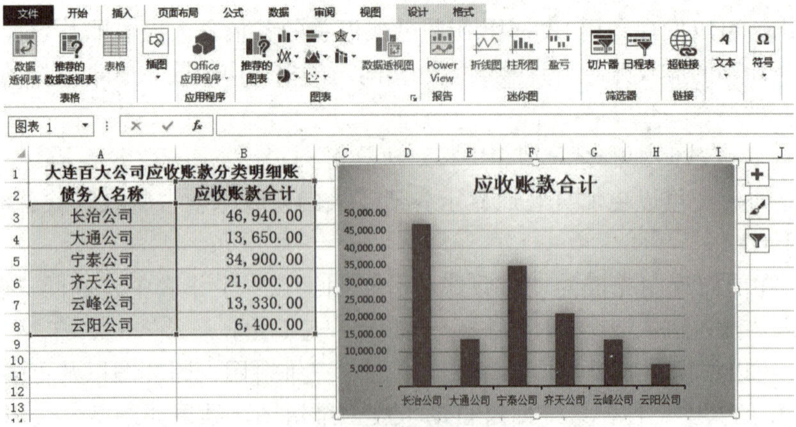

图 7-15　各债务人应收账款分析柱形图

通过柱形图可以看出，长治公司与宁泰公司所欠本公司的款项分别是 46 940.00 元和 34 900.00 元，必须对这两个公司的应收账款进行重点管理。

子任务 7.2　分析逾期应收账款

任务要求

1. 能够计算并分析应收账款是否到期；
2. 能够计算并分析应收账款逾期天数。

任务资料

在将应收账款登记入账时会记录赊销日期和约定付款期限，当企业应收账款数量较多时，一般于月底统计本期是否有应收账款到期。如果应收账款到期但尚未收款，则必须反映逾期天数，以便及时采取催收措施，减少坏账发生的可能性，降低企业应收账款的坏账成本。

1. 在“大连百大公司应收账款管理”工作簿中建立“逾期应收账款分析”工作表，如图 7－16 所示。

大连百大公司应收账款管理								
当前日期	2019年12月31日							
赊销日期	债务人姓名	应收金额	付款期限（天）	已收金额	未收金额	到期日	是否到期	未到期金额
2019年3月10日	云阳公司	2,800.00	25	2,000.00	800.00	2019年4月4日		
2019年4月2日	齐天公司	12,000.00	40	-	12,000.00	2019年5月12日		
2019年4月8日	云峰公司	980.00	25	-	980.00	2019年5月3日		
2019年5月10日	大通公司	12,500.00	60	5,000.00	7,500.00	2019年7月9日		
2019年6月11日	宁泰公司	32,500.00	60	8,000.00	24,500.00	2019年8月10日		
2019年7月12日	长治公司	45,450.00	30	20,000.00	25,450.00	2019年8月11日		
2019年7月25日	宁泰公司	2,400.00	20	1,000.00	1,400.00	2019年8月14日		
2019年8月13日	大通公司	1,150.00	30	-	1,150.00	2019年9月12日		
2019年9月1日	齐天公司	1,000.00	40	-	1,000.00	2019年10月11日		
2019年9月22日	云阳公司	3,600.00	35	2,000.00	1,600.00	2019年10月27日		
2019年10月2日	长治公司	980.00	30	-	980.00	2019年11月1日		
2019年12月2日	云峰公司	12,350.00	18	5,000.00	7,350.00	2019年12月20日		
2019年12月15日	齐天公司	8,000.00	20	-	8,000.00	2020年1月4日		
2019年12月27日	长治公司	510.00	30	-	510.00	2020年1月26日		

图 7－16　“逾期应收账款分析”工作表格式

2. 计算并分析各项应收账款是否到期。
3. 计算应收账款未到期金额。
4. 在“逾期应收账款分析”工作表右侧设计逾期天数分析表，如图 7－17 所示。

大连百大公司应收账款管理									逾期天数分析			
当前日期	2019年12月31日								当前日期	2019年12月31日		
赊销日期	债务人姓名	应收金额	付款期限（天）	已收金额	未收金额	到期日	是否到期	未到期金额	0-30	30-60	60-90	90天以上
2019年3月10日	云阳公司	2,800.00	25	2,000.00	800.00	2019年4月4日	是	-				
2019年4月2日	齐天公司	12,000.00	40	-	12,000.00	2019年5月12日	是	-				
2019年4月8日	云峰公司	980.00	25	-	980.00	2019年5月3日	是	-				
2019年5月10日	大通公司	12,500.00	60	5,000.00	7,500.00	2019年7月9日	是	-				
2019年6月11日	宁泰公司	32,500.00	60	8,000.00	24,500.00	2019年8月10日	是	-				
2019年7月12日	长治公司	45,450.00	30	20,000.00	25,450.00	2019年8月11日	是	-				
2019年7月25日	宁泰公司	2,400.00	20	1,000.00	1,400.00	2019年8月14日	是	-				
2019年8月13日	大通公司	1,150.00	30	-	1,150.00	2019年9月12日	是	-				
2019年9月1日	齐天公司	1,000.00	40	-	1,000.00	2019年10月11日	是	-				
2019年9月22日	云阳公司	3,600.00	35	2,000.00	1,600.00	2019年10月27日	是	-				
2019年10月2日	长治公司	980.00	30	-	980.00	2019年11月1日	是	-				
2019年12月2日	云峰公司	12,350.00	18	5,000.00	7,350.00	2019年12月20日	是	-				
2019年12月15日	齐天公司	8,000.00	20	-	8,000.00	2020年1月4日	否	8,000.00				
2019年12月27日	长治公司	510.00	30	-	510.00	2020年1月26日	否	510.00				

图 7－17　应收账款逾期天数分析表格式

5. 计算各时间段应收账款逾期天数。

任务实施

1. 按如图 7－16 所示的格式建立“逾期应收账款分析”工作表。

步骤 1　在“大连百大公司应收账款管理”工作簿中新建工作表 Sheet3，并重命名为“逾期应收账款分析”。复制“应收账款管理”工作表中的数据到当前工作表中。为方便后文使用函数进行分析、判断，将“当前日期”与“2019 年 12 月 31 日”分列 A2 和 B2 两个单元格。

【小提示】

本子任务假设“当前日期”为“2019 年 12 月 31 日”，实际工作中可以使用函数“NOW ()”来确定当前日期。

步骤 2　选中 E 列与 F 列两列，右击鼠标，选择“插入”命令，即可一次性插入两列。单击 E3 单元格，输入“已收金额”，单击 F3 单元格，输入“未收金额”，并输入实际已收金额和未收金额，将 E 列与 F 列的单元格调整为“货币”格式。单击 H3 单元格，输入“是否到期”，如图 7－18 所示。

	A	B	C	D	E	F	G	H
1	大连百大公司应收账款管理							
2	当前日期	2019年12月31日						
3	赊销日期	债务人姓名	应收金额	付款期限（天）	已收金额	未收金额	到期日	是否到期
4	2019年3月10日	云阳公司	2,800.00	25	2,000.00	800.00		
5	2019年4月2日	齐天公司	12,000.00	40	-	12,000.00		
6	2019年4月8日	云峰公司	980.00	25	-	980.00		
7	2019年5月10日	大通公司	12,500.00	60	5,000.00	7,500.00		
8	2019年6月11日	宁泰公司	32,500.00	60	8,000.00	24,500.00		
9	2019年7月12日	长治公司	45,450.00	30	20,000.00	25,450.00		
10	2019年7月25日	宁泰公司	2,400.00	20	1,000.00	1,400.00		
11	2019年8月13日	大通公司	1,150.00	30	-	1,150.00		
12	2019年9月1日	齐天公司	1,000.00	40	-	1,000.00		
13	2019年9月22日	云阳公司	3,600.00	35	2,000.00	1,600.00		
14	2019年10月2日	长治公司	980.00	30	-	980.00		
15	2019年12月2日	云峰公司	12,350.00	18	5,000.00	7,350.00		
16	2019年12月15日	齐天公司	8,000.00	20	-	8,000.00		
17	2019年12月27日	长治公司	510.00	30	-	510.00		

图 7－18　大连百大公司应收账款管理分析表

2. 计算并分析各项应收账款是否到期。

步骤 1　通过 IF 函数判断大连百大公司现有各项应收账款是否到期。单击 H4 单元格，输入公式“＝IF (G4＜＄A＄4,"是" ,"否")”，按 Enter 键确认。具体函数参数如图 7－19 所示。

【小提示】

步骤 1 中的公式表示对“逾期应收账款分析”工作表中某债务人的应收账款是否到期进行判断，如果该表中 G4 单元格（即到期日）小于 A4 单元格（即当前日期），即该项应收账款已经到期。如果满足上述条件，则返回“是”；如果不满足应收账款已经到期条件，则返回“否”。

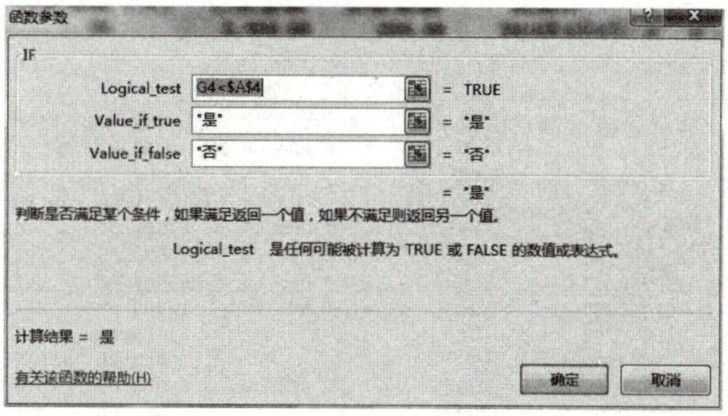

图 7－19　使用 IF 函数分析应收账款是否到期

步骤 2　将 H4 单元格公式复制到该列其他单元格中，则可快速判断其他债务人所欠本公司的款项是否到期，如图 7－20 所示。

	A	B	C	D	E	F	G	H
1	大连百大公司应收账款管理							
2	当前日期	2019年12月31日						
3	赊销日期	债务人姓名	应收金额	付款期限（天）	已收金额	未收金额	到期日	是否到期
4	2019年3月10日	云阳公司	2,800.00	25	2,000.00	800.00	2019年4月4日	是
5	2019年4月2日	齐天公司	12,000.00	40	-	12,000.00	2019年5月12日	是
6	2019年4月8日	云峰公司	980.00	25	-	980.00	2019年5月3日	是
7	2019年5月10日	大通公司	12,500.00	60	5,000.00	7,500.00	2019年7月9日	是
8	2019年6月11日	宁泰公司	32,500.00	60	8,000.00	24,500.00	2019年8月10日	是
9	2019年7月12日	长治公司	45,450.00	30	20,000.00	25,450.00	2019年8月11日	是
10	2019年7月25日	宁泰公司	2,400.00	20	1,000.00	1,400.00	2019年8月14日	是
11	2019年8月13日	大通公司	1,150.00	30	-	1,150.00	2019年9月12日	是
12	2019年9月1日	齐天公司	1,000.00	40	-	1,000.00	2019年10月11日	是
13	2019年9月22日	云阳公司	3,600.00	35	2,000.00	1,600.00	2019年10月27日	是
14	2019年10月2日	长治公司	980.00	30	-	980.00	2019年11月1日	是
15	2019年12月2日	云峰公司	12,350.00	18	5,000.00	7,350.00	2019年12月20日	是
16	2019年12月15日	齐天公司	8,000.00	20	-	8,000.00	2020年1月4日	否
17	2019年12月27日	长治公司	510.00	30	-	510.00	2020年1月26日	否

图 7－20　复制 IF 函数公式判断各债务人所欠款项是否到期

3. 计算应收账款未到期金额。

步骤 1　单击 I3 单元格，输入“未到期金额”。单击 I4 单元格，输入公式“＝IF($A$4－$G4<0,$C4－$E4,0)”，按 Enter 键确认。具体函数参数如图 7－21 所示。

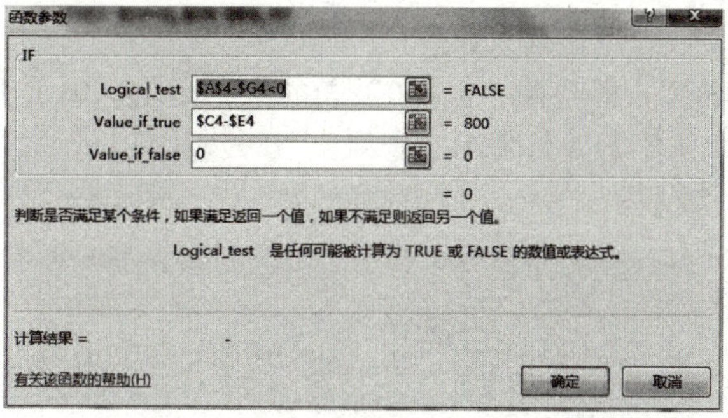

图 7－21　使用 IF 函数计算未到期应收账款

步骤 2　生成计算结果。将 I4 单元格公式复制到该列其他单元格中，则可快速计算其他债务人所欠本公司的尚未到期的应收账款，如图 7－22 所示。

4. 按如图 7－17 所示的格式设计逾期天数分析表。

	A	B	C	D	E	F	G	H	I
1	大连百大公司应收账款管理								
2	当前日期	2019年12月31日							
3	赊销日期	债务人姓名	应收金额	付款期限（天）	已收金额	未收金额	到期日	是否到期	未到期金额
4	2019年3月10日	云阳公司	2,800.00	25	2,000.00	800.00	2019年4月4日	是	-
5	2019年4月2日	齐天公司	12,000.00	40	-	12,000.00	2019年5月12日	是	-
6	2019年4月8日	云峰公司	980.00	25	-	980.00	2019年5月3日	是	-
7	2019年5月10日	大通公司	12,500.00	60	5,000.00	7,500.00	2019年7月9日	是	-
8	2019年6月11日	宁泰公司	32,500.00	60	8,000.00	24,500.00	2019年8月10日	是	-
9	2019年7月12日	长治公司	45,450.00	30	20,000.00	25,450.00	2019年8月11日	是	-
10	2019年7月25日	宁泰公司	2,400.00	20	1,000.00	1,400.00	2019年8月14日	是	-
11	2019年8月13日	大通公司	1,150.00	30	-	1,150.00	2019年9月12日	是	-
12	2019年9月1日	齐天公司	1,000.00	40	-	1,000.00	2019年10月11日	是	-
13	2019年9月22日	云阳公司	3,600.00	35	2,000.00	1,600.00	2019年10月27日	是	-
14	2019年10月2日	长治公司	980.00	30	-	980.00	2019年11月1日	是	-
15	2019年12月2日	云峰公司	12,350.00	18	5,000.00	7,350.00	2019年12月20日	是	-
16	2019年12月15日	齐天公司	8,000.00	20	-	8,000.00	2020年1月4日	否	8,000.00
17	2019年12月27日	长治公司	510.00	30	-	510.00	2020年1月26日	否	510.00

图 7-22 复制 IF 函数公式计算各债务人所欠账款未到期金额

上述操作为应收账款管理提供了应收账款是否到期的判断结果，为了进一步分析应收账款账龄，还可以利用 Excel 计算各项应收账款的逾期天数，为管理工作提供更加详细的数据。

在“逾期应收账款分析”工作表的数据右侧建立逾期天数分析表，对逾期天数进行分类筛选。在实际工作中，通常对逾期天数划分不同等级，如“0～30”“30～60”“60～90”“90 天以上”等。操作过程略，结果如图 7-23 所示。

	C	D	E	F	G	H	I	J	K	L	M
1	大连百大公司应收账款管理							逾期天数分析			
2	2019年12月31日							当前日期	2019年12月31日		
3	应收金额	付款期限（天）	已收金额	未收金额	到期日	是否到期	未到期金额	0-30	30-60	60-90	90天以上
4	2,800.00	25	2,000.00	800.00	2019年4月4日	是	-				
5	12,000.00	40	-	12,000.00	2019年5月12日	是	-				
6	980.00	25	-	980.00	2019年5月3日	是	-				
7	12,500.00	60	5,000.00	7,500.00	2019年7月9日	是	-				
8	32,500.00	60	8,000.00	24,500.00	2019年8月10日	是	-				
9	45,450.00	30	20,000.00	25,450.00	2019年8月11日	是	-				
10	2,400.00	20	1,000.00	1,400.00	2019年8月14日	是	-				
11	1,150.00	30	-	1,150.00	2019年9月12日	是	-				
12	1,000.00	40	-	1,000.00	2019年10月11日	是	-				
13	3,600.00	35	2,000.00	1,600.00	2019年10月27日	是	-				
14	980.00	30	-	980.00	2019年11月1日	是	-				
15	12,350.00	18	5,000.00	7,350.00	2019年12月20日	是	-				
16	8,000.00	20	-	8,000.00	2020年1月4日	否	8,000.00				
17	510.00	30	-	510.00	2020年1月26日	否	510.00				

图 7-23 在原有工作表中建立逾期天数分析表

5. 计算各时间段应收账款逾期天数。

步骤 1 使用 IF 函数分析逾期“0～30”天的应收账款。单击 J4 单元格，输入公式“=IF（AND（$K$2-$G4>0,$K$2-$G4<=30),$C4-$E4,0)”，按 Enter 键确认。具体函数参数如图 7-24 所示。

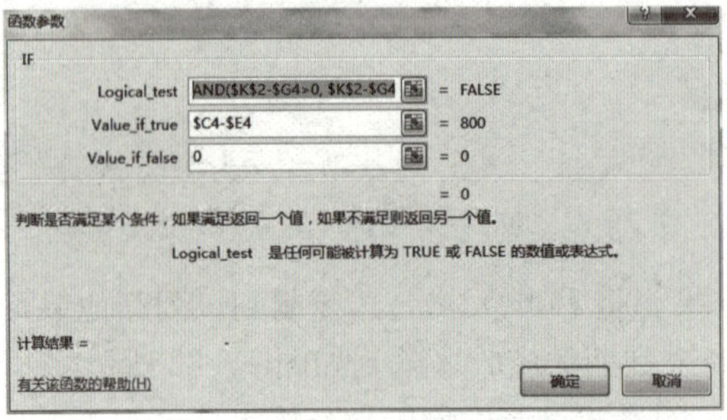

图 7-24 设置 IF 函数参数（逾期 0～30 天）

【小提示】

步骤 1 中的公式表示对“逾期应收账款分析”工作表中某债务人逾期应收账款的具体金额进行判断计算，如果该表中 K2 单元格（即当前日期）大于 G4 单元格（即到期日），即该项应收账款已经逾期，但逾期天数在 30 天以内（包括 30 天）。满足上述条件，返回“＄C4－＄E4”计算公式，计算该项已经逾期应收账款的剩余未收金额；如果不满足未到期条件，则返回“0”，表示未到期金额为 0，即逾期应收账款不在 0～30 天期限内。

步骤 2　将 J4 单元格公式复制到该列已经逾期的其他单元格中（即 J5:J15，由于最后两笔应收账款尚未逾期，没有必要分析逾期天数，故无须复制公式至此），则可快速计算其他债务人所欠本企业逾期 0～30 天的应收账款具体金额，如图 7－25 所示。

	C	D	E	F	G	H	I	J	K	L	M
1	大连百大公司应收账款管理								逾期天数分析		
2	2019年12月31日							当前日期	2019年12月31日		
3	应收金额	付款期限（天）	已收金额	未收金额	到期日	是否到期	未到期金额	0-30	30-60	60-90	90天以上
4	2,800.00	25	2,000.00	800.00	2019年4月4日	是	-	-			
5	12,000.00	40	-	12,000.00	2019年5月12日	是	-	-			
6	980.00	25	-	980.00	2019年5月3日	是	-	-			
7	12,500.00	60	5,000.00	7,500.00	2019年7月9日	是	-	-			
8	32,500.00	60	8,000.00	24,500.00	2019年8月10日	是	-	-			
9	45,450.00	30	20,000.00	25,450.00	2019年8月11日	是	-	-			
10	2,400.00	20	1,000.00	1,400.00	2019年8月14日	是	-	-			
11	1,150.00	30	-	1,150.00	2019年9月12日	是	-	-			
12	1,000.00	40	-	1,000.00	2019年10月11日	是	-	-			
13	3,600.00	35	2,000.00	1,600.00	2019年10月27日	是	-	-			
14	980.00	30	-	980.00	2019年11月1日	是	-	-			
15	12,350.00	18	5,000.00	7,350.00	2019年12月20日	是	-	7,350.00			
16	8,000.00	20	-	8,000.00	2020年1月4日	否	8,000.00				
17	510.00	30	-	510.00	2020年1月26日	否	510.00				

图 7－25　复制 IF 函数计算各债务人所欠逾期 0～30 天的应收账款金额

步骤 3　使用 IF 函数分析逾期 30～60 天的应收账款。单击 K4 单元格，输入公式“＝IF(AND($K$2－$G4＞30,$K$2－$G4＜＝60),$C4－$E4,0)”，按 Enter 键确认。具体函数参数如图 7－26 所示。

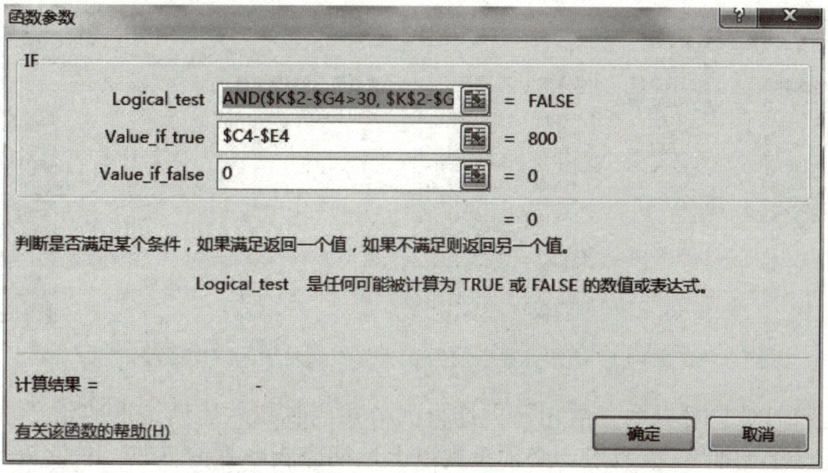

图 7－26　设置 IF 函数参数（逾期 30～60 天）

【小提示】

步骤 3 中的公式表示针对“逾期应收账款分析”工作表中某债务人的逾期应收账款的具体金额进行判断计算，如果该表中 K2 单元格（即当前日期）大于 G4 单元格（即到期日），即该项应收账款已经逾期，但逾期天数在 30～60 天以内（大于 30 天，小于等于 60 天）。如果满足上述条件，返回“＄C4－＄E4”计算公式，计算该项已经逾期应收账款的剩余未收金额；如果不满足未到期条件，则返回 0，表示未到期金额为 0，即逾期应收账款不在 30～60 天期限内。

步骤 4 将 K4 单元格公式复制到该列已经逾期的其他单元格中（即 K5:K15，同样由于最后两笔应收账款尚未逾期，没有必要分析逾期天数，故无须复制公式至此），则可快速计算其他债务人所欠本企业逾期 30～60 天应收账款具体金额，如图 7－27 所示。

K4　=IF(AND($K$2-$G4>30, $K$2-$G4<=60),$C4-$E4,0)

	F	G	H	I	J	K	L	M
1					逾期天数分析			
2					当前日期	2019年12月31日		
3	未收金额	到期日	是否到期	未到期金额	0-30	30-60	60-90	90天以上
4	800.00	2018年4月4日	是					
5	12,000.00	2018年5月12日	是					
6	980.00	2018年5月3日	是					
7	7,500.00	2018年7月9日	是					
8	24,500.00	2018年8月10日	是					
9	25,450.00	2018年8月11日	是					
10	1,400.00	2018年8月14日	是					
11	1,150.00	2018年9月12日	是					
12	1,000.00	2018年10月11日	是					
13	1,600.00	2018年10月27日	是					
14	980.00	2018年11月1日	是			980.00		
15	7,350.00	2018年12月20日	是		7,350.00			
16	8,000.00	2019年1月4日	否	8,000.00				
17	510.00	2019年1月26日	否	510.00				

图 7－27　复制 IF 函数计算各债务人所欠逾期 30～60 天的应收账款金额

步骤 5 按照上述步骤，以此类推，使用 IF 函数计算逾期 60～90 天和 90 天以上的应收账款金额，结果如图 7－28 所示。

	C	D	E	F	G	H	I	J	K	L	M
1	大连百大公司应收账款管理							逾期天数分析			
2	2019年12月31日							当前日期	2019年12月31日		
3	应收金额	付款期限（天）	已收金额	未收金额	到期日	是否到期	未到期金额	0-30	30-60	60-90	90天以上
4	2,800.00	25	2,000.00	800.00	2019年4月4日	是	-	-	-	-	800.00
5	12,000.00	40	-	12,000.00	2019年5月12日	是	-	-	-	-	12,000.00
6	980.00	25	-	980.00	2019年5月3日	是	-	-	-	-	980.00
7	12,500.00	60	5,000.00	7,500.00	2019年7月9日	是	-	-	-	-	7,500.00
8	32,500.00	60	8,000.00	24,500.00	2019年8月10日	是	-	-	-	-	24,500.00
9	45,450.00	30	20,000.00	25,450.00	2019年8月11日	是	-	-	-	-	25,450.00
10	2,400.00	20	1,000.00	1,400.00	2019年8月14日	是	-	-	-	-	1,400.00
11	1,150.00	30	-	1,150.00	2019年9月12日	是	-	-	-	-	1,150.00
12	1,000.00	40	-	1,000.00	2019年10月11日	是	-	-	-	1,000.00	-
13	3,600.00	35	2,000.00	1,600.00	2019年10月27日	是	-	-	-	1,600.00	-
14	980.00	30	-	980.00	2019年11月1日	是	-	-	980.00	-	-
15	12,350.00	18	5,000.00	7,350.00	2019年12月20日	是	-	7,350.00	-	-	-
16	8,000.00	20	-	8,000.00	2020年1月4日	否	8,000.00				
17	510.00	30	-	510.00	2020年1月26日	否	510.00				

图 7－28　复制 IF 函数计算各债务人所欠更长逾期天数的应收账款金额

由以上统计数据可以明显看出，大连百大公司应收账款逾期情况非常严重，14 笔应收账款中有 8 笔逾期 90 天以上，必须重视以上逾期应收账款的催收，盘活流动资产，减少坏账损失的发生。

根据应收账款逾期天数分析表所提供的信息，公司可了解各债务人的收款、欠款情况，判断欠款的可回收程度和可能发生的损失；同时，公司还可采取放宽或紧缩的商业信用政策，并将其作为衡量负责收款部门和资信部门工作效率的依据。

子任务 7.3 分析应收账款账龄

任务要求

1. 能够建立应收账款账龄分析表；
2. 能够计算应收账款坏账准备金额。

知识积累

账龄是指债务人所欠本企业应收账款的时间。账龄分析法是指根据应收账款的时间长短来估计坏账损失的一种方法，又称应收账款账龄分析法。一般来说，账龄越长，发生坏账损失的可能性就越大。

在估计坏账损失之前，可将应收账款按其账龄编制一张应收账款账龄分析表，以此了解应收账款在各个债务人之间的金额分布情况及拖欠时间的长短。应收账款账龄分析表实际上就是在子任务 7.2 中编制完成的逾期天数分析表，利用逾期天数分析表，不仅可以对债务人产生的应收账款进行分析，更为计算坏账准备提供了可靠的依据。

任务资料

1. 在“大连百大公司应收账款管理”工作簿中新建一个空白工作表，重命名为“应收账款账龄分析表”。

2. 按如图 7-29 所示的格式建立大连百大公司应收账款账龄分析表，并进行适当修饰。

	A	B	C	D	E
1	应收账款账龄分析表				
2	当前日期	2019年12月31日			
3	账龄	应收账款	占应收账款总额的百分比	坏账准备比例	坏账准备金额
4	未到期				
5	0~30天				
6	30~60天				
7	60~90天				
8	90天以上				
9	合计				

图 7-29 应收账款账龄分析表

3. 计算各账龄区间所涉及的应收账款金额。

4. 计算各账龄区间所涉及的应收账款占应收账款总额的百分比。

5. 计算应收账款坏账准备金额。

在应收账款账龄分析法下，通常账龄越长，发生坏账的可能性越大，估计的坏账准备比例就越高。假设大连百大公司根据历史经验估计，未到期的应收账款发生坏账的可能性是 0%，逾期 0～30 天的应收账款发生坏账的可能性约为 1%，逾期 30～60 天的应收账款发生坏账的可能性约为 3%，逾期 60～90 天的应收账款发生坏账的可能性约为 6%，逾期

90 天以上的应收账款发生坏账的可能性约为 10%。

任务实施

1. 在“大连百大公司应收账款管理”工作簿中建立“应收账款账龄分析表”。

在“大连百大公司应收账款管理”工作簿中新建工作表 Sheet4，并重命名为“应收账款账龄分析表”。

2. 按如图 7－29 所示的格式建立大连百大公司应收账款账龄分析表，并进行适当修饰。

步骤 1　单击 A1 单元格，输入“应收账款账龄分析表”，选择 A1:E1 单元格区域，单击“合并后居中”按钮合并单元格。单击 A2 单元格，输入“当前日期”；单击 B2 单元格，输入“2019 年 12 月 31 日”；单击 A3 单元格，输入“账龄”，并设置账龄的种类，分别为“未到期”“0～30 天”“30～60 天”“60～90 天”“90 天以上”；单击 B3 单元格，输入“应收账款”，此列显示不同账龄的应收账款金额，设置此列单元格格式为“货币”，选择公司常用的货币表示形式即可；单击 C3 单元格，输入“占应收账款总额的百分比”，此列显示不同账龄区间的应收账款金额占应收账款总额的比例，设置此列单元格格式为“百分比”，并默认小数位数为 2；在 D3 和 E3 单元格分别输入“坏账准备比例”和“坏账准备金额”。

步骤 2　对设计完成的工作表进行调整、美化，完成“应收账款账龄分析表”的表头以及各项目的建立，结果如图 7－30 所示。

	A	B	C	D	E
1	应收账款账龄分析表				
2	当前日期	2019年12月31日			
3	账龄	应收账款	占应收账款总额的百分比	坏账准备比例	坏账准备金额
4	未到期				
5	0-30天				
6	30-60天				
7	60-90天				
8	90天以上				
9	合计				

图 7－30　建立“应收账款账龄分析表”

3. 计算各账龄区间所涉及的应收账款金额。

步骤 1　在“应收账款账龄分析表”工作表，单击 B4 单元格，输入公式“＝SUM(逾期应收账款分析！I4:I17)”，按 Enter 键确认。可以引用大连百大公司“逾期应收账款分析”表中的未到期金额，汇总计算出截至 2019 年 12 月 31 日应收账款总额中尚未到期的应收账款金额为 8 510.00 元，如图 7－31 所示。

步骤 2　按步骤 1 的操作，单击 B4:B8 单元格，输入 SUM 公式，对其余账龄区间的应收账款金额进行统计、汇总，按 Enter 键确认，生成各账龄区间所对应的应收账款金额，如图 7－32 所示。

4. 计算各账龄区间所涉及的应收账款占应收账款总额的百分比。

步骤 1　计算现有应收账款总额。单击 B9 单元格，输入公式“＝SUM（B4:B8)”，按 Enter 键确认，即可计算各账龄区间所涉及的应收账款总额，如图 7－33 所示。

	A	B	C
1	应收账款账龄分析表		
2	当前日期	2019年12月31日	
3	账龄	应收账款	占应收账款总额的百分比
4	未到期	8,510.00	
5	0-30天		
6	30-60天		
7	60-90天		
8	90天以上		
9	合计		

图 7－31　统计未到期应收账款金额

	A	B	C
1	应收账款账龄分析表		
2	当前日期	2019年12月31日	
3	账龄	应收账款	占应收账款总额的百分比
4	未到期	8,510.00	
5	0-30天	7,350.00	
6	30-60天	980.00	
7	60-90天	2,600.00	
8	90天以上	73,780.00	
9	合计		

图 7－32　统计得到各账龄区间的应收账款金额

B9　=SUM(B4:B8)

	A	B	C
1	应收账款账龄分析表		
2	当前日期	2019年12月31日	
3	账龄	应收账款	占应收账款总额的百分比
4	未到期	8,510.00	
5	0-30天	7,350.00	
6	30-60天	980.00	
7	60-90天	2,600.00	
8	90天以上	73,780.00	
9	合计	93,220.00	

图 7－33　汇总各账龄区间所涉及的应收账款总额

步骤 2　计算各账龄区间所涉及的应收账款占应收账款总额的百分比。单击 C4 单元格，输入公式“＝B4/＄B＄9”，按 Enter 键确认，即可计算出未到期应收账款占应收账款总额的百分比。复制该公式到该列其他单元格中，可计算出其他账龄区间所涉及的应收账款占应收账款总额的百分比，如图 7－34 所示。

C4　=B4/$B$9

	A	B	C
1	应收账款账龄分析表		
2	当前日期	2019年12月31日	
3	账龄	应收账款	占应收账款总额的百分比
4	未到期	8,510.00	9.13%
5	0-30天	7,350.00	7.88%
6	30-60天	980.00	1.05%
7	60-90天	2,600.00	2.79%
8	90天以上	73,780.00	79.15%
9	合计	93,220.00	100.00%

图 7－34　计算各账龄区间所涉及的应收账款所占的百分比

5. 计算应收账款坏账准备金额。

步骤 1　将估计的坏账准备比例分别输入 D4:D9 单元格，实际工作中，公司可以根据历史经验进行估计，结果如图 7－35 所示。

步骤 2　计算坏账准备金额。单击 E4 单元格，输入公式“＝B4＊D4”，按 Enter 键确认。将 E4 单元格公式复制到该列已经逾期的其他单元格中，则可计算各账龄区间所涉及应收账款产生的坏账准备金额，结果如图 7－36 所示。

D4 　0%

应收账款账龄分析表			
当前日期	2019年12月31日		
账龄	应收账款	占应收账款总额的百分比	坏账准备比例
未到期	8,510.00	9.13%	0.00%
0-30天	7,350.00	7.88%	1.00%
30-60天	980.00	1.05%	3.00%
60-90天	2,600.00	2.79%	6.00%
90天以上	73,780.00	79.15%	10.00%
合计	93,220.00	100.00%	

图 7-35　估计的坏账准备比例

E4 　=B4*D4

应收账款账龄分析表				
当前日期	2019年12月31日			
账龄	应收账款	占应收账款总额的百分比	坏账准备比例	坏账准备金额
未到期	8,510.00	9.13%	0.00%	-
0-30天	7,350.00	7.88%	1.00%	73.50
30-60天	980.00	1.05%	3.00%	29.40
60-90天	2,600.00	2.79%	6.00%	156.00
90天以上	73,780.00	79.15%	10.00%	7,378.00
合计	93,220.00	100.00%		

图 7-36　计算各账龄区间所涉及应收账款产生的坏账准备

步骤 3　单击 E9 单元格，输入公式"=SUM（E4:E8)"，按 Enter 键确认，计算坏账准备总额。

由以上计算的坏账准备金额可以明显看出，大连百大公司应收账款产生的坏账准备金额较高，主要原因是逾期 90 天以上的应收账款较多，且坏账发生的比例较高。但即便如此，公司也不能放弃对逾期较长的应收账款的催收，而且还要加强对逾期 60～90 天以及逾期 30～60 天的应收账款的催收工作，防止债务人继续拖欠款项，造成公司发生更多坏账损失。

使用 Excel 进行应收账款管理的方法，同样适用于企业的应收票据管理甚至应付账款管理，本任务不再重复介绍。

任务总结

本任务介绍了如何使用 Excel 进行应收账款的管理，主要介绍了应收账款的有关概念；利用 Excel 建立应收账款明细账；利用 Excel 计算并分析逾期应收账款；利用 Excel 计算并分析应收账款账龄；利用 Excel 计算并分析应收账款的坏账准备。通过本任务的学习，学生可掌握应收账款明细账的建立过程，丰富和提升应用 Excel 进行企业往来账管理的能力。

任务实训

一、实训的目的和要求

1. 掌握应收账款的相关概念；
2. 能够建立应收账款管理表；
3. 能够建立应收账款账龄分析表并进行分析。

二、实训内容

根据大连星河科技公司 2020 年 11 月 30 日发生的应收账款资料（如表 7－1 所示），完成如下实训内容：

表 7－1　大连星河科技公司应收账款情况

赊销日期	债务人名称	应收金额（元）	付款期限（天）
2020 年 4 月 8 日	红光公司	30 000.00	50
2020 年 5 月 10 日	蓝天公司	500 000.00	40
2020 年 5 月 15 日	胜利公司	20 000.00	30
2020 年 6 月 5 日	永安公司	100 000.00	40
2020 年 7 月 11 日	蓝天公司	12 000.00	35
2020 年 8 月 8 日	永安公司	30 000.00	30
2020 年 9 月 20 日	胜利公司	15 000.00	30
2020 年 10 月 12 日	红光公司	58 000.00	30
2020 年 11 月 2 日	蓝天公司	16 000.00	30
2020 年 11 月 23 日	永安公司	40 000.00	25

1. 建立“大连星河科技公司应收账款”工作簿。

2. 激活 Sheet1 工作表，重命名为“应收账款管理”，并按大连百大公司应收账款管理表的结构建立大连星海科技公司应收账款管理表。

3. 分别计算各应收账款的到期日。

4. 汇总统计各债务人所欠资金总额，并建立饼形图分析各债务人所欠资金占应收账款总额的比重。

5. 建立应收账款账龄分析表。

6. 各账龄区间所涉及应收账款发生坏账的可能性为：未到期的应收账款发生坏账的可能性是 0%，逾期 0～30 天的应收账款发生坏账的可能性为 2%，逾期 30～60 天的应收账款发生坏账的可能性约为 5%，逾期 60～90 天的应收账款发生坏账的可能性约为 8%，逾期 90 天以上的应收账款发生坏账的可能性约为 10%，据此分别计算各账龄所涉及应收账款的坏账准备。

习题

一、填空题

1. 企业计提坏账准备的方法由企业自行确定，常用的计提坏账准备的方法是

________法。

2. 应收账款具有________销售和________存货的作用。

二、简答题

1. 为什么要进行应收账款管理?
2. 企业估计坏账准备比例时需要考虑哪些因素?
3. 什么是应收账款账龄? 分析应收账款账龄有何意义?
4. 如何利用已知账龄资料快速计算坏账准备?

任务 8 应用 Excel 进行财务分析

● 重点和难点

1. 财务比率计算和分析；
2. 财务状况趋势分析；
3. 财务状况比较分析；
4. 财务状况综合分析。

学习目标

【知识目标】

1. 了解财务分析的相关概念；
2. 掌握财务报表分析的主要方法。

【技能目标】

1. 能够利用 Excel 计算和分析财务比率；
2. 能够利用 Excel 进行财务状况趋势分析；
3. 能够利用 Excel 进行企业间财务状况比较分析；
4. 能够利用 Excel 进行企业财务状况综合分析。

任务概述

财务分析，又称财务报表分析，是指在财务报表及其相关资料的基础上，通过一定的方法和手段，对财务报表提供的数据进行系统和深入的分析研究，揭示有关指标之间的关系、变动情况及其原因，从而向使用者提供相关和全面的信息，也就是将财务报表及相关数据转换为对特定决策有用的信息，对企业过去的财务状况和经营成果以及未来前景做出评价。通过这一评价，可以为财务决策、计划和控制提供帮助。

财务报表中的数据不仅种类繁多，而且涉及不同时期、不同企业之间的比较，因此，利用 Excel 所提供的各种功能来辅助财务分析和决策人员，可以迅速、准确地完成财务分析工作。通过本任务的学习，学生可使用 Excel 对企业财务报表进行分析。

知识积累

8.1 财务分析的目的

财务报表的使用者包括投资者、债权人、总经理、政府、雇员、工会和中介机构等利益关系人，不同人员所关心的问题和侧重点不同，因此进行财务分析的目的也有所不同。财务分析的目的主要有以下几个方面。

8.1.1 评价企业的财务状况

通过对企业财务报表等会计资料进行分析，了解企业资产的流动性、负债水平和偿债能力，从而评价企业的财务状况和经营成果，为企业管理者、投资者和债权人等提供财务信息。

8.1.2 评价企业的资产管理水平

企业的生产经营过程就是利用资产取得收益的过程。资产是企业生产经营活动的经济资源，资产的管理水平直接影响企业的收益，它体现了企业的整体素质。通过财务分析，财务报表使用者可以了解企业资产的管理水平和资金周转情况，为评价经营管理水平提供依据。

8.1.3 评价企业的获利能力

通过财务分析，财务报表使用者可以评价企业的获利能力。利润是企业经营的最终成果体现，是企业生存和发展的最终目的。因此，不同的利益关系人都十分关心企业的获利能力。

8.1.4 评价企业的发展趋势

通过财务分析，财务报表使用者可以判断企业的发展趋势，预测企业的经营前景，从而避免因决策失误而带来的重大经济损失。

8.2 财务分析的方法

财务报表虽然可以提供大量的财务信息，但很难直接获取各种有用的信息，有时甚至还会被会计数据引入歧途，被表面假象所蒙蔽。为了让财务报表使用者正确理解各种会计数据之间存在着的重要关系，并且全面反映企业的财务状况和经营成果，通常采用以下几种方法进行财务报表分析。

8.2.1 财务报表纵向分析

财务报表纵向分析又称动态分析或趋势分析，是将不同时期财务报表之间相同项目的变化进行比较分析，即将企业连续两年（或多年）的财务报表的相同项目并行排列在一起，计算相同项目增减的绝对额和百分比，编制出比较财务报表，以揭示各会计项目在某段时期内所发生的绝对额变化和百分比变化情况。在计算相同项目增减的绝对额和百分比时，基期（被比较的时期）可以是固定（如基期固定在第一年）的，也可以是变动的（如将计算期的第一期作为基期）。若基期是固定的，则称为定基趋势分析；若基期是变动的，则称为环比趋势分析。

一个会计年度中可能有一些非常或偶然事项，这些事项既不能代表企业的过去，也不能说明其未来，因此，只分析一个会计年度的财务报表往往不够全面。如果对企业若干年的财务报表按时间序列进行分析，就能看出其发展趋势，有助于规划未来，同时有助于判断本年度是否具有代表性。不同时期的分析有三种常用方法：多期比较分析、结构百分比分析和定基百分比趋势分析。进行不同时期的分析，主要是为了判断发展趋势，故亦称为趋势分析；又因分析时主要使用百分率，故又称为百分率分析。趋势分析的具体方法有以下三种。

1. 多期比较分析

多期比较分析是研究和比较连续几个会计年度的会计报表及相关项目。其目的是查明变化内容、变化原因及其对企业未来的影响如何。在进行多期比较分析时，可以用前后各年每个项目金额的差额进行比较，也可以用百分率的变化进行比较，还可以计算出各期财务比率后进行多期比较。比较的年度数一般为五年，有时甚至要列出十年的数据。

2. 结构百分比分析

结构百分比分析是把常规的财务报表换算成结构百分比报表，然后逐项比较不同年份的数据，查明某一特定项目在不同年度间百分比的差额。同一报表中不同项目的结构百分比的计算公式为：

结构百分比＝部分÷总体

通常情况下，利润表的“总体”是指“营业收入”；资产负债表的“总体”是指“资产总额”。

3. 定基百分比趋势分析

进行定基百分比趋势分析，首先要选取一个基期，将基期报表上各项金额的指数均定为 100，其他各年度财务报表上的数字也用指数表示，由此得出定基百分比报表。通过定基百分比可以看出各项目的发展变化趋势。不同时期的同类报表项目的定基百分比的计算公式为：

考察期指数＝考察期数值÷基期数值

8.2.2 财务报表横向分析

财务报表横向分析又称静态分析，是指同一时期财务报表中不同项目之间的比较和分析，主要是通过编制共同比财务报表（或称百分比报表）进行分析，即将财务报表中的某一重要项目（如资产负债表中的资产总额或权益总额、利润表中的营业收入）的数据作为 100%，然后将报表中其余项目的金额都以这个重要项目的百分率的形式作纵向排列，从而揭示出各个项目的数据在企业财务报表中的相对意义。不仅如此，采用这种形式编制的财务报表还使在规模不同的企业之间进行经营和财务状况比较成为可能。因为把报表中各个项目的绝对金额都转化成百分数，经营规模不同的企业之间就有了可比性，这就是“共同比”的含义。当然，要在不同企业之间进行比较，其前提条件是这些企业应属于同一行业，它们所采用的会计核算方法和财务报表编制程序也必须大致相同，否则就得不到任何有实际意义的结果。

8.2.3 财务比率分析

财务比率是相互联系的指标项目之间的比值，用以反映各项财务数据之间的相互关系，从而揭示企业的财务状况和经营成果，是财务分析中最重要的部分。财务比率分析包括同一张报表中不同项目之间的比较和不同财务报表的相关项目之间的比较。其比值有的用系数表示，有的用百分数表示。

财务比率分析是指将财务报表中的有关项目进行对比，得出一系列的财务比率，以此来揭示的企业财务状况。常用的财务比率包括变现能力比率、资产管理比率、长期负债比率、盈利能力比率和市价比率五大类。

1. 变现能力比率

变现能力比率又称偿债能力比率，可以衡量企业产生现金能力的大小，它的大小取决于可以在近期转变为现金的流动资产的多少。反映变现能力的财务比率主要有流动比率和速动比率。

（1）流动比率。流动比率是企业流动资产与流动负债之比。其计算公式为：

流动比率＝流动资产÷流动负债

流动资产一般包括库存现金、有价证券、应收账款及库存商品。流动负债一般包括应付账款、应付票据、一年内到期的债务、应付未付的各项税费及其他应付未付的开支。

流动比率是衡量企业短期偿债能力的一个重要财务指标。这个比率越高，说明企业偿还流动负债的能力越强，流动负债得到偿还的保障越大。如果流动负债上升的速度过快，会使流动比率下降，从而引起财务方面的麻烦。一般情况下，营业周期、流动资产中的应收账款和存货的周转速度是影响流动比率的主要因素。因此，在分析流动比率时，还要结合流动资产的周转速度和构成情况进行。

（2）速动比率。速动比率也称酸性测试比率，是流动资产扣除变现能力较差且不稳定的存货、预付账款等资产后形成的速动资产与流动负债之比。相关计算公式为：

速动比率＝速动资产÷流动负债

速动资产＝货币资金＋交易性金融资产＋应收账款＋应收票据

影响速动比率的重要因素是应收账款的变现能力。

除了以上财务比率之外，还应结合影响变现能力的其他因素来分析企业的短期偿债能力。增强变现能力的因素主要有可动用的银行贷款指标、准备很快变现的长期资产及企业偿债能力的声誉等；减弱变现能力的因素主要有未做记录的或有负债、担保责任引起的负债等。

2. 资产管理比率

资产管理比率又称运营效率比率，是用来衡量企业资产管理效率高低的财务比率。资产管理比率包括存货周转率、应收账款周转率、营业周期、流动资产周转率、固定资产周转率和总资产周转率等。通过对这些指标的高低及其成因的考察，利益关系人能够对资产负债表的资产是否在有效运转、资产结构是否合理、所有的资产是否能有效利用以及资产总量是否合理等问题做出较为客观的判断。

（1）存货周转率。在流动资产中，存货所占的比重较大。存货的变现能力将直接影响企业资产的利用效率，因此，必须特别重视对存货的分析。存货周转率是衡量和评价企业购入存货、投入生产、销售收回等各环节管理状况的综合性指标。它是营业成本与平均存货余额的比值，也称为存货周转次数。用时间表示的存货周转率就是存货周转天数。相关计算公式为：

存货周转率＝营业成本÷平均存货余额

存货周转天数＝360÷存货周转率

平均存货余额＝（期初存货余额＋期末存货余额）÷2

（2）应收账款周转率。应收账款周转率是反映年度内应收账款转换为现金的平均次数的指标。用时间表示的应收账款周转速度是应收账款周转天数，也称为平均应收账款回收期，它表示企业从取得应收账款的权利到收回款项所需要的时间。相关计算公式为：

应收账款周转率＝营业收入÷平均应收账款余额

应收账款周转天数＝360÷应收账款周转率

平均应收账款余额＝（期初应收账款余额＋期末应收账款余额）÷2

（3）营业周期。营业周期是指从取得存货开始到销售存货并收回现金为止的这段时间。营业周期的长短取决于存货周转天数和应收账款周转天数，其计算公式为：

营业周期＝存货周转天数＋应收账款周转天数

存货周转率和应收账款周转率以及两者相结合的营业周期是反映企业资产运营效率的最主要指标。

（4）流动资产周转率。流动资产周转率是营业收入与平均流动资产总额之比，它反映的是全部流动资产的利用效率。相关计算公式为：

流动资产周转率＝营业收入÷平均流动资产总额

平均流动资产总额＝（期初流动资产总额＋期末流动资产总额）÷2

（5）固定资产周转率。固定资产周转率指的是企业营业收入与平均固定资产净值之比。该比率越高，说明固定资产的利用率越高，管理水平越好。相关计算公式如下：

固定资产周转率＝营业收入÷平均固定资产净值

平均固定资产净值＝（期初固定资产净值＋期末固定资产净值）÷2

（6）总资产周转率。总资产周转率指的是企业营业收入与平均资产总额之比，可以用来分析企业全部资产的使用效率。如果该比率较低，企业应采取措施提高营业收入或处置资产，以提高总资产利用率。相关计算公式为：

总资产周转率＝营业收入÷平均资产总额

平均资产总额＝（期初资产总额＋期末资产总额）÷2

3. 长期负债比率

长期负债比率是说明债务和资产、净资产间关系的比率。它反映企业偿付到期长期债务的能力。长期负债比率主要有资产负债率、产权比率、有形净值债务率和利息保障倍数。通过对长期负债比率的分析，可以看出企业的资本结构是否健全、合理，从而评价企业的长期偿债能力。

（1）资产负债率。资产负债率是企业负债总额与资产总额之比，又称举债经营比率，它反映企业的资产总额中有多少是通过举债得到的。资产负债率反映企业偿还债务的综合能力，该比率越高，企业偿还债务的能力越差；反之，偿还债务的能力越强。其计算公式为：

资产负债率＝负债总额÷资产总额

（2）产权比率。产权比率又称负债权益比率，是负债总额与所有者权益（或股东权益，下同）总额之比，也是衡量企业长期偿债能力的指标之一。该比率反映了债权人所提供的资金与投资者所提供的资金的对比关系，从而揭示企业的财务风险以及所有者权益对债务的保障程度。其计算公式为：

产权比率＝负债总额÷所有者权益总额

（3）有形净值债务率。有形净值债务率是企业负债总额与有形净值的百分比。有形净值是所有者权益总额减去无形资产净值的余额。其计算公式为：

有形净值债务率＝负债总额÷（所有者权益总额－无形资产净值）

（4）利息保障倍数。利息保障倍数又称已获利息倍数，是息税前利润与利息费用的比值，反映了企业用经营所得支付债务利息的能力。相关计算公式为：

利息保障倍数＝息税前利润÷利息费用

息税前利润＝税前利润＋利息费用＝净利润＋所得税费用＋利息费用

公式中的“息税前利润”是指利润表中未扣除利息费用和所得税之前的利润。它可以通过“利润总额＋利息费用”计算得到。其中，利息费用是指本期发生的全部应付利息，不仅包括财务费用中的利息费用，还包括计入固定资产成本中的资本化利息。由于我国现行利润表中的利息费用没有单列，而是计入财务费用之中，外部报表使用人只能用“利润总额＋财务费用”来估算息税前利润。

利息保障倍数比率越高，说明企业用经营所得按时按量支付债务利息的能力越强，它能够增强贷款人对企业支付能力的信任程度。

除了用以上相关项目之间的比率来反映长期偿债能力之外，还应该注意一些影响长期偿债能力的因素，如经营租赁、担保责任以及或有负债等。

4. 盈利能力比率

盈利能力比率是考察企业赚取利润能力高低的比率。不论是投资者、债权人还是企业经营人员，都重视和关心企业的盈利能力。因此，可以按照会计基本要素设置营业利润率、总资产报酬率、净资产收益率指标，借以评价企业各要素的获利能力及资本保值增值情况。此外，在会计实务中也经常使用销售毛利率、销售净利率等指标来分析企业经营业务的获利水平，上市公司经常使用的获利能力指标还有每股收益、每股股利、市价比率和每股净资产等。

（1）营业利润率。营业利润率指的是企业一定时期内营业利润与营业收入的比率。其计算公式为：

营业利润率＝营业利润÷营业收入

（2）销售毛利率、销售净利率。销售毛利率表示每 1 元营业收入扣除销售成本后，有多少剩余可以用于各项期间费用的补偿和形成盈利。销售净利率反映每 1 元营业收入带来多少净利润，表示通过营业收入获得利润的水平。使用销售净利率可以评价企业通过销售赚取利润的能力，该比率越高，说明企业通过扩大销售获取收益的能力越强。相关计算公式为：

销售毛利率＝销售毛利÷营业收入净额

　　　　　＝（销售收入净额－销售成本）÷营业收入净额

销售净利率＝净利润÷营业收入净额

（3）总资产报酬率。总资产报酬率也称资产利润率或总资产收益率，是企业在一定时期内所获得的报酬总额与平均资产总额之比。总资产报酬率用来衡量企业利用全部资产获取利润的能力，反映了企业总资产的利用效率。其计算公式为：

总资产报酬率＝息税前利润÷平均资产总额

（4）净资产收益率。净资产收益率是在一定时期内企业的净利润与平均净资产之比。净资产收益率是评价企业获利能力的一个重要财务指标，反映了企业利用自有资本获取投资报酬的高低。相关计算公式为：

净资产收益率＝净利润÷平均净资产

平均净资产＝（期初所有者权益总额＋期末所有者权益总额）÷2

5. 市价比率

市价比率又称市场价值比率，实质上是反映每股市价和企业盈利、每股账面价值关系的比率，它综合反映了上述四个指标。管理者可根据该比率来了解投资者对企业的评价。市价比率包括每股盈余、市盈率、每股股利、股利支付比率和每股账面价值等指标。

（1）每股盈余。每股盈余是本年盈余与发行在外的加权平均普通股股数的比值，是衡量股份制企业盈利能力的指标之一。其计算公式为：

每股盈余＝（净利润－优先股股息）÷发行在外的加权平均普通股股数

每股盈余反映普通股的获利水平。该指标越高，每股可获得的利润越多，股东的投资效益越好；反之，则越差。由于每股盈余是一个绝对指标，因此在分析时，还应结合流通在外的普通股的变化及每股股价高低的影响。

（2）市盈率。市盈率是每股股价与每股盈余相比计算得到的比率，是衡量股份制企业盈利能力的重要指标之一。其计算公式为：

市盈率＝每股市价÷每股盈余

公式中的市价是指每股普通股在证券市场上的买卖价格。市盈率是衡量股份制企业盈利能力的重要指标，反映投资者对每 1 元净利润支付的价格。

（3）每股股利。每股股利是股利总额与流通股数的比值，是衡量股份制企业获利能力的指标之一。其计算公式为：

每股股利＝股利总额÷流通股数

（4）股利支付比率。股利支付比率是每股股利与每股盈余的比例，反映公司的净利润中有多少用于股利的分派。其计算公式为：

股利支付比率＝每股股利÷每股盈余

（5）每股账面价值。每股账面价值是股东权益总额减去优先股权益后的余额与发行在外的普通股股数的比值，反映的是发行在外的每股普通股所代表的企业记在账面上的股东权益额。其计算公式为：

每股账面价值＝（股东权益总额－优先股权益）÷发行在外的普通股股数

8.2.4　因素分析

因素分析是利用各种因素之间的数量依存关系，通过因素替换，从数量上测定各因素变动对某项综合性经济指标的影响程度的一种方法，具体包括差额分析法、指标分解法、连环替代法和定基替代法等。

8.3　财务分析的数据来源

财务分析的数据来源主要有两方面：一是会计核算数据源；二是外部数据库。

8.3.1　会计核算数据源

会计核算数据源是指通过 Excel 生成的资产负债表、利润表和现金流量表等。财务分析以本企业的资产负债表、利润表和现金流量表为基础，通过提取、加工和整理会计核算数据来生成所需的数据报表，然后对其进行加工处理，便可得到一系列的财务指标。

除了会计核算数据外，进行财务分析还需要其他数据，如同行业的主要经营比率等，这些数据统称为其他数据。

8.3.2　外部数据库

利用 Microsoft Query 是在 Excel 中获取外部数据库的方式之一。首先建立 Excel 与 Query 之间的通信，然后让 Query 与 ODBC 驱动程序之间进行通信，而通过 ODBC 可以与数据库通信，通过一系列的通信交换过程便可实现数据库的读取。

利用 VBA 直接与 ODBC 通信是获取外部数据库的方式之二。在 Excel 中，可通过宏调用 VBA（Visual Basic for Application），VBA 又可以直接与 ODBC 通信，从而获取外部数据库。

由于篇幅有限，对如何使用 Excel 调用外部数据库这一部分的内容，本书不做详细介绍，有兴趣的读者可以参考和查阅其他书籍。

子任务 8.1　财务比率分析

任务要求

1. 了解财务比率分析的具体指标；
2. 能够利用 Excel 计算财务比率；
3. 能够利用 Excel 分析财务比率。

任务资料

1. 建立一个工作簿，名称为“大连百大公司财务分析”。

2. 在“大连百大公司财务分析”工作簿插入 2 个工作表，并分别重命名为“资产负债表”和“利润表”，并按图 8－1 和图 8－2 所示设计大连百大公司 2019 年资产负债表和利润表。

资产负债表

编制单位：大连百大公司　　2019年12月31日　　单位：万元

资　产	期末余额	年初余额	负债和所有者权益	期末余额	年初余额
流动资产			流动负债		
货币资金	900	800	短期借款	2,300	2,000
交易性金融资产	500	1,000	应付账款	1,200	1,000
应收账款	1,300	1,200	预收账款	400	300
预付账款	70	40	其他应付款	100	100
存货	5,200	4,000	流动负债合计	4,000	3,400
其他流动资产	80	60	非流动负债		
流动资产合计	8,050	7,100	长期借款	2,500	2,000
非流动资产			非流动负债合计	2,500	2,000
长期股权投资	400	400	负债合计	6,500	5,400
固定资产	14,000	12,000	所有者权益		
无形资产	550	500	实收资本(或股本)	12,000	12,000
非流动资产合计	14,950	12,900	盈余公积	1,600	1,600
			未分配利润	2,900	1,000
			所有者权益合计	16,500	14,600
资产总计	23,000	20,000	负债及所有者权益合计	23,000	20,000

图 8－1　大连百大公司 2019 年度资产负债表

利润表

编制单位：大连百大公司　　2019年度　　单位：万元

项　目	本期金额	上期金额
一、营业收入	21,200	18,800
减：营业成本	12,400	10,900
税金及附加	1,200	1,080
销售费用	1,900	1,620
管理费用	1,000	800
财务费用	300	200
加：投资收益（损失以“-”号填列）	300	300
二、营业利润	4,700	4,500
加：营业外收入	150	100
减：营业外支出	650	600
三、利润总额	4,200	4,000
减：所得税费用	1,050	1,000
五、净利润	3,150	3,000

图 8－2　大连百大公司 2019 年度利润表

3. 插入一个空白工作表，重命名为“财务比率分析表”，设计“财务比率分析表”结构，如图 8-3 所示。

A	B	C	D
财务比率分析表		2019年	2018年
一、变现能力比率			
流动比率	流动资产/流动负债		
速动比率	（货币资金+交易性金融资产+应收账款+应收票据）/流动负债		
二、长期负债比率			
资产负债率：	负债总额/资产总额		
产权比率：	负债总额/所有者权益总额		
有形净值债务率：	负债总额/（所有者权益总额-无形资产净值）		
已获利息倍数：	息税前利润/利息费用		
三、资产管理比率			
存货周转率	营业成本/平均存货余额		
应收账款周转率	营业收入/平均应收账款余额		
流动资产周转率	营业收入/平均流动资产总额		
总资产周转率	营业收入/平均资产总额		
四、盈利能力比率			
营业利润率	营业利润/营业收入		
总资产报酬率	息税前利润/平均资产总额		
净资产收益率	净利润/平均净资产		

图 8-3　财务比率分析表

4. 计算“财务比率分析表”中 2019 年和 2018 年各项分析指标。

任务实施

利用 Excel 进行各项财务比率的计算，方法比较简单，直接用 Excel 中的数据链接功能，在财务比率计算公式的基础上，对其进行定义。即根据已有财务报表中的原始数据（主要是资产负债表和利润表），从不同工作表中读取数据，设计相应的公式，并在相应的单元格中输入公式。

1. 建立一个工作簿，名称为“大连百大公司财务分析”。

打开 Excel，新建空白工作簿，并重命名为“大连百大公司财务分析”。操作过程略。

2. 在“大连百大公司财务分析”工作簿插入 2 个工作表，并分别重命名为“资产负债表”和“利润表”，并按图 8-1 和图 8-2 所示设计大连百大公司 2019 年资产负债表和利润表。

步骤 1　在“大连百大公司财务分析”工作簿新增一个空白工作表，并重命名为“资产负债表”，按图 8-1 所示的格式建立资产负债表，并直接填入数据，同时进行适当修饰，使之美观实用。操作过程略。

步骤 2　在“大连百大公司财务分析”工作簿新增一个空白工作表，并重命名为“利润表”，按图 8-2 所示的格式建立利润表，并直接填入数据，同时进行适当修饰，使之美观实用。操作过程略。

3. 插入一个空白工作表，重命名为“财务比率分析表”，设计“财务比率分析表”结构，如图 8-3 所示。

在“大连百大公司财务分析”工作簿新增一个空白工作表，并重命名为“财务比率分析表”，按如图 8-3 所示的格式建立财务比率分析表，并进行适当修饰。操作过程略。

4. 计算“财务比率分析表”中 2019 年和 2018 年各项分析指标。

步骤 1　在财务比率分析表中创建公式和跨表引用数据。以计算 2019 年流动比率为例，将光标移至 C3 单元格后单击，在该单元格中输入“＝”，进行单元格函数公式的编辑，如图 8-4 所示。

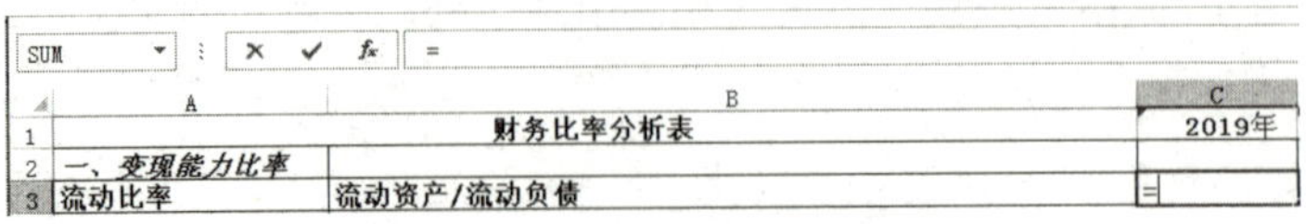

SUM =

	A	B	C
1		财务比率分析表	2019年
2	一、变现能力比率		
3	流动比率	流动资产/流动负债	=

图 8-4 单元格函数公式编辑

步骤 2 根据流动比率公式提示（流动比率=流动资产/流动负债），首先单击“资产负债表”工作表，将光标移至 B11 单元格（期末流动资产合计）并单击，然后在函数编辑栏中输入“/”，最后单击 E9 单元格（期末流动负债合计），生成流动比率计算公式，如图 8-5 所示。

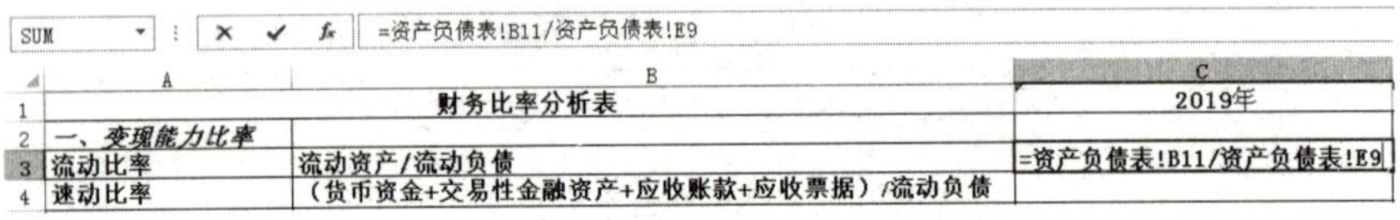

SUM =资产负债表!B11/资产负债表!E9

	A	B	C
1		财务比率分析表	2019年
2	一、变现能力比率		
3	流动比率	流动资产/流动负债	=资产负债表!B11/资产负债表!E9
4	速动比率	（货币资金+交易性金融资产+应收账款+应收票据）/流动负债	

图 8-5 设置流动比率计算公式

步骤 3 单击“确认”按钮，结束公式的输入，这时单元格中已显示计算结果，如图 8-6 所示。注意要将单元格调整为数值格式。

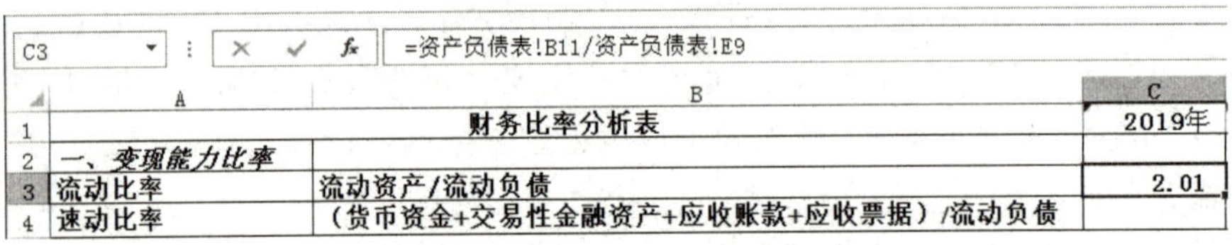

C3 =资产负债表!B11/资产负债表!E9

	A	B	C
1		财务比率分析表	2019年
2	一、变现能力比率		
3	流动比率	流动资产/流动负债	2.01
4	速动比率	（货币资金+交易性金融资产+应收账款+应收票据）/流动负债	

图 8-6 流动比率计算结果

步骤 4 计算 2018 年的流动比率时，因为与 2019 年流动比率的计算公式一致，引用工作表也一致，所以，可以直接将 2019 年流动比率的计算公式复制到单元格 D3，自动生成 2018 年的流动比率计算公式，从而进行两年数据的对比（为了简化计算，在输入公式时，均使用年末数据），如图 8-7 所示。

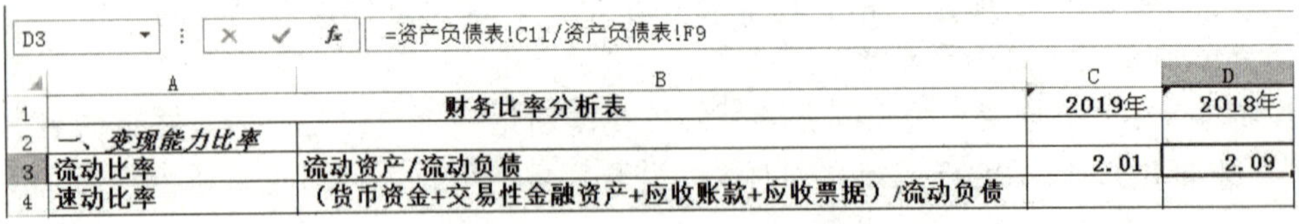

D3 =资产负债表!C11/资产负债表!F9

	A	B	C	D
1		财务比率分析表	2019年	2018年
2	一、变现能力比率			
3	流动比率	流动资产/流动负债	2.01	2.09
4	速动比率	（货币资金+交易性金融资产+应收账款+应收票据）/流动负债		

图 8-7 自动生成 2018 年流动比率公式的计算结果

步骤 5 使用相同的方法，按照公式提示，在相应的单元格中输入速动比率的计算公式，显示速动比率的计算结果，如图 8-8 和图 8-9 所示。

步骤 6 使用相同的方法，按照公式提示，在财务比率分析表相应的单元格中输入各个财务比率的计算公式，并对已输入的公式进行复制、粘贴操作。生成的各财务比率计算公式如图 8-10 所示，公式计算结果如图 8-11 所示。

将计算所得到的数据与同行业企业的财务指标标准值进行比较，即可对企业的财务状况和经营成果进行评价。

SUM　=(资产负债表!B5+资产负债表!B6+资产负债表!B7)/资产负债表!E9

	A	B	C
1		财务比率分析表	2019年
2	*一、变现能力比率*		
3	流动比率	流动资产/流动负债	2.01
4	速动比率	（货币资金+交易性金融资产+应收账款+应收票据）/流动负债	=(资产负债表!B5+资产负债表!B6+资产负债表!B7)/资产负债表!E9
5			

图 8-8　设置速动比率计算公式

E9

	A	B	C	D
1		财务比率分析表	2019年	2018年
2	*一、变现能力比率*			
3	流动比率	流动资产/流动负债	2.01	2.09
4	速动比率	（货币资金+交易性金融资产+应收账款+应收票据）/流动负债	0.68	0.88

图 8-9　速动比率计算结果

C16　=利润表!B4/资产负债表!B19

	A	B	C
1		财务比率分析表	2014
2	*一、变现能力比率*		
3	流动比率	流动资产/流动负债	=资产负债表!B11/资产负债表!E9
4	速动比率	（货币资金+交易性金融资产+应收账款+应收票据）/流动负债	=(资产负债表!B5+资产负债表!B6+资产负债表!B7)/资产负债表!E9
5			
6	*二、长期负债比率*		
7	资产负债率：	负债总额/资产总额	=资产负债表!E13/资产负债表!B19
8	产权比率：	负债总额/所有者权益总额	=资产负债表!E13/资产负债表!E18
9	有形净值债务率：	负债总额/（所有者权益总额-无形资产净值）	=资产负债表!E13/(资产负债表!E18-资产负债表!B15)
10	已获利息倍数：	息税前利润/利息费用	=(利润表!B14+利润表!B9)/利润表!B9
11			
12	*三、资产管理比率*		
13	存货周转率	营业成本/平均存货余额	=利润表!B5/资产负债表!B9
14	应收账款周转率	营业收入/平均应收账款余额	=利润表!B4/资产负债表!B7
15	流动资产周转率	营业收入/平均流动资产总额	=利润表!B4/资产负债表!B11
16	总资产周转率	营业收入/平均资产总额	=利润表!B4/资产负债表!B19
17			
18	*四、盈利能力比率*		
19	营业利润率	营业利润/营业收入	=利润表!B/利润表!B4
20	总资产报酬率	息税前利润/平均资产总额	=(利润表!B14+利润表!B9)/资产负债表!B19
21	净资产收益率	净利润/平均净资产	=利润表!B16/资产负债表!E18

图 8-10　设置各财务比率计算公式

H4

	A	B	C	D
1		财务比率分析表	2019	2018
2	*一、变现能力比率*			
3	流动比率	流动资产/流动负债	2.01	2.09
4	速动比率	（货币资金+交易性金融资产+应收账款+应收票据）/流动负债	0.68	0.88
5				
6	*二、长期负债比率*			
7	资产负债率：	负债总额/资产总额	28.26%	27.00%
8	产权比率：	负债总额/所有者权益总额	39.39%	36.99%
9	有形资产债务率：	负债总额/（所有者权益总额-无形资产净值）	40.75%	38.30%
10	已获利息倍数：	息税前利润/利息费用	15.00	21.00
11				
12	*三、资产管理比率*			
13	存货周转率	营业成本/平均存货余额	2.38	2.73
14	应收账款周转率	营业收入/平均应收账款余额	16.31	15.67
15	流动资产周转率	营业收入/平均流动资产总额	2.63	2.65
16	总资产周转率	营业收入/平均资产总额	0.92	0.94
17				
18	*四、盈利能力比率*			
19	营业利润率	营业利润/营业收入	22.17%	23.94%
20	总资产报酬率	息税前利润/平均资产总额	19.57%	21.00%
21	净资产收益率	净利润/平均净资产	19.09%	20.55%

图 8-11　财务比率计算结果

子任务 8.2　财务状况趋势分析

任务要求

1. 能够建立比较资产负债表；

2. 能够建立比较利润表；

3. 能够应用 Excel 进行公司财务状况的趋势分析。

任务资料

1. 在“大连百大公司财务分析”工作簿插入一个工作表，重命名为“比较资产负债表”，并设计如图 8-12 所示的结构，计算 2019 年和 2018 年的结构百分比。

比较资产负债表

编制单位：大连百大公司　　2019年12月31日　　单位：万元

资　产	2019		2018		负债和所有者权益	2019		2018	
流动资产					流动负债：				
货币资金	900	3.91%	800	4.00%	短期借款	2,300	10.00%	2,000	10.00%
交易性金融资产	500	2.17%	1,000	5.00%	应付账款	1,200	5.22%	1,000	5.00%
应收账款	1,300	5.65%	1,200	6.00%	预收账款	400	1.74%	300	1.50%
预付账款	70	0.30%	40	0.20%	其他应付款	100	0.43%	100	0.50%
存货	5,200	22.61%	4,000	20.00%	流动负债合计	4,000	17.39%	3,400	17.00%
其他流动资产	80	0.35%	60	0.30%	非流动负债：				
流动资产合计	8,050	35.00%	7,100	35.50%	长期借款	2,500	10.87%	2,000	10.00%
非流动资产					非流动负债合计	2,500	10.87%	2,000	10.00%
长期股权投资	400	1.74%	400	2.00%	负债合计	6,500	28.26%	5,400	27.00%
固定资产	14,000	60.87%	12,000	60.00%	所有者权益：				
无形资产	550	2.39%	500	2.50%	实收资本（或股本）	12,000	52.17%	12,000	60.00%
非流动资产合计	14,950	65.00%	12,900	64.50%	盈余公积	1,600	6.96%	1,600	8.00%
					未分配利润	2,900	12.61%	1,000	5.00%
					所有者权益合计	16,500	71.74%	14,600	73.00%
资产总计	23,000	100.00%	20,000	100.00%	负债及所有者权益合计	23,000	100.00%	20,000	100.00%

图 8-12　比较资产负债表

2. 在“大连百大公司财务分析”工作簿插入一个工作表，重命名为“比较利润表”，并设计如图 8-13 所示的结构，计算 2019 年和 2018 年的结构百分比。

比较利润表

编制单位：大连百大公司　　2019年度　　单位：万元

项　　目	2019		2018	
一、营业收入	21,200	100.00%	18,800	100.00%
减：营业成本	12,400	58.49%	10,900	57.98%
税金及附加	1,200	5.66%	1,080	5.74%
销售费用	1,900	8.96%	1,620	8.62%
管理费用	1,000	4.72%	800	4.26%
财务费用	300	1.42%	200	1.06%
加：投资收益（损失以“-”号填列）	300	1.42%	300	1.60%
二、营业利润	4,700	22.17%	4,500	23.94%
加：营业外收入	150	0.71%	100	0.53%
减：营业外支出	650	3.07%	600	3.19%
三、利润总额	4,200	19.81%	4,000	21.28%
减：所得税费用	1,050	4.95%	1,000	5.32%
五、净利润	3,150	14.86%	3,000	15.96%

图 8-13　比较百分比利润表

3. 某公司 2014—2019 年的主营业务利润数据如图 8-14 所示，根据该数据采用图解法进行分析，绘制折线图和簇状柱形图，结果如图 8-15 和图 8-16 所示。

	A	B	C	D	E	F	G
1		某公司2014年至2019年主营业务利润				单位：万元	
2	年度	2014年	2015年	2016年	2017年	2018年	2019年
3	主营业务利润	3,310	3,542	3,588	3,681	3,410	3,350

图 8－14　主营业务利润数据

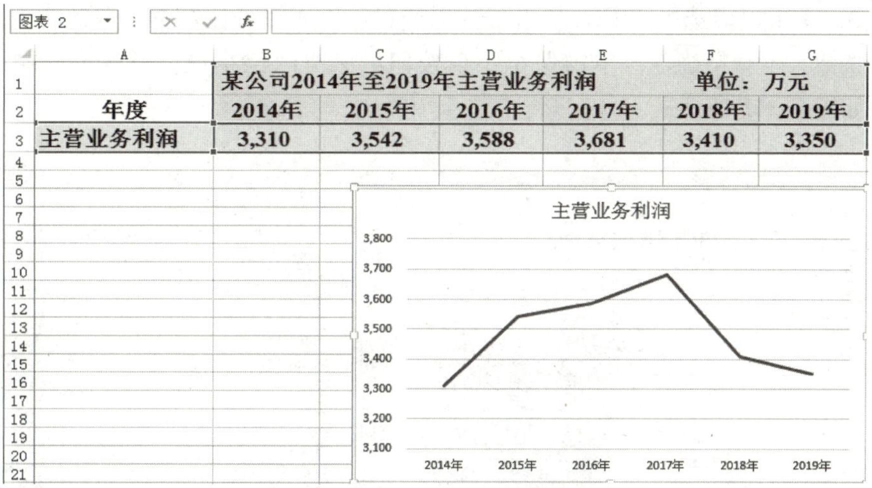

	A	B	C	D	E	F	G
1		某公司2014年至2019年主营业务利润				单位：万元	
2	年度	2014年	2015年	2016年	2017年	2018年	2019年
3	主营业务利润	3,310	3,542	3,588	3,681	3,410	3,350

图 8－15　主营业务利润二维折线图

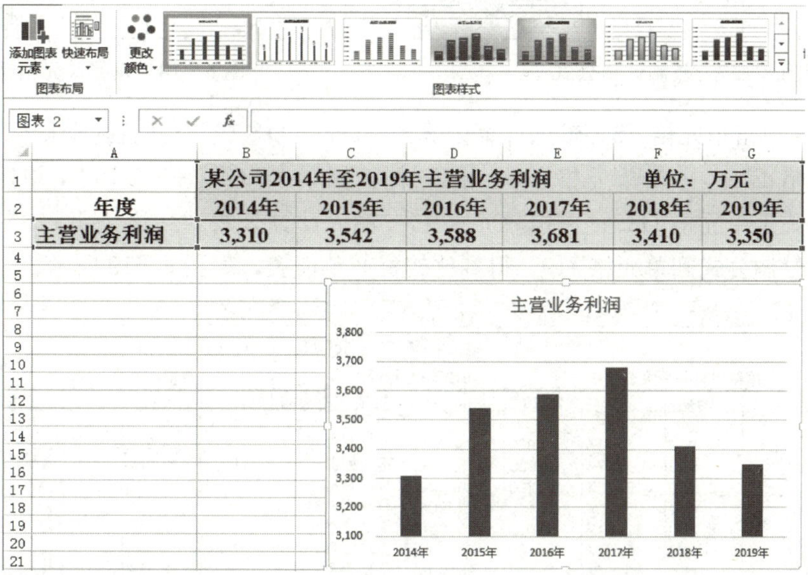

	A	B	C	D	E	F	G
1		某公司2014年至2019年主营业务利润				单位：万元	
2	年度	2014年	2015年	2016年	2017年	2018年	2019年
3	主营业务利润	3,310	3,542	3,588	3,681	3,410	3,350

图 8－16　主营业务利润二维簇状柱形图

任务实施

1. 在“大连百大公司财务分析”工作簿中建立“比较资产负债表”工作表。

沿用子任务 8.1 中大连百大公司的财务报表数据，利用 Excel 可以非常方便地将常规财务报表转换为结构百分比报表，具体操作步骤如下：

步骤 1 打开“大连百大公司财务分析”工作簿，建立如图 8-12 所示的“比较资产负债表”工作表。

步骤 2 在该工作表中，单击 C5 单元格，输入计算公式“=B5/$B$19”，并拖动鼠标，列向复制公式到单元格 C19，如图 8-17 所示。

步骤 3 单击鼠标选中 C 列，单击百分比按钮，生成百分比数据，但此时生成的百分比数据为整数，不够精确，再单击保留小数按钮，保留两位小数，完成单元格格式的设置，结果如图 8-18 所示。

	A	B	C
1			
2		编制单位：百大公司	
3	资　　产	2019	
4	流动资产		
5	货币资金	900	0.03913
6	交易性金融资产	500	0.02174
7	应收账款	1,300	0.05652
8	预付账款	70	0.00304
9	存货	5,200	0.22609
10	其他流动资产	80	0.00348
11	流动资产合计	8,050	0.35000
12	非流动资产		
13	长期股权投资	400	0.01739
14	固定资产	14,000	0.60870
15	无形资产	550	0.02391
16	非流动资产合计	14,950	0.65000
17			
18			
19	资产总计	23,000	1.00000

图 8-17　复制计算公式

	A	B	C
1			
2		编制单位：百大公司	
3	资　　产	2019	
4	流动资产		
5	货币资金	900	3.91%
6	交易性金融资产	500	2.17%
7	应收账款	1,300	5.65%
8	预付账款	70	0.30%
9	存货	5,200	22.61%
10	其他流动资产	80	0.35%
11	流动资产合计	8,050	35.00%
12	非流动资产		
13	长期股权投资	400	1.74%
14	固定资产	14,000	60.87%
15	无形资产	550	2.39%
16	非流动资产合计	14,950	65.00%
17			
18			
19	资产总计	23,000	100.00%

图 8-18　设置单元格格式

步骤 4 单击单元格 E5，输入计算公式“=D5/$D$19”，并且拖动鼠标，列向复制公式到单元格 E19；单击单元格 H5，输入计算公式“=G5/$G$19”，并且拖动鼠标，列向复制公式到单元格 H19；单击单元格 J5，输入计算公式“=I5/$I$19”，并且拖动鼠标，列向复制公式到单元格 J19，得到比较资产负债表，如图 8-19 所示。

	A	B	C	D	E	F	G	H	I	J
1						比较资产负债表				
2		编制单位：百大公司				2019年12月31日	单位：万元			
3	资　　产	2019		2018		负债和所有者权益	2019		2018	
4	流动资产					流动负债：				
5	货币资金	900	3.91%	800	4.00%	短期借款	2,300	10.00%	2,000	10.00%
6	交易性金融资产	500	2.17%	1,000	5.00%	应付账款	1,200	5.22%	1,000	5.00%
7	应收账款	1,300	5.65%	1,200	6.00%	预收账款	400	1.74%	300	1.50%
8	预付账款	70	0.30%	40	0.20%	其他应付款	100	0.43%	100	0.50%
9	存货	5,200	22.61%	4,000	20.00%	流动负债合计	4,000	17.39%	3,400	17.00%
10	其他流动资产	80	0.35%	60	0.30%	非流动负债：				
11	流动资产合计	8,050	35.00%	7,100	35.50%	长期借款	2,500	10.87%	2,000	10.00%
12	非流动资产					非流动负债合计	2,500	10.87%	2,000	10.00%
13	长期股权投资	400	1.74%	400	2.00%	负债合计	6,500	28.26%	5,400	27.00%
14	固定资产	14,000	60.87%	12,000	60.00%	所有者权益：				
15	无形资产	550	2.39%	500	2.50%	实收资本(或股本)	12,000	52.17%	12,000	60.00%
16	非流动资产合计	14,950	65.00%	12,900	64.50%	盈余公积	1,600	6.96%	1,600	8.00%
17						未分配利润	2,900	12.61%	1,000	5.00%
18						所有者权益合计	16,500	71.74%	14,600	73.00%
19	资产总计	23,000	100.00%	20,000	100.00%	负债及所有者权益合计	23,000	100.00%	20,000	100.00%

图 8-19　比较资产负债表

2. 在“大连百大公司财务分析”工作簿中建立“比较利润表”工作表。

步骤 1　打开“大连百大公司财务分析”工作簿，建立如图 8－13 所示的“比较利润表”工作表。

步骤 2　在“比较利润表”工作表中，单击单元格 C4，输入计算公式“＝B4/$B$4”，并且拖动鼠标，列向复制公式到单元格 C16；单击单元格 E4，输入计算公式“＝D4$D$4”，并且拖动鼠标，列向复制公式到单元格 E16，得到比较利润表，如图 8－20 所示。

	A	B	C	D	E
1	比较利润表				
2	编制单位：大连百大公司	2019年度			单位：万元
3	项　　目	2019		2018	
4	一、营业收入	21,200	100.00%	18,800	100.00%
5	减：营业成本	12,400	58.49%	10,900	57.98%
6	税金及附加	1,200	5.66%	1,080	5.74%
7	销售费用	1,900	8.96%	1,620	8.62%
8	管理费用	1,000	4.72%	800	4.26%
9	财务费用	300	1.42%	200	1.06%
10	加：投资收益（损失以“-”号填列）	300	1.42%	300	1.60%
11	二、营业利润	4,700	22.17%	4,500	23.94%
12	加：营业外收入	150	0.71%	100	0.53%
13	减：营业外支出	650	3.07%	600	3.19%
14	三、利润总额	4,200	19.81%	4,000	21.28%
15	减：所得税费用	1,050	4.95%	1,000	5.32%
16	五、净利润	3,150	14.86%	3,000	15.96%

图 8－20　比较利润表

根据比较资产负债表（如图 8－19 所示）和比较利润表（如图 8－20 所示）的计算结果，可以分析该公司的资产、负债和所有者权益的变化趋势，同时可以分析应该采取何种有效措施改善财务状况。

3. 根据某公司 2014—2019 年的主营业务利润数据，采用图解法进行分析，绘制折线图和簇状柱形图。

所谓图解法，是将企业连续几个会计期间的财务数据或财务指标绘制成图，并根据图形走势来判断企业财务状况及其变化趋势的方法。

采用图解法能比较直观地反映企业财务状况的发展趋势，分析者能够发现一些不易发现的问题。

步骤 1　在“插入”选项中的“图表”组中，单击“插入折线图”按钮，根据制表要求，选择“二维折线图”中的某种“折线图”，系统即可自动生成二维折线图，效果如图 8－21所示。在图形创建完成后，可以按照要求修改各种属性，以使整个图形更加完善。

步骤 2　除了自动生成折线图以外，还可以根据需要调整为柱形图、饼图、条形图、面积图、散点图以及所需要的其他图表。例如，单击“柱形图”按钮，选择“二维柱形图”中的“簇状柱形图”，即可自动生成二维簇状柱形图，效果如图 8－22 所示。

从 2014—2019 年该公司主营业务利润二维折线图中可以看出，该公司的主营业务利润呈先上升后下降趋势，2017 年达到高峰，2018 年出现下降趋势。因此，该公司应该寻

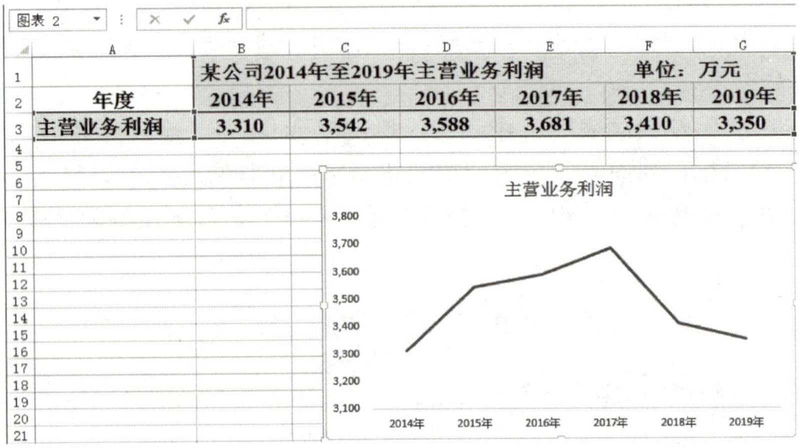

图 8-21　自动生成主营业务利润二维折线图

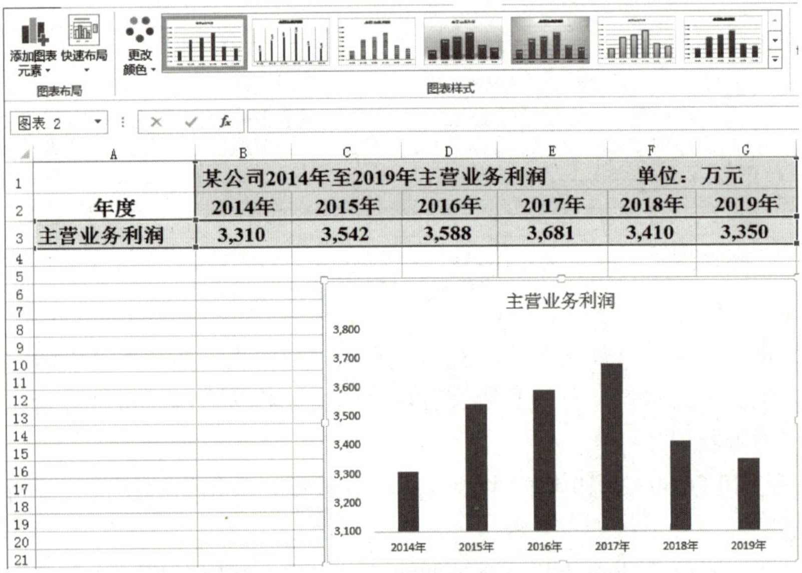

图 8-22　自动生成主营业务利润二维簇状柱形图

找 2017—2018 年销售净利润发生趋势变动的原因，以便采取措施尽量提高主营业务利润率或维持主营业务利润率不再继续下跌。

子任务 8.3　财务状况比较分析

任务要求

1. 能够建立标准财务比率分析表；
2. 能够计算分析财务比率数据。

知识积累

在进行财务报表分析时，经常会碰到的一个问题是：计算出财务比率后，无法判断它是偏高还是偏低。如果仅仅将该数据与本企业的历史数据进行比较，只能看出自身的变化，无法知道企业在竞争中所处的地位。而如果将该数据与同行业、同规模的其他企业进行比较，就可看出与对方的区别，从而为发现问题和查找差距提供线索。

行业平均水平的财务比率可以作为比较的标准，并经常被作为标准财务比率，如标准的流动比率、标准的资产利润率等。标准财务比率可以作为评价一个企业财务比率优劣的参照物。以标准财务比率作为基础进行比较分析，更容易发现企业的异常情况，便于揭示企业存在的问题。

通常，可以采用标准财务比率或理想财务报表进行比较和分析。

8.3.1　采用标准财务比率进行比较和分析

标准财务比率就是特定时期和特定行业的平均财务比率。

一个标准的确定，通常有两种方法：一种方法是统计方法，即以大量历史数据的统计结果作为标准。这种方法假定大多数数据是正常的，社会平均水平是反映标准状态的。脱离了平均水平，就是脱离了正常状态。另一种方法是工业工程法，即以实际观察和科学计算为基础，推算出一个理想状态并将其作为评价标准。这种方法假设各变量之间有其内在的比例关系，并且这种关系是可以被认识的。实践中，人们经常将以上两种方法结合起来使用，它们互相补充、互相印证，单独使用其中一种方法来建立评价标准的情况很少发生。

目前，标准财务比率的建立主要采用统计方法，工业工程法处于次要地位，这可能与人们对财务变量之间关系的认识尚不充分有关。在我国各种统计年鉴上可以找到一些财务指标，但行业划分较粗略，而且与会计指标的口径也不完全相同，不太适合直接用于报表分析，在使用时要注意指标口径的调整。《中国证券报》提供了上市公司的一些财务比率，包括一些分行业的平均数据，在进行财务分析时可以此作为参考。

对于行业的平均财务比率，在使用时应注意以下问题：

(1) 行业平均指标是根据部分企业抽样调查计算的，不一定能真实反映整个行业的实际情况。如果其中有一个极端的样本，则可能歪曲整个实际情况。

(2) 每个公司计算平均数时采用的会计方法不一定相同，如资本密集型企业与劳动密集型企业可能放在一起进行平均，负有大量债务的企业可能与没有债务的企业放在一起进行平均。因此，在进行报表分析时往往要对行业平均财务比率进行修正，尽可能建立一个可比的基础。

8.3.2　采用理想财务报表进行比较和分析

理想财务报表是根据标准财务报表比率和所考察企业的规模来共同确定的财务报表。该报表反映了企业的理想财务状况，决策者可以将该表与实际的财务报表进行对比分析，从而找出差距及其原因。

1. 理想资产负债表

理想资产负债表的百分比结构来自行业平均水平，同时进行必要的推理分析和调整。表 8-1 就是一个以百分比来表示的理想资产负债表。

表 8-1 理想资产负债表

项目	理想比率	项目	理想比率
流动资产：	60%	负债：	40%
速动资产	30%	流动负债	30%
盘存资产	30%	长期负债	10%
固定资产：	40%	所有者权益：	60%
		实收资本	20%
		公积金	30%
		未分配利润	10%
总计	100%	总计	100%

表 8-1 中的比例数据按如下过程确定：

（1）资产总计为 100%，根据资产负债率确定负债百分比和所有者权益百分比。通常认为，负债应小于自有资本，这样的企业在经济环境恶化时才能保持稳定。但是，过小的资产负债率也会使企业失去在经济繁荣时期获取额外利润的机会。一般认为，自有资本占 60%、负债占 40%是比较理想的状态。当然，这个比率会因国家、历史时期和行业的不同而不同。

（2）确定固定资产占总资产的百分比。通常情况下，固定资产的数额应小于自有资本，占到自有资本的 2/3 为宜。

（3）确定流动负债的百分比。一般认为，流动比率以 2 为宜，那么在流动资产占 60%的情况下，流动负债是其一半，占 30%。因此，在负债占 40%、流动负债占 30%时，长期负债占 10%。

（4）确定所有者权益的内部结构百分比，其基本要求是，实收资本应小于各项积累，以积累为投入资本的两倍为宜。这种比例可以减少分红的压力，使企业有可能重视长远的发展。因此，实收资本为所有者权益（60%）的 1/3（即 20%），公积金和未分配利润为所有者权益（60%）的 2/3（即 40%）。至于公积金和未分配利润之间的比例，并非十分重要，因为未分配利润的数字经常变化。

（5）确定流动负债的内部结构。一般认为，速动比率以 1 为宜。因此，速动资产占总资产的比率与流动负债相同，也应该为 30%，存货因为占流动资产的一半左右，则盘存资产（主要是存货）亦占总资产的 30%。

在确定了以百分比表示的理想资产负债表后，可以根据具体企业的资产总额建立绝对数的理想资产负债表，然后将企业报告期的实际数据与之进行比较分析，以判断企业财务状况的优劣。

2. 理想利润表

理想利润表的百分比是以营业收入为基础计算的。一般来说，毛利率因行业而异。周转快的企业奉行薄利多销的销售原则，毛利率一般偏低，例如快餐行业；周转慢的企业一般将毛利率定得比较高，例如奢侈品销售行业。实际上，每个行业都有一个自然形成的毛利率水平。表 8－2 就是一个以百分比表示的理想利润表。

表 8－2　理想利润表

项目	理想比率
营业收入	100%
销售成本（包括销售税金）	75%
毛利	25%
期间费用	13%
营业利润	12%
营业外收支净额	1%
税前利润	11%
所得税费用	6%
税后利润	5%

假设某公司所在行业的毛利率为 25%，则销售成本率为 75%。在毛利率当中，可用于期间费用的约占一半，在本例中按 13%处理，余下的 12%是营业利润。营业外收支净额所占的比例不高，本例按 1%处理。虽然所得税税率为 25%，但是由于有纳税调整等原因，实际负担在一半左右，故本例按税前利润（11%）的一半多一点处理，定为 6%，这样，余下的税后利润为 5%。

在确定了以百分比表示的理想利润表之后，即可根据企业某期间的营业收入金额来设计以绝对额表示的理想利润表，然后与企业的实际利润表进行比较，以判断其优劣。

任务资料

根据子任务 8.1 中的“财务比率分析表”中的 2019 年数据（如图 8－11 所示），设计并计算标准财务比率分析表，如图 8－23 所示。

	A	B	C	D
1	项目	标准财务比率	本企业财务比率	差异
2	流动比率	2.58	2.01	-0.57
3	速动比率	1.75	0.68	-1.08
4	资产负债率	48.00%	28.26%	-19.74%
5	已获利息倍数	2.46	15.00	12.54
6	应收账款周转率	8.58	16.31	7.73
7	总资产周转率	1.43	0.92	-0.51
8	营业利润率	25.00%	22.17%	-2.83%
9	净资产收益率	18.00%	19.09%	1.09%

图 8－23　标准财务比率分析表

任务实施

以标准财务比率分析为例进行说明。标准财务比率分析的数据来源为已有的财务报表数据，可采用数据链接的方法来调用相关的数据。具体操作步骤如下：

步骤 1　打开“大连百大公司财务分析”工作簿，插入一个新的工作表，并将其命名为“标准财务比率分析”。

步骤 2　在选择财务比率时，根据需要选择并输入常用财务比率指标（如图 8－24 所示)。

步骤3 在单元格区域C2:C9中输入计算各个财务比率的计算公式(注意,这里采用数据链接的形式进行数据的调用),如图8-25所示。

	A	B	C	D
1	项目	标准财务比率	本企业财务比率	差异
2	流动比率			
3	速动比率			
4	资产负债率			
5	已获利息倍数			
6	应收账款周转率			
7	总资产周转率			
8	营业利润率			
9	净资产收益率			

图8-24 选取常用的财务比率指标

	A	B	C	D
1	项目	标准财务比率	本企业财务比率	差异
2	流动比率		2.01	
3	速动比率		0.68	
4	资产负债率		28.26%	
5	已获利息倍数		15.00	
6	应收账款周转率		16.31	
7	总资产周转率		0.92	
8	营业利润率		22.17%	
9	净资产收益率		19.09%	

图8-25 调用财务比率分析表的数据

步骤4 在单元格区域B2:B9中输入从有关渠道得到的标准财务比率,在单元格D2中输入公式"=C2-B2",得到企业实际的流动比率与标准的流动比率之间的差异值。利用Excel的公式复制功能,将该单元格中的公式复制到单元格区域D3:D9中,如图8-26所示。

步骤5 以上操作完成后,即生成标准财务比率分析表,如图8-27所示,利用该表将本企业财务比率与标准财务比率进行比较,找出存在的差异及其形成的原因,并提出改进措施。

	A	B	C	D
1	项目	标准财务比率	本企业财务比率	差异
2	流动比率	2.58	2.01	=C2-B2
3	速动比率	1.75	0.68	=C3-B3
4	资产负债率	48.00%	28.26%	=C4-B4
5	已获利息倍数	2.46	15.00	=C5-B5
6	应收账款周转率	8.58	16.31	=C6-B6
7	总资产周转率	1.43	0.92	=C7-B7
8	营业利润率	25.00%	22.17%	=C8-B8
9	净资产收益率	18.00%	19.09%	=C9-B9

图8-26 输入财务比率差异计算公式

	A	B	C	D
1	项目	标准财务比率	本企业财务比率	差异
2	流动比率	2.58	2.01	-0.57
3	速动比率	1.75	0.68	-1.08
4	资产负债率	48.00%	28.26%	-19.74%
5	已获利息倍数	2.46	15.00	12.54
6	应收账款周转率	8.58	16.31	7.73
7	总资产周转率	1.43	0.92	-0.51
8	营业利润率	25.00%	22.17%	-2.83%
9	净资产收益率	18.00%	19.09%	1.09%

图8-27 标准财务比率分析表

子任务8.4 财务状况综合分析

任务要求

1. 能够建立财务比率综合评分表;
2. 能够计算分析财务比率综合评分数据。

知识积累

财务状况综合分析是指对各种财务指标进行系统、综合的分析,以便对企业的财务状况做出全面、合理的评价。

企业的财务状况是一个完整的系统,内部各种因素相互依存、相互作用,所以进行财务分析时要了解企业财务状况内部的各项因素及其相互之间的关系，这样才能较为全面地揭示企业财务状况的全貌。

财务状况综合分析与评价的方法包括财务比率综合评分法和杜邦分析法两种。

8.4.1 财务比率综合评分法

亚历山大·沃尔在 20 世纪末出版的《信用晴雨表研究》和《财务报表比率分析》中提出了信用能力指数的概念，把若干财务比率用线性关系结合起来，以此评价企业的信用水平。沃尔选择了 7 种财务比率，分别给定了在总评价中所占的比重，总和为 100 分，然后确定标准比率，并与实际比率相比较，评出各项指标的得分，最后求出总评分。沃尔选用的 7 个指标及标准比率如表 8-3 所示。

表 8-3 沃尔选用的指标及标准比率

财务比率	比重	标准比率
流动比率（X_1）	25%	2.00
净资产/负债（X_2）	25%	1.50
资产/固定资产（X_3）	15%	2.50
销售成本/存货（X_4）	10%	8.00
销售额/应收账款（X_5）	10%	6.00
销售额/固定资产（X_6）	10%	4.00
销售额/净资产（X_7）	5%	3.00

进行财务状况综合评价时，一般认为，企业财务评价的内容首先是盈利能力，其次是偿债能力，最后是成长能力。它们之间大致可按 5∶3∶2 来分配比重。衡量盈利能力的主要指标有资产净利率、销售净利率和净资产报酬率。虽然净资产报酬率很重要，但前两个指标已经分别使用了净资产和净利润，为了减少重复影响，3 个指标可按 2∶2∶1 来分配比重。衡量偿债能力的常用指标有 4 个：资产负债率、流动比率、应收账款周转率和存货周转率。衡量成长能力的常用指标有 3 个：销售增长率、净利增长率和人均净利增长率。

采用财务比率综合评分法的关键是标准评分值的确定和标准比率的建立。标准比率应以本行业平均数为基础，进行适当理论修正。

8.4.2 杜邦分析法

杜邦分析法是利用各个主要财务比率之间的内在联系，建立财务比率分析的综合模型，来综合地分析和评价企业财务状况和经营业绩的方法。采用杜邦分析图将有关分析指标按内在联系加以排列，从而直观地反映出企业的财务状况和经营成果的总体面貌。杜邦分析图如图 8-28 所示。

杜邦分析法的作用在于解释指标变动的原因和趋势，为决策者采取措施指明方向。从杜邦分析图中可以了解到如下财务信息：

（1）股东权益报酬率是一个综合性极强、最有代表性的财务比率，它是杜邦分析法的核心。企业财务管理的重要目标之一就是实现股东财富最大化，股东权益报酬率反映了股东投入资金的获利能力，反映了企业筹资、投资和生产运营等各方面经营活动的效率。股

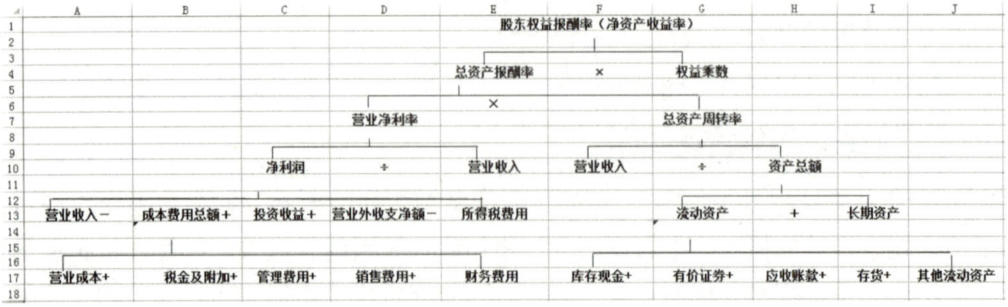

图 8－28　杜邦分析图

东权益报酬率取决于企业的总资产报酬率和权益乘数。总资产报酬率主要反映企业运用资产进行生产经营活动的效率，权益乘数则主要反映企业的筹资情况，即企业资金的来源结构。

（2）总资产报酬率是反映企业获利能力的一个重要财务比率，它揭示了企业生产经营活动的效率，综合性也很强。企业的营业收入、成本费用、资产结构、资产周转速度以及资金占用量等各种因素都直接影响总资产报酬率的高低。总资产报酬率是营业净利率与总资产周转率的乘积。因此，可以从企业的销售活动与资产管理等方面来对总资产报酬率进行分析。

（3）从企业的销售方面来看，营业净利率反映了企业净利润与营业收入之间的关系。一般来说，营业收入增加，企业的净利润也会随之增加。但是，要想提高营业净利率，必须一方面提高营业收入，另一方面降低各种成本费用，这样才能使净利润的增长高于营业收入的增长，从而提高营业净利率。

（4）在企业资产方面，主要应该分析以下两个方面：

第一，分析企业的资产结构是否合理，即流动资产与非流动资产的比例是否合理。资产结构实际上反映了企业资产的流动性，它不仅关系到企业的偿债能力，也会影响企业的获利能力。

第二，结合营业收入，分析企业的资产周转情况。资产周转速度直接影响企业的获利能力。如果企业资产周转较慢，就会占用大量资金，导致资金成本增加，企业利润减少。对于资产周转情况，不仅要分析企业总资产周转率，还要分析企业的存货周转率与应收账款周转率，并将其周转情况与资金占用情况结合分析。

总之，从杜邦分析图可以看出，企业的获利能力涉及生产经营活动的方方面面。股东权益报酬率与企业的筹资结构、销售规模、成本水平以及资产管理等因素密切相关，这些因素构成了一个完整的系统，而系统内部各因素之间又相互作用。只有协调好系统内部各个因素之间的关系，才能提高股东权益报酬率，从而实现股东财富最大化的理财目标。

任务资料

1. 以子任务 8.1 中的“财务比率分析表”数据为例（如图 8－11 所示），建立并计算财务比率综合评分表。

2. 建立杜邦分析图。

任务实施

1. 以子任务 8.1 中的“财务比率分析表”数据为例（如图 8－11 所示），建立并计算财务比率综合评分表。

步骤 1　打开“大连百大公司财务分析”工作簿，插入一个新的工作表，并将其命名为“财务比率综合评分表”。

步骤 2　选择评价公司财务状况的财务比率。在所选择的财务比率中，财务比率要具有全面性、代表性和一致性。根据公司的不同情况，选择合适的财务比率。经过综合考虑，将公司中有代表性的财务比率分别输入 A3 至 A11 单元格中，如图 8－29 所示。

步骤 3　设定评分值。根据各项财务比率的重要程度，确定其标准评分值，即重要性系数，并分别输入对应的单元格 B3 至 B11 中，如图 8－30 所示。

	A	B	C	D	E	F
1	财务比率综合评分表					
2	财务比率	评分值	标准值	实际值	关系比率	实际得分
3	流动比率					
4	速动比率					
5	资产负债率					
6	存货周转率					
7	应收账款周转率					
8	总资产周转率					
9	总资产报酬率					
10	净资产收益率					
11	营业利润率					

图 8－29　建立财务比率综合评分表

	A	B	C	D	E	F
1	财务比率综合评分表					
2	财务比率	评分值	标准值	实际值	关系比率	实际得分
3	流动比率	10				
4	速动比率	10				
5	资产负债率	12				
6	存货周转率	10				
7	应收账款周转率	8				
8	总资产周转率	10				
9	总资产报酬率	15				
10	净资产收益率	15				
11	营业利润率	10				

图 8－30　设定评分值

步骤 4　确定标准值。确定各项财务比率的标准值，即企业在现实条件下该比率的最优值。标准值参考同行业的平均水平，并经过调整后确定。分别将标准值输入相应的单元格 C3 至 C11 中，如图 8－31 所示。

步骤 5　计算公司在某一时期内的各项财务比率的实际值。这里仍然采用数据链接的方式。每个财务比率计算所应用的公式及单元格位置如图 8－32 所示。

	A	B	C	D	E	F
1	财务比率综合评分表					
2	财务比率	评分值	标准值	实际值	关系比率	实际得分
3	流动比率	10	1.62			
4	速动比率	10	1.1			
5	资产负债率	12	0.43			
6	存货周转率	10	6.5			
7	应收账款周转率	8	13			
8	总资产周转率	10	2.1			
9	总资产报酬率	15	0.32			
10	净资产收益率	15	0.58			
11	营业利润率	10	0.15			

图 8－31　确定标准值

	A	B	C	D	E	F
1	财务比率综合评分表					
2	财务比率	评分值	标准值	实际值	关系比率	实际得分
3	流动比率	10	1.62	=财务比率!C3		
4	速动比率	10	1.1	=财务比率!C4		
5	资产负债率	12	0.43	=财务比率!C7		
6	存货周转率	10	6.5	=财务比率!C13		
7	应收账款周转率	8	13	=财务比率!C14		
8	总资产周转率	10	2.1	=财务比率!C16		
9	总资产报酬率	15	0.32	=财务比率!C20		
10	净资产收益率	15	0.58	=财务比率!C21		
11	营业利润率	10	0.15	=财务比率!C19		

图 8－32　设定实际值的引用公式

步骤 6　计算公司在该时期内各项财务比率的实际值与标准值之比，即计算关系比率。单击单元格 E3，输入计算公式“D3/C3”。利用 Excel 的公式复制功能，将单元格 E3 中使用的公式复制并粘贴到单元格 D4 至 D11 中，如图 8－33 所示。

步骤 7　利用关系比率计算出各项财务比率的实际得分。各项财务比率的实际得分是关系比率和评分值的乘积。单击单元格 F3，输入公式“E3 * B3”，利用 Excel 的公式复制功能，将单元格 F3 中所使用的公式复制并粘贴到单元格 F4 至 F11 中，如图 8－34 所示。

步骤 8　计算总得分。单击单元格 F12，并单击“求和”按钮，按 Enter 键后得到合

财务比率综合评分表					
财务比率	评分值	标准值	实际值	关系比率	实际得分
流动比率	10	1.62	2.01	1.24	
速动比率	10	1.1	0.68	0.61	
资产负债率	12	0.43	0.28	0.66	
存货周转率	10	6.5	2.38	0.37	
应收账款周转率	8	13	16.31	1.25	
总资产周转率	10	2.1	0.92	0.44	
总资产报酬率	15	0.32	0.20	0.61	
净资产收益率	15	0.58	0.19	0.33	
营业利润率	10	0.15	0.22	1.48	

图 8-33 计算关系比率值

计值。或输入计算公式“=SUM (F3:F11)”，得到合计值，结果如图 8-35 所示。

如果总得分等于或接近 100 分，说明公司财务状况良好，达到了预先确定的标准；如果总得分过低，说明公司财务状况较差，应该采取措施加以改善；如果总得分超过 100 分，说明公司财务状况很理想。

在本任务中，公司财务比率综合评分为 73.43，说明公司的财务状况不太理想，低于同行业平均水平，决策者需要对财务状况加以分析，了解造成不理想状况的原因，并加以改进。

财务比率综合评分表					
财务比率	评分值	标准值	实际值	关系比率	实际得分
流动比率	10	1.62	2.01	1.24	12.42
速动比率	10	1.1	0.68	0.61	6.14
资产负债率	12	0.43	0.28	0.66	7.89
存货周转率	10	6.5	2.38	0.37	3.67
应收账款周转率	8	13	16.31	1.25	10.04
总资产周转率	10	2.1	0.92	0.44	4.39
总资产报酬率	15	0.32	0.20	0.61	9.17
净资产收益率	15	0.58	0.19	0.33	4.94
营业利润率	10	0.15	0.22	1.48	14.78

图 8-34 计算各项财务比率的实际得分

财务比率综合评分表					
财务比率	评分值	标准值	实际值	关系比率	实际得分
流动比率	10	1.62	2.01	1.24	12.42
速动比率	10	1.1	0.68	0.61	6.14
资产负债率	12	0.43	0.28	0.66	7.89
存货周转率	10	6.5	2.38	0.37	3.67
应收账款周转率	8	13	16.31	1.25	10.04
总资产周转率	10	2.1	0.92	0.44	4.39
总资产报酬率	15	0.32	0.20	0.61	9.17
净资产收益率	15	0.58	0.19	0.33	4.94
营业利润率	10	0.15	0.22	1.48	14.78
					73.43

图 8-35 计算各项财务比率的总得分

2. 建立杜邦分析图。

下面以某企业为例，借助杜邦分析系统，说明该方法在 Excel 中的应用。具体操作步骤如下：

步骤 1 打开工作簿，建立一个新的工作表，并将其命名为“杜邦分析图”，然后输入比率及数据，如图 8-36 所示。

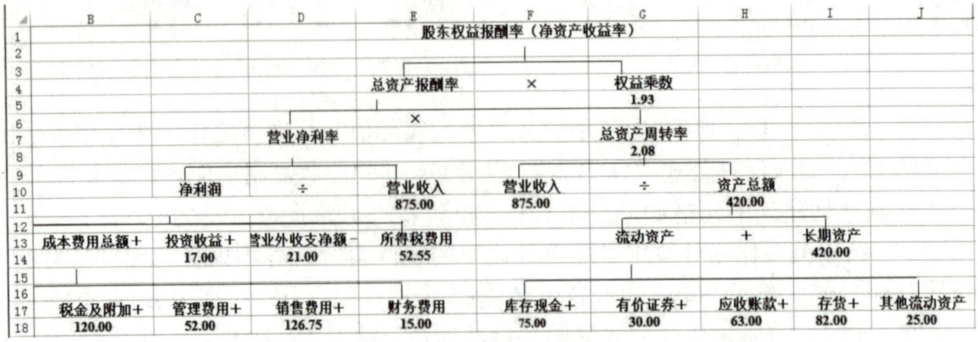

图 8-36 建立杜邦分析图

步骤 2　在图 8－36 中需要输入公式的单元格中输入相应的公式，如图 8－37 所示。

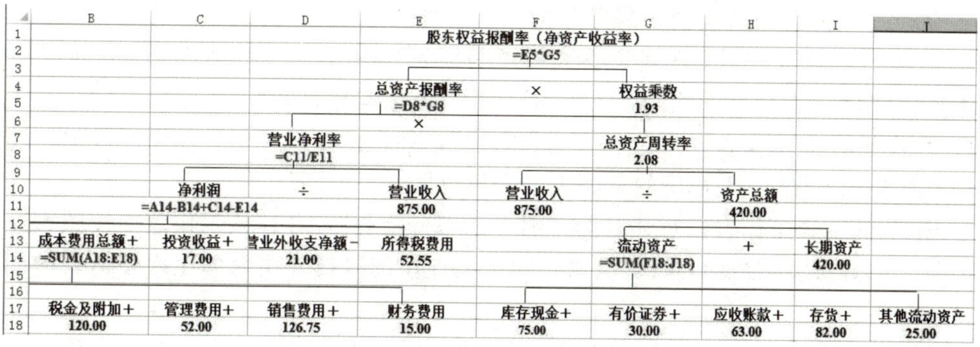

图 8－37　输入杜邦分析图的公式

步骤 3　按 Enter 键显示计算结果，如图 8－38 所示。

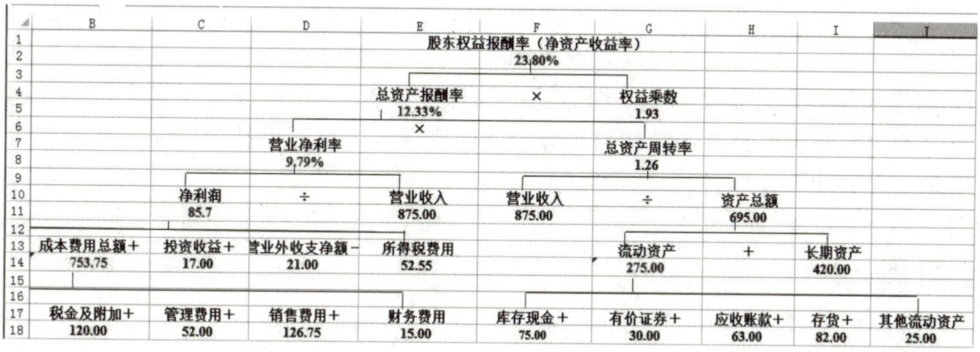

图 8－38　显示杜邦分析图的结果

任务总结

本任务介绍了如何运用 Excel 来进行企业的财务分析工作，主要涉及企业财务分析的相关概念及具体实施方法。包括如何运用 Excel 进行企业标准的财务比率分析、如何运用 Excel 进行企业财务趋势分析、如何运用 Excel 进行财务比较分析，以及如何运用 Excel 进行综合财务评价。通过本任务的学习，学生可较好地掌握运用 Excel 进行简洁、高效的数据统计分析，完成较复杂的财务分析工作，并从财务分析数据中发现企业经营活动中存在的潜在经营风险，为企业的决策做参考。

任务实训

一、实训的目的和要求

1. 掌握财务分析的相关概念；
2. 能够运用 Excel 进行财务比率分析；
3. 能够运用 Excel 进行企业财务趋势分析；
4. 能够运用 Excel 进行财务比较分析；
5. 能够运用 Excel 进行杜邦财务分析。

二、实训内容

1. 建立“大连星河科技公司财务分析”工作簿。

2. 激活 Sheet1 工作表，重命名为“资产负债表”，并在该工作表中引入前面任务中创建的大连星河科技公司 2020 年 1 月份的资产负债表结构与数据。

3. 激活 Sheet2 工作表，重命名为“利润表”，并在该工作中引入前面任务中创建的大连星河科技公司 2020 年 1 月份的利润表结构与数据。

4. 激活 Sheet3 工作表，重命名为“财务比率分析表”，并在该工作表中按照大连百大公司财务比率分析表的结构与计算公式，完成大连星河科技公司财务比率分析表的创建与数据计算分析。

5. 创建工作表，并重命名为“比较资产负债表”，并在该工作表中按照大连百大公司的比较资产负债表的结构与计算公式，完成大连星河科技公司比较资产负债表的创建与数据计算分析。

6. 创建工作表，并重命名为“比较利润表”，并在该工作表中按照大连百大公司的比较利润表的结构与计算公式，完成大连星河科技公司比较利润表的创建与数据计算分析。

7. 创建工作表，并重命名为“财务比率综合评分表”，并在该工作表中按照大连百大公司的财务比率综合评分表的结构与计算公式，完成大连星河科技公司财务比率综合评分表的创建与数据计算分析。

习题

1. 什么是财务分析？
2. 简述财务分析的目的。
3. 财务分析的方法有哪些？
4. 财务分析的数据来源有哪些？
5. 常用的财务比率有哪些？
6. 如何进行财务状况的趋势分析？
7. 如何进行财务状况的比较分析？

参考文献

[1] 崔杰，姬昂，崔婕 . Excel 财务会计实战应用 . 5 版 . 北京：清华大学出版社，2018.
[2] 秦刚，王艳，等 . Excel 在会计中的应用 . 北京：清华大学出版社，2017.
[3] 孙垠子 . Excel 在财务中的应用 . 北京：清华大学出版社，2015.
[4] 衣光臻 . Excel 在财务会计中的应用 . 2 版 . 北京：中国人民大学出版社，2019.

图书在版编目（CIP）数据

Excel在财务中的应用/屈武江，文继权主编．--北京：中国人民大学出版社，2021.4
21世纪高职高专会计类专业课程改革规划教材
ISBN 978-7-300-29304-2

Ⅰ．①E… Ⅱ．①屈… ②文… Ⅲ．①表处理软件－应用－财务管理－高等职业教育－教材②Excel Ⅳ．①F275－39

中国版本图书馆CIP数据核字（2021）第069517号

21世纪高职高专会计类专业课程改革规划教材
Excel在财务中的应用
主　编　屈武江　文继权
副主编　霍艳飞　秦佳梅
Excel zai Caiwu zhong de Yingyong

出版发行	中国人民大学出版社		
社　　址	北京中关村大街31号	**邮政编码**	100080
电　　话	010－62511242（总编室）		010－62511770（质管部）
	010－82501766（邮购部）		010－62514148（门市部）
	010－62515195（发行公司）		010－62515275（盗版举报）
网　　址	http://www.crup.com.cn		
经　　销	新华书店		
印　　刷	唐山玺诚印务有限公司		
开　　本	787 mm×1092 mm　1/16	**版　　次**	2021年4月第1版
印　　张	12.25	**印　　次**	2024年1月第4次印刷
字　　数	290 000	**定　　价**	35.00元